Edita:

Consejería de Turismo, Cultura y Deporte. Junta de Andalucía

Coordina:

Archivo de la Real Chancillería de Granada

Coordinación, cuidado de la edición y diseño de cubierta:

David Torres Ibáñez

Textos:

Sonia C. Bordes García y Ángel Rodríguez Aguilera

Impresión:

Bodonia Artes Gráficas

Facsímil digital:

Scanea2

ISBN: 978-84-9959-474-3

D.L.: SE 2091/2023

El Pleito de los Olleros de Granada de 1517

Edición y Estudios

Archivo de la Real Chancillería de Granada

Índice

PRESENTACIÓN

David TORRES IBÁÑEZ
Director del Archivo de la Real Chancillería de Granada

Sacamos ahora a la luz y ofrecemos aquí a la investigación un nuevo trabajo de edición de fuentes sobre documentos del fondo de la Real Audiencia y Chancillería de Granada. Como hemos manifestado en las anteriores entregas, con estos trabajos nos proponemos rescatar documentos de nuestro Archivo mediante ediciones y estudios de contexto institucional, para conocimiento de los especialistas e interesados en general, como forma de potenciar los recursos de investigación en los fondos judiciales, reclamando su especificidad y el valor de las fuentes documentales como instrumentos inseparables de la investigación histórica. Las diferencias entre los documentos que hemos editado y el que ahora nos ocupa, residen en que tanto el Registro de Torres (1382-1400) como las Actas de Vejer de 1498 eran registros elaborados con una finalidad extrajudicial, por un fedatario público y por el órgano de gobierno de un concejo, que debieron ser incorporados a procedimientos judiciales como instrumentos documentales de prueba. El pleito de los olleros de 1517 requiere de las declaraciones de testigos como elementos de prueba y juicio en un proceso que recorre todas las instancias de la justicia ordinaria radicadas en Granada. Tanto documentos como testimonios adquieren el valor de prueba en su apoyo a las pretensiones de las partes en un litigio. El documento objeto de nuestra edición es el propio pleito con sus probanzas testificales, y es fuente de primera mano, elaborada por los órganos de la Administración de Justicia en un procedimiento de su competencia.

La tercera entrega de esta colección, tras los volúmenes del Registro de Torres (1382-1400) y de las Actas capitulares de Vejer de la Frontera de 1498, se dedica a la edición de un documento ya del siglo XVI, profusamente citado en los estudios sobre la cerámica de las Edades Moderna y Contemporánea en Granada, pero escasamente consultado y que hasta ahora ha permanecido inédito. Su valor informativo evidente lo califica como un complemento inestimable para contextualizar los vestigios de la cultura material y de las industrias del barro que la Arqueología nos aporta; en unos años cruciales, en la transición de la ciudad nazarí a la cristiana, y en un siglo caracterizado por grandes tensiones entre la población autóctona y los repobladores del Reino, que se saldará con la expulsión de los moriscos en el primer decenio del siglo siguiente.

Pero este valor palmario del pleito de los olleros granadinos que en 1517 se enfrentaron al arrendador de la renta de la alcabala del barro, es solo una faceta de la riqueza que entraña la pieza documental, y que sin duda será objeto de atención de los historiadores en futuras investigaciones. La complejidad del proceso, las instancias judiciales, los actores y las instituciones que se ven involucradas nos dan una preciosa información que va más allá de lo material, para mostrarnos y sumergirnos de lleno en una sociedad tensionada por la aculturación, en conflicto permanente, y en su singular y propio régimen fiscal.

En el pleito de los olleros de Granada de 1517 se nos revelan las instituciones del gobierno y de la administración de justicia implantadas en Granada por los conquistadores castellanos en la primera época, no en vano el proceso se desarrolla a pocos años de la constitución del concejo castellano, y también a pocos años de la llegada de la Chancillería a la ciudad procedente de Ciudad Real, en donde había residido desde su fundación hasta 1505. Las funciones judiciales y gubernativas, que como sabemos no se separan en el Antiguo Régimen, atribuyéndose a un mismo órgano, quedan patentes en la actuación del alcalde mayor teniente del corregidor de Granada en su conocimiento del asunto de la recaudación de la alcabala. El particular entramado judicial que se instala con sólidos cimientos en la ciudad de Granada y en el rastro de cinco leguas alrededor con la llegada de la Chancillería, permite configurar un espacio jurisdiccional especialmente privilegiado en el que junto a los jueces naturales representados por los alcaldes mayores se sitúa un Juzgado de Provincia con conocimiento también en primera instancia en las jurisdicciones civil y criminal, en el que actúan los notarios de provincia y los alcaldes de la Audiencia y Chancillería, como alcaldes de Casa y Corte, conociendo ambas instancias judiciales a prevención. Este espacio jurisdiccional se configura por la residencia del sello mayor en la Chancillería, elevando la ciudad por este motivo al rango de corte, al nivel del lugar en donde reside la persona del monarca.

El diseño de un régimen fiscal especial para el reino de Granada conformado por las imposiciones propias de la corona castellana junto a pervivencias del sistema fiscal nazarí, gravaba especialmente a la minoría morisca, que se manifestó resistente a la aculturación, hasta el punto que 25 años después de las Capitulaciones fueron necesarios trujamanes para que los olleros moriscos prestasen declaración en las probanzas que se practicaron por la Audiencia. La administración y recaudación de la alcabala y el conocimiento de su jurisdicción, regulada en los Cuadernos de alcabalas, muestran los procedimientos en primera instancia, y en las instancias de apelación del Juzgado de Provincia y de la Real Audiencia.

Por otra parte, la preservación y difusión del documento ha requerido una restauración previa que ha tenido lugar en el taller del Archivo de la Real Chancillería. Asimismo se ha digitalizado el pleito para su conservación y consulta con el fin de que la reproducción sea accesible tanto desde el portal @rchivA de los Archivos de Andalucía, como desde un vínculo al repositorio digital.

Siguiendo la estructura de los títulos anteriores, junto con la edición y transcripción del documento y un índice onomástico, la obra se completa con dos estudios, una bibliografía específica y el facsímil digital. Sonia Bordes García, archivera del Cuerpo Superior Facultativo, es la responsable de la transcripción del pleito y del estudio de su estructura procesal en las distintas instancias. Ángel Rodríguez Aguilera, arqueólogo de amplia trayectoria, que ha comisariado este año la Exposición *Tejares y ollerías de Granada en los documentos (ss. XVI-XX)* organizada por el Archivo Histórico Provincial de Granada, el Archivo de la Real Chancillería de Granada y el Museo Casa de los Tiros, desarrolla en el trabajo que aquí publica un estudio de la producción cerámica en Granada en los siglos XV al XVII con especial incidencia en los aspectos sociales de esta industria.

La edición que presentamos se enmarca y completa las actividades que en torno a la Exposición citada se han organizado en 2023 bajo el patrocinio de la Delegación Territorial de la Consejería de Turismo, Cultura y Deporte, en las que se ha pretendido reclamar y reivindicar el Patrimonio Documental para el conocimiento, disfrute y cultura de los ciudadanos.

Estudios

EL PLEITO DE LOS OLLEROS DE GRANADA CON EL ARRENDADOR DEL BARRO. ESTUDIO DOCUMENTAL Y DIPLOMÁTICO.

Sonia C. BORDES GARCÍA

Archivera. Cuerpo Superior Facultativo.

Los documentos generados por la Administración de Justicia en los diferentes momentos, en especial los procesos judiciales, constituyen una fuente de extraordinario valor para la construcción del relato histórico. Así se ha puesto de manifiesto a lo largo de los últimos treinta años, en especial desde la publicación de Richard L. Kagan sobre pleitos y pleiteantes en Castilla[1], en multitud de estudios de diferentes disciplinas.

Como fruto de una de las principales potestades inherentes al poder, la documentación judicial ofrece una apreciada información sobre la realidad institucional de la que es resultado, así como de la realidad social y económica y de su evolución a lo largo de los siglos. Es asimismo destacable, por su copiosidad. La multiplicidad de órganos judiciales con competencia en las diferentes instancias, en los ámbitos de las jurisdicciones ordinaria y especiales, a lo largo de la Historia, han favorecido la presencia de estos documentos en numerosos y diferentes tipos de archivos.

En la actualidad a su utilización como fuente de indudable valor para la realización de estudios de historia política, social y económica que tradicionalmente han utilizado estos documentos, se han incorporado paulatinamente otros campos del conocimiento como la arqueología, la geografía o la lingüística, que «leen» estas fuentes documentales desde nuevas perspectivas.

Sin embargo, para determinados momentos históricos, todas ellas han necesitado y continúan necesitando, del auxilio de otras ciencias que habitualmente han actuado como auxiliares de la Historia, como son la Paleografía y la Diplomática e incluso la Archivística. Éstas, dedicadas a la transcripción, al análisis de las características internas y externas de los documentos, y a su organización, permiten el acceso al contenido preciso de los mismos, garantizan su validez y autenticidad jurídica e histórica, y los sitúan en el marco institucional en que fueron producidos.

Desde esta perspectiva, el presente trabajo tiene como objeto la edición del pleito que entablaron los olleros de la ciudad de Granada contra el arrendador del barro en 1517, que entendemos, puede resultar de gran interés tanto para especialistas, como para los interesados en la historia de la industria de la cerámica en Granada en los albores del siglo XVI.

La transcripción paleográfica y el estudio diplomático e institucional de este documento, ampliamente consultado y citado, y sobre el que recientemente se han realizado apreciables aportaciones[2], permitirá el acceso a la información que encierra sobre la producción

---

[1] Richard L. KAGAN, *Pleitos y pleiteantes en Castilla, 1500-1700*, Salamanca: Junta de Castilla y León, 1991.

[2] Ángel RODRÍGUEZ AGUILERA, «La cerámica morisca de Granada (siglo XVI)», en *Actas del IIIth Congress AIECM3 on Medieval and Modern Period Mediterranean Ceramics*, Granada 2021 (en prensa) y posteriormente J. GARRIDO LÓPEZ, «Ni la ley del quaderno manda que se registre, ni nunca se registró. Control fiscal y resistencia artesanal de los olleros granadinos a inicios del siglo XVI». *Revista Latinoamericana de Trabajo y Trabajadores*, n° 6, 2023, pp. 13-37.

cerámica, sobre los conflictos entre los productores, moriscos y cristianos viejos, y sobre la fiscalidad que les gravaba; pero también, sobre la sobre la práctica judicial y el iter procesal del documento, que trasluce la organización de la Administración de Justicia y la singularidad de las instancias judiciales que confluyeron en Granada en aquel momento, una ciudad recién conquistada, en la que convergían elementos de las dos culturas que la habitaban, y no siempre de modo armónico.

Panorama institucional de la justicia en la Granada del siglo XVI

Tras la incorporación de Granada a la Corona de Castilla y a lo largo de toda la Edad Moderna, se fue conformando en el nuevo territorio, un complejo panorama institucional en el que, junto al modelo político-administrativo y judicial absolutista castellano, confluyeron factores derivados de la particular coyuntura del reino granadino, debido principalmente a la existencia de una importante minoría morisca y a la perdurable influencia de la cultura islámica en la organización socioeconómica.

Para conseguir la plena integración en la Monarquía de los territorios recién conquistados, los Reyes Católicos y su nieto Carlos, llevaron a cabo un profundo proceso de castellanización, iniciado inmediatamente después de la conquista. Para ello, con objeto de ennoblecer y poblar el Reino, pero también para controlar la última frontera con el «infiel», se instalaron en su capital altas instituciones castellanas, con jurisdicción, inmunidad e influencia como el Corregimiento (1500), la Capitanía General del Reino de Granada (1502), y la Real Audiencia y Chancillería (1505).

El 20 de septiembre de 1500, mediante carta real de merced, se organizó la estructura y oficios del concejo granadino, que sustituía la experiencia fallida del «ayuntamiento mixto» vigente en la etapa mudéjar; esta disposición real sancionaba la nueva realidad castellana para el gobierno de la ciudad, acabando con el régimen de las capitulaciones, y dotándola de jurisdicción y autoridad para el ejercicio del poder real en Granada.

Por otra parte, la Capitanía General de la Alhambra que, a partir de 1502 se había convertido en la Capitanía General del Reino, detentaba el poder militar; y la Real Audiencia y Chancillería, trasladada desde Ciudad Real en 1505 constituía la instancia judicial suprema y la máxima representación gubernativa al sur del Tajo, configurada como la «tercera corte del reino» por la residencia en su seno del sello real.

A causa de la indiferenciación de poderes característica de la administración en la época que nos ocupa, y de la concurrencia de estos en un mismo organismo, los conflictos de competencias entre las instituciones, en especial en lo tocante a sus funciones jurisdiccionales —además de las numerosas jurisdicciones privativas también presentes en el territorio—, fueron una constante a lo largo de toda la Edad Moderna en Granada.

Por lo que toca al documento que editamos, nos interesan el Concejo granadino y en especial, la Real Audiencia y Chancillería, ya que el iter del proceso deja patente como ambas instancias concurren necesariamente en su desarrollo, en tanto que competentes en cada uno de los momentos procesales por los que discurre el litigio hasta su finalización.

En Granada, los órganos de las diferentes instancias de la jurisdicción ordinaria, habían sido los comunes al resto de las ciudades castellanas, hasta el año de 1505 cuando se instaló en ella la Chancillería. Por una parte, el concejo tenía competencia para conocer judicialmente en las materias civil y criminal en la primera instancia, función que era asumida por los alcaldes ordinarios como tenientes del corregidor. Por otra la Real Audiencia y Chancillería, que fundamentalmente era un tribunal de apelación, también conocía en primera instancia de los llamados «casos de Corte», una tipología de pleitos sobre materias tasadas[3], y de forma privativa en los pleitos de hidalguías, en los pleitos de alcabalas y tercias, y en los de «fuerza en conocer», cuando jueces eclesiásticos pretendían conocer en causas de legos, además de los llamados pleitos de retención de bulas, que se planteaban ante las quejas de quienes querían hacer valer bulas apostólicas que contravenían las leyes y pragmáticas del Reino.

En materia criminal, la Audiencia tenía competencia en las causas por delitos merecedores de castigo con pena corporal o destino a presidio o a las armas. Los alcaldes del crimen de la Audiencia conocían en primera instancia los casos de corte penales, y los civiles y criminales introducidos en el Juzgado de Provincia de la ciudad de Granada y de su rastro, considerados entonces como alcaldes de casa y corte, con apelación ante la Audiencia. El Juzgado de Provincia tuvo su sede fuera del palacio de la Chancillería, en locales situados en la plaza Bibrambla, donde cada alcalde juzgaba por separado[4], en recuerdo de las audiencias públicas que desde la Baja Edad Media presidía el rey.

Las sentencias civiles, dadas por los oidores, podían suplicarse ante ellos mismos en grado de revista, y cabía la interposición extraordinaria de la segunda suplicación ante el Consejo de Castilla. En las sentencias pronunciadas sobre los recursos de pleitos criminales, las salas del crimen actúan como jueces supremos, y contra sus resoluciones no cabe apelación, excepto la suplicación ante ellos mismos.

Los jueces especiales, alcaldes de hijosdalgo y notarios de provincia, formaban su propio tribunal para el conocimiento privativo de los pleitos de hidalguía y ciertos pleitos de rentas reales y alcabalas, en los que son respectivamente competentes. Respecto a los pleitos de hidalguías, la Chancillería era el único órgano que con competencia para conocer en todas las instancias posibles, actuando los alcaldes de los hijosdalgo y notarios de provincias en las primeras instancias, y supeditándose a la Audiencia en la superior, en la que actuaban en revista el presidente y los oidores.

Por su participación en el pleito que editamos, señalaremos que los notarios de provincia son ahora jueces ordinarios de los pleitos de alcabalas en la corte y cinco leguas alrededor en primera instancia. De sus sentencias cabía suplicación ante los contadores mayores o ante la Audiencia, a voluntad del agraviado. En apelación los notarios de provincia conocen de las apelaciones interpuestas contra las resoluciones de las justicias ordinarias, atribución

---

[3] Muerte segura; mujer forzada; tregua quebrantada; salvo quebrantado; casa quemada; camino quebrantado; traición; aleve y riepto o reto.

[4] José Luís HERAS SANTOS, «La organización de la justicia real ordinaria en la Corona de Castilla durante la Edad Moderna», *Estudis*, 22, 1996 , pp. 116.

que comparten con los contadores mayores. En todo caso, habiendo dos sentencias conformes, dictadas en cualquier grado jurisdiccional, no cabe ulterior recurso.[5]

En efecto, la Real Audiencia y Chancillería de Granada era depositaria de la jurisdicción suprema en vía ordinaria para los territorios que le fueron asignados, impartiéndola a través de sus tribunales colegiados, compuestos por oidores, alcaldes del crimen, alcaldes de hijosdalgo, notarios de provincias, para lo civil, criminal y jurisdicción especial de hidalguías y alcabalas respectivamente.

Junto a los magistrados, los escribanos, que ocupan sus oficios de cámara o de lo civil, del crimen y los de hijosdalgos, ostentan la fe pública y desarrollan la función autenticadora de los documentos que se reciben y expiden en la Chancillería, documentando los actos de parte y los actos procesales de los oidores, a los que dotan de legalidad formal, dando seguridad jurídica a las providencias, autos y sentencias[6]. Por turno uno de los escribanos debe asistir semanalmente a la Sala Pública, que preside también por turno uno de los oidores, con la encomienda de despachar y asentar todas las diligencias que se llevaran a cabo en dicha sala.

Además son imprescindibles las actuaciones de los oficiales denominados relatores, cuya función era hacer la relación oral de las actas y documentos aportados en el proceso ante los oidores cuando el pleito estaba concluso para la sentencia interlocutoria, y por escrito cuando lo estaba para la sentencia definitiva.

Finalmente los litigantes estaban representados por sus procuradores y abogados que desarrollaban las actuaciones necesarias para que los intereses de cada parte prevalecieran en la contienda judicial.

La fiscalidad en Granada a inicios del siglo XVI

Las especiales circunstancias en las que se desarrolló la incorporación de Granada a la Corona de Castilla, confirieron a la ciudad de Granada un carácter singular, no sólo en lo referente a la administración de justicia, sino también en relación al sistema fiscal. Como consideran Ágatha Ortega y Ángel Galán «la ciudad granadina se configura como un laboratorio ideal para poder observar cual fue la administración fiscal elegida por los reyes poco después de la conquista, ya que Granada es a la vez el lugar donde la Corona hará más visibles y ostensibles los elementos del nuevo poder castellano y donde la mayor parte de la población es islámica»[7].

---

[5] Las Ordenanzas de las Chancillerías no especifican esas competencias de los notarios de provincia, que habrán de buscarse en los Cuadernos de alcabalas, al menos en la de 10 de diciembre de 1491, que «cristaliza definitivamente esta legislación alcabalatoria, tras su fecunda trayectoria del siglo XV» vid. Salvador de MOXÓ Y ORTIZ DE VILLAJOS, «Los cuadernos de alcabalas. Orígenes de la legislación tributaria castellana», *Anuario de Historia del Derecho Español*, Madrid, 1969, pp. 317-450.

[6] David TORRES IBÁÑEZ, «Escribanos y fedatarios judiciales», en *El Notariado en Jaén. 75 años de Archivos Históricos Provinciales*. Jaén: Junta de Andalucía, 2006, pp.117.

[7] Ágata ORTEGA CERA, «Rentas mayores y menores de la ciudad de Granada (1495-1504)». *Chronica Nova*, 31. Granada, 2005, p. 242.

En efecto, la fiscalidad que se arbitra tras las Capitulaciones dará lugar a un complejo sistema impositivo en el que confluyen el fisco nazarí, el mudéjar y el castellano[8]. Por un lado, se consagra la continuidad del sistema tributario nazarí, por el cual, una serie de rentas específicas y exclusivas del sultanato pasaron a engrosar el patrimonio de la Corona: las denominadas Rentas particulares del Reino de Granada: los habices, la hagüela y la farda de la mar, a los que se aplicaron algunas modificaciones durante el periodo mudéjar. Por otro lado, se inicia la implantación del sistema fiscal vigente en Castilla, tanto en su vertiente regia como concejil, introduciéndose impuestos indirectos (diezmos, primicias, alcabalas, tercias…), pero teniendo en cuenta que para favorecer la repoblación era necesario implementar una serie de franquezas fiscales a los nuevos colonos cristianos que acudieran a repoblar el reino, que perdurará durante las primeras décadas tras la conquista. Por último, con las conversiones generalizadas de 1502 tras la rebelión, se aplicó a un sistema impositivo para la totalidad de la población, ya cristiana, pero manteniendo importantes impuestos derivados de la época nazarí, y una fiscalidad diferencial soportada exclusivamente por los neoconversos de origen musulmán[9].

El interés recaudatorio de la Corona no estaba acompañado de una institución capaz de gestionarlo, por lo que se hacía necesario subrogar su recaudación mediante arrendamiento o encabezamiento. La forma más habitual del cobro, característico del fisco en el Antiguo Régimen, fue a través del arrendamiento del impuesto a particulares a cambio de una cantidad que se adelantaba a la Corona, el arrendador luego se encargaba del cobro incrementado con su beneficio.

En el año 1526, las Cortes castellanas consiguieron que la alcabala pasase a estar encabezada. El encabezamiento fue una especie de pacto o contrato entre la Corona y las ciudades con representación en Cortes, por las que éstas se comprometían a entregar a la Hacienda Real una cantidad al año durante el tiempo que durase el contrato acordado. La cantidad fija se repartía entre las ciudades, villas y lugares de Castilla. En última instancia, el concejo de cada ciudad, villa o lugar era el encargado de recaudar la cantidad que le era asignada. Este repartimiento hacía que la carga del impuesto recayese en las personas y no en los productores y comerciantes que eran los que estaban involucrados en el pago de la alcabala, al ser un impuesto que se establecía sobre la compra-venta.

En la ciudad de Granada los ingresos de las rentas en los primeros años se arrendaron en bloque, y posteriormente en seis partidos: Alcaicería, Rentas mayores y menores, Corral del ganado, Diezmos y Alquerías, Seda y Sal, conformando un conjunto muy dispar de tipos tributarios sobre la producción y comercialización de manufacturas artesanas y productos agrícolas que debe lo esencial de su estructura a la adaptación del fisco nazarí al castellano,

---

[8] No es nuestro cometido realizar un estudio de la fiscalidad granadina, sino únicamente recoger unas breves notas para contextualizar el objeto del litigio, esto es el cobro de la alcabala de la renta del barro, perteneciente a la renta de la hagüela. Para profundizar en el complejo sistema impositivo derivado de la incorporación de Granada a la Corona Castellana son fundamentales los estudios de Ladero, Vincent, Galán, Peinado y Ortega.

[9] Ángel GALÁN SÁNCHEZ, «Hacienda y fiscalidad en el Reino de Granada: Algunas razones para su estudio». *Chronica Nova,* 31. Granada, 2005, pp. 14.

en el que ahora se incorpora la alcabala sobre su producción[10]. La reorganización fiscal acaecida en 1501, traerá una serie de novedades que afectarán a la forma de arrendar las rentas —y que quedan reflejadas en los Cuadernos de Rentas y Condiciones de los arrendamientos— «en las que ya no se arrienda el partido de las Rentas Mayores, sino las alcabalas del partido de las Rentas Mayores. Otra novedad es que en las franquezas, ya no hay diferencia alguna entre moros y cristianos, ni entre cristianos viejos y nuevos, por lo que cuando se cobran alcabalas se cobran todas, y cuando se exime del pago, se exime a todos»[11]. Por último, hay que señalar que el partido de las Rentas mayores se verá modificado, pasando algunas mercancías a conformar el partido de Rentas menores (zapatería, corambre...), y desgajándose de él las rentas del jabón y de la hagüela, que crean su propio partido[12]. Así desde esa fecha la configuración fiscal de las rentas de la ciudad quedará dividida en los partidos de Alcaicería, Rentas mayores, Rentas menores, Tercias, Alquerías, Jabón, Seda y Hagüela.

La renta de la hagüela, del árabe *Hawala*, era un impuesto privativo de los reyes nazaríes que gravaba el uso y explotación de una serie de inmuebles urbanos, molinos, baños, hornos o tiendas ubicados en la ciudad de Granada que eran propiedad del sultán y que tras la conquista heredarán los Reyes Católicos, aunque a partir de 1497, cederán una cuarta parte de ella a los propios de la ciudad: «sus altezas fizieron merced según dicho es que la ciudad de Granada tenga de juro para siempre jamás la quarta parte de todos los bienes tiendas y heredamientos que son y están en la renta llamada de la hagüela, e que gozan de esta merced desde primer día de enero de este presente año de 1497»[13]. De esta renta se conserva en el Archivo General de Simancas un interesante cuaderno de cuentas para los años 1505 y 1506 editado por M.A. Moreno Trujillo, J.M. de la Obra y M.J. Osorio[14] que ha servido para revisar su origen y evolución así como las cantidades que ingresaba la ciudad y lo que detraía al fisco real[15].

Todo lo que atañe a la gestión y recaudación de la alcabala, además de otros tributos y franquezas, fue pactándose en las Cortes del Reino, quedando recogidas en los *Cuadernos de alcabala*. Los primeros cuadernos que se conservan fueron promulgados por Enrique IV en 1462, ampliados por los Reyes Católicos en 1484, y modificados posteriormente también por estos monarcas el 10 de diciembre de 1491 estando en el Real de Granada[16].

---

[10] Ángel GALÁN SÁNCHEZ, «Granada y Castilla. Las Rentas del Rey y los arrendadores de la Corona». *Actas XLI semana de Estudios Medievales*. Estados y mercados financieros en el Occidente cristiano (siglos XIII-XVI), Estella, 2014, pp. 309-350.

[11] Ágata ORTEGA CERA, «Rentas mayores ...», cit., p. 250.

[12] *Ibid*. pp. 247.

[13] *Ibid*. pp. 272.

[14] María Amparo MORENO TRUJILLO, Juan María DE LA OBRA SIERRA y María José OSORIO PÉREZ, *Los libros de Rentas Municipales de la Ciudad de Granada en el siglo XVI*. Granada: Colección Monumenta Regni Granatensis Historica/Diplomata, 2015, pp. 21.

[15] Ángel GALÁN SÁNCHEZ y Rafael Gerardo PEINADO SANTAELLA «De la madina musulmana al concejo mudéjar. Fiscalidad regia y fiscalidad concejil en la ciudad de Granada tras la conquista castellana» en *Fiscalidad de Estado y fiscalidad municipal en los reinos hispánicos medievales*. Denis Menjot y Manuel Sánchez Martínez (ed.), (Madrid: Collection de la Casa de Velázquez, 2006) pp. 197-238.

[16] Miguel Artola Gallego, *La hacienda del Antiguo Régimen*, Alianza Editorial, Madrid, 1982.

En los *Cuadernos* de 1491 se recogen pormenorizadamente los bienes objeto de tributo *«que todas las cosas que se uendieren que pague el vendedor de diez maravedís, uno»*[17] y las exenciones (libros, mulas, aves, dotes, sucesiones…), y las franquezas otorgadas a personas particulares, como algunos empleados de la casa real (carnicero, regatón, boticario…), conventos (las emparedadas de Úbeda), ciudades (Simancas, Fuenterrabía), o territorios completos[18], entre ellos el Reino de Granada, que con el objeto de hacer atractiva su repoblación, obtuvo exenciones de alcabalas y otros tributos hasta 1505[19]. Se estipula también la forma de arrendar la alcabala: en subasta pública ante los contadores mayores de la Corona, a través de un entramado de recaudadores y arrendadores mayores[20] que subarrendaban «por menudo», supervisados por el escribano de rentas, a su vez encargado de establecer su valor y su arrendamiento, de todo lo cual debían rendir cuentas ante los contadores mayores[21].

A pesar del detalle con que se legisló todo lo que concernía a su gestión, la litigiosidad que se suscitó por el pago de este tributo hizo que los monarcas detallaran minuciosamente en las Leyes CXXI a CXXIV del *Cuaderno* «en qué manera han de conosçer los juezes en los pleytos de las alcaualas si recibieren escriptos e del término de la contestación e la pena» o donde habían de conocerse los pleitos suscitados «por más evitar daños e fatigas de los pueblos ordenamos e mandamos que ninguno pueda ser demandado por las nuestras alcabalas salvo en el lugar a donde bive o en la cabeça de la juridición del tal lugar qual más quisiere el arrendador…»[22]. No obstante, cuando se suscitaban en los lugares en los que residía la Chancillería se podían conocer ante los notarios de la Chancillería, según ordena una real cédula de los Reyes Católicos de 14 de septiembre de 1497[23]. Así los «notarios de Provincias», que habían venido ejerciendo ciertas competencias en materia de hacienda, son ahora jueces ordinarios de los pleitos de alcabalas (y rentas reales en general) en la corte y cinco leguas alrededor, en primera instancia, conociendo además en apelación las interpuestas contra las justicias ordinarias. Esta atribución la comparten con los contadores mayores, ya que el litigante puede apelar, a su voluntad, bien ante los contadores mayores o ante la Audiencia[24].

---

[17] *Leyes del cuaderno nuevo de las rentas de las alcabalas y franquezas, dadas por los reyes Fernando V e Isabel I de Castilla en la Vega de Granada*. 10 diciembre 1491.[Burgos : Fadrique Biel de Basilea, c. 1496-99] , Ley II.

[18] *Ibid.*, Leyes IV a XXXV.

[19] José Damián GONZÁLEZ ARCE, «La adaptación de la fiscalidad aduanera a los intereses repobladores, comerciales y políticos: Andalucía, 1241-1550». *Hispania*, n° 258, 2018, p. 61.

[20] Para las grandes compañías de arrendadores, procedentes de la Baja Andalucía o del centro de Castilla: GALÁN SÁNCHEZ, Á.: «Granada y Castilla. Las Rentas del Rey y los arrendadores de la Corona». *Actas XLI semana de Estudios Medievales*. Estados y mercados financieros en el Occidente cristiano (siglos XIII-XVI), Estella, 2014.Pp.309-350.

[21] Salvador de MOXÓ Y ORTIZ DE VILLAJOS, «Los cuadernos de alcabalas. Orígenes de la legislación tributaria castellana», *Anuario de Historia del Derecho Español*, Madrid, 1969. pp. 317-450.

[22] *Leyes del cuaderno…*, cit. Ley CXXI.

[23] Miguel Ángel PÉREZ DE LA CANAL, «La justicia de la Corte de Castilla durante los siglos XIII al XV», *Historia, Instituciones, Documentos*, n.° 2, 1975, págs. 383-482.

[24] Carlos GARRIGA ACOSTA, *La Audiencia y las Chancillerías Castellanas (1371-1525)*. Madrid: Centro de Estudios Constitucionales, 1994, págs 363-364.

El pleito de los olleros con el arrendador del barro. Descripción archivística. Ficha ISAD (G).

Código de Referencia: ARCHGR/01RACH//0859-6.

Título: Proceso entre los olleros de la ciudad de Granada con el arrendador del barro de la hagüela sobre que los alfareros registren los hornos y labor que tienen para la paga del alcabala y renta de la hagüela.

Fecha(s): (c) 1517-01-12 / 1517-10-12.

Nivel de descripción: Unidad documental compuesta.

Volumen y soporte: 107 folios, papel.

Nombre del productor: Escribanías de Cámara de la Real Audiencia y Chancillería.

Alcance y contenido: El pleito que entablan los olleros contra el arrendador del barro es un ejemplo excepcional del funcionamiento del sistema judicial instaurado en la ciudad de Granada a inicios del Antiguo Régimen. Hasta su resolución participan las instancias judiciales ordinarias ubicadas en la ciudad de Granada, esto es, el alcalde mayor dependiente del Corregidor, el Juzgado de Provincia y la Real Audiencia y Chancillería.

Es excepcional también en lo referente a la materia objeto del litigio, el cobro de la alcabala del barro, producto de la imposición de un tributo típicamente castellano sobre una renta de tradición nazarí.

También lo es por la calidad de los litigantes, agentes intermediarios de la Corona, recaudadores y arrendadores de las rentas reales contra un colectivo, ahora heterogéneo, del gremio de los olleros, cantareros y tinajeros, tanto cristianos viejos como nuevos que soportan la misma imposición, en un contexto de presión fiscal diferenciada y creciente aplicada al colectivo de los cristianos nuevos, más allá de los tributos que todos los súbditos debían a la Corona[25].

Organización: Fondo: 001RACHGR; Sección: Fe Pública Judicial. Escribanías de Cámara; Serie: Pleitos civiles declarativos en apelación.

Condiciones de acceso: Acceso libre en virtud del art. 57 de la Ley 16/1985, de 25 de junio, de Patrimonio Histórico Español

Lengua/escritura: Español, escritura cortesana, procesal y protohumanística.

Existencia y localización de copias: Copia digital en @rchivAWeb, y en la página web del Archivo de la Real Chancillería de Granada, en la URL:

Nota del archivero: Archivo de la Real Chancillería de Granada.

Reglas o normas: ISAD (G): *Norma Internacional General de Descripción Archivística*. Adoptada por el Comité de Normas de Descripción, Estocolmo, 1999, 2ª ed., Madrid, Subdirección General de los Archivos Estatales, 2000.

Norma Española de Descripción Archivística. (NEDA I), Madrid, Ministerio de Cultura, 2006

Fecha de la descripción: 2023.

---

[25] Para ahondar en este asunto son imprescindibles los estudios de Ángel GALÁN SÁNCHEZ: «Poder y fiscalidad en el Reino de Granada tras la conquista: algunas reflexiones». *Studia Historica, 30. 2012.* Págs 67-98; «Herejes consentidos: La justificación de una fiscalidad diferencial en el reino de Granada». *Historia. Instituciones. Documentos, 33,* 2006. Págs. 273-209, o los recopilados en la obra común con Rafael Gerardo PEINADO SANTAELLA: *Una sociedad mixta. Del emirato nazarí al reino de Granada*. Universidad de Granada. Granada, 2022.

Estudio diplomático y tipología documental

El soporte del pleito es, obviamente, el papel, y su formato está conformado por un único cuaderno de 107 folios cosidos, precedido de una portada identificativa del pleito. No cuenta con una foliación coetánea de su formación, por lo que en el proceso de limpieza y restauración ha debido ser foliado, en lápiz, manteniendo el orden primigenio dado por el escribano que lo acumuló. Hay que señalar que el estado de conservación previo a la restauración era bueno en su conjunto, afectado únicamente en los bordes de algunos folios por humedades, habiéndose perdido puntualmente el soporte en las zonas con escritura, pero sin afectar a la lectura o comprensión del contenido.

Al conformarse la unidad archivística con documentos de distinta procedencia, bien traslados de documentos de otras instancias, de los procuradores de las partes o de pruebas documentales, se pueden apreciar distintas calidades de papel y tintas, siendo siempre todas ellas de composición ferrogálica.

En cuanto a la escritura, se enmarcan dentro del estilo de transición de la letra cortesana a la procesal, presentando rasgos superfluos sobre las palabras, líneas prolongadas y trazos curvos que no responden necesariamente a abreviaturas. Algunos de los escribanos que actúan en el proceso, especialmente los que atienden a las semanerías de la Sala Pública, tienden más a la cursivización, pero sin llegar nunca a encadenar las palabras, mientras que otros de ellos se encuadran más en una escritura protohumanística, por lo que su lectura es relativamente asequible. Únicamente han ocasionado dudas algunos apellidos de origen árabe, por la indefinición o confusión de algunas letras, a, e y o abiertas, n y r, etc.

Por lo que se refiere a la lengua, el pleito está redactado en castellano, sin embargo, debemos señalar que en las probanzas de testigos varios de los olleros, Juan Alcarrá, Martín Alfaguarí, Francisco el Guadixí y Fernando el Maxgol, de origen o ascendencia nazarí, desconocían el castellano —25 años después de las Capitulaciones—, y requirieron de intérpretes (Antonio Aguilar, Fernando de Talavera, Fernando de la Coruña, intérpretes públicos y Gutierre Domingo, intérprete de la ciudad y de la Real Chancillería) para poder responder el interrogatorio, que fue hecho por el receptor Diego de la Peña. Además de esta incidencia encontramos tres palabras árabes romanceadas, referidas al material que había en los hornos en el momento de los registros realizados por el arrendador y que deben responder a que el intérprete no encontraría traducción adecuada para referirse a ellas (maube/maude, dun) o por ser de uso muy común en la jerga de los olleros (tariq/taricas)[26].

A modo de resumen, antes de pasar a tratar el iter procesal, y siguiendo la propuesta de Lorenzo Cadarso para describir la documentación judicial resumimos la información fundamental del pleito, identificando la unidad productora, el tipo y grado del juicio, identificación de los actores, la causa y las conclusiones[27].

---

[26] Sobre el significado de estas palabras nos remitimos al trabajo de Ángel Rodríguez que las contextualiza en el estudio de la producción cerámica, en este mismo volumen. Asimismo agradecemos a los arabistas Ignacio Gutiérrez de Terán y J. Javier Bordes su ayuda para dilucidarlas.

[27] Pedro Luis LORENZO CADARSO, *La documentación judicial en la época de los Austrias. Estudio archivístico y técnico.* Cáceres: Universidad de Extremadura, 1999, pp. 59-60.

Jurisdicción	
Tribunal	Jurisdicción real ordinaria. Real Audiencia y Chancillería de Granada
Jerarquía	Segunda Instancia. Regional de apelación.
Tipo	Sala de lo Civil
Tipo de juicio	
Forma de inicio	A petición de parte
Tipo de procedimiento	Ordinario /Civil
Grado del proceso	Vista y revista en apelación
Data crónica	
Fecha de inicio del litigio	1517/01/27
Fecha de inicio de la instrucción	1517/03/27
Fecha de sentencia en apelación	1517/09/05
Fecha de sentencia definitiva	1517/09/18
Fecha de resolución del litigio	1517/10/12
Motivo del pleito	Económico: Fiscalidad real y concejil
Litigantes	Agentes reales (recaudadores) // Olleros de la ciudad de Granada
Procuradores	Juan de Medrano // Antonio de Cevallos y Luis Tristán
Relator	Juan Vázquez
Escribano	Fernando Pérez Gallego
Data tópica	
Sede del Tribunal	Granada
Lugar del litigio	Granada
Origen de los litigantes	Castellanos / moriscos
Contenido de la sentencia	A favor del reo demandado. Que cada una de las partes nombre un apreciador de lo que puedan valer los hornos para el pago de la alcabala, con el aditamento (en grado de revista) que se tenga en cuenta el descargo por lo que se pueda quebrar y no vender.
Documentos especiales	Testimonios de registros Probanza de testigos Real cédula de Juana I y Carlos I dada en Madrid en 15 de junio de 1517

El proceso, aunque circunscrito a un solo cuaderno, no deja de ser de lectura farragosa por lo anárquico de la disposición de los documentos que responde a la división funcional de los escribanos actuantes. Como ejemplo, cada petición que los procuradores de las partes entregaban al oidor semanero en la Sala Pública, una vez leída y proveída se doblaba, y por el escribano que asistía a la Sala por turno se anotaba en un margen, precedido de una cruz, el pleito al que pertenecía y a la escribanía a la que se había repartido y diligencia de lo proveído; posteriormente se entregará a la sala de la Audiencia competente, con una diligencia del fedatario de haber sido presentada en la fecha de la diligencia. En la sala de Audiencia los oidores proveen y en el vuelto del folio el escribano que lleva el pleito anota el auto del tribunal.

La ordenación de esta secuencia de peticiones y mandamientos se atiene a un criterio organizativo de carácter cronológico.

El iter procesal del pleito de los olleros se desarrolla de la siguiente forma:

– Petición ante el alcalde mayor teniente de corregidor de Granada. No constan documentos porque el procedimiento es de naturaleza «administrativa», tal como se regula en el *Cuaderno de alcabalas*, que estipula un trámite ágil, sin documentos, con un carácter de intermediación.

– Apelación de la resolución del alcalde mayor en el Juzgado de Provincia: del 12 al 17 de enero, (fols. 2r-2v).

– Ejecución de lo proveído por el Juzgado de Provincia por el alcalde mayor y del alguacil mayor: del 23 al 27 de enero, (fols. 43r-55v).

– Pesquisa del alcalde mayor a solicitud del recaudador de la renta de la hagüela: del 23 al 27 de enero, (fols. 56v-63v).

– Pleito en apelación ante la Real Audiencia y Chancillería: del 27 enero al 12 de octubre, (fols. 3r-40v).

> – Presentación de la probanza del arrendador del barro: del 1 al 24 de abril, (fols. 64r-85r).
> – Presentación de la probanza de los olleros: del 21 abril al 2 de mayo, (fols. 85v-96v).
> – Práctica de la probanza del arrendador, (fols. 97r-103v).
> – Práctica de la probanza de los olleros, (fols. 104r-106r).

El Proceso

El trámite en los procesos judiciales se rige por un conjunto de actuaciones que se realizan conforme al procedimiento establecido en las normas procesales y que discurren a través de varias fases hasta la resolución y conclusión del litigio.

Las normas aplicables al despacho de la justicia en la Audiencia y Chancillería, fueron las *Ordenanzas* promulgadas por los Reyes Católicos en 1489 y 1494, junto a algunas leyes reguladoras del proceso, dictadas entre 1499 y 1503, dadas para corregir las dilaciones: *Leyes por la brevedad y orden de los pleitos* (1499), *Ordenanças fechas çerca de la orden de los juyzios y otras cosas a ello conçernientes* (1503), que trataban de poner orden en las diversas actuaciones, formalidades y plazos procedimentales[28], a las que se sumaba la propia práctica de oidores y alcaldes de cada tribunal alumbradas por las *Leyes del Estilo*.

Las actuaciones procesales se agrupan en tres fases: inicio, instrucción o prueba y conclusiones. En el caso que estudiamos, y al tratarse de un pleito apelado, se recogen las actuaciones que se dirimieron en los diferentes juzgados y en el tribunal siguiendo un orden en el conocimiento del asunto establecido desde la primera instancia hasta las instancias superiores en grado de apelación, incluyendo así las actuaciones ventiladas ante el alcalde mayor, teniente de corregidor, juez natural de Granada y también las que se realizaron en el Juzgado de Provincia, en función de la jurisdicción que establecía el asunto, como veremos.

---

[28] Carlos GARRIGA ACOSTA, *La Audiencia y Chancillerías*... cit. pp.369.

Los Antecedentes. De lo «administrativo» a lo judicial.

El día 1 de enero, Ruy López de Toledo, tesorero de las rentas de los reyes, «por defeto de no se aver traydo ni presentado hasta agora recudimentos desenbargados ni cartas de fieldades[29] de las dichas rentas» las puso en almoneda pública ante el escribano de rentas para arrendar por menor, quedando como mejor postor «por çierto prescio de maravedís e con çiertas condiçiones» para la renta del barro, vidrio e alcohol e vidriado e tinajeros, el mercader Juan Ximénes Valençiano, al que se le otorgó carta de fieldad para «resçibir e cobrar los maravedís della, e las arrendar e ygualar»[30]. Con esta carta dada el día 1 de enero, y por plazo de cuarenta días, el arrendador por menor podía ejecutar la recaudación de la alcabala del barro.

Provisto de la carta citada y acompañado por el escribano público Françisco de Xeres y de testigos, comenzó el día 8 de enero a requerir a los olleros granadinos para hacerles registro de sus hornos y tiendas de lo que hubieren producido, previa advertencia de no sacar labor de los hornos sin su licencia, conforme a la Ley CXIII del *Cuaderno de alcabalas*. Entre los días 8 y 9 de enero, registró a 21 olleros. Entre ellos a Juan Alcarrá y a Françisco de Soto, que manifestaron su oposición al registro arguyendo que nunca se había ejecutado este procedimiento, y reclamando otro específico «que vengan maestros del oficio a ver la obra y tasarla»; otros cinco olleros declararon la labor que tenían hecha, y los catorce restantes declararon no tener nada cocido.

En el ínterin, entre los días 8 y 12 de enero, Alonso Alaconí ollero, que había declarado al arrendador no tener nada que registrar salvo el horno que estaba cociendo, y que tampoco lo registraría, presentó una petición en contra de las pretensiones del arrendador ante el alcalde mayor, el bachiller Juan Cobo. Con ella comenzarían las actuaciones que culminarían con la incoación del pleito en la primera instancia. El conocimiento y tramitación de esta queja en el concejo tiene un carácter administrativo, salvando el anacronismo, y recordando que en el Antiguo Régimen, las funciones de justicia y gobierno puede estar encomendadas a un mismo órgano, por lo que no se generó un procedimiento judicial, sino que la petición se resolvió con un mandamiento del alcalde mayor. El «expediente» que se generará quedaría entre los del concejo de Granada y bajo la custodia de alguno de sus escribanos de concejo. Así la falta de documentos, sobre estas primeras actuaciones, se justifica en lo dispuesto por la Ley CXXII del *Cuaderno de alcabalas:* el alcalde o juez con competencia «de los pleitos e causas de las nuestras alcaualas, los oyan e libren breve e sumariamente de plano, sin estrépitu e figura de juizio (…) e no reciban por

---

[29] Ley XLIIII del *Cuaderno de alcabalas*: «Como e en que tiempo, por quién e en quales concejos se han de poner las rentas en almoneda e se ha de dar las fieldades dellas cuando no aya recabdador mayor o recudimento presentado_ (…) e pongan las dichas rentas en almoneda pública por ante el nuestro escriuano de las rentas, do lo ouiere o ante su logar teniente o donde no ouiere escriuano de rentas ante otro escriuano e por pregonero quinze dias antes del dicho mes de enero cada año, e den fieldades de las dichas rentas a las personas que en mayores preçios las pusieren, porque usen dellas desde primero día del año si fasta allí no ouiere arrendador mayor, contentando en ellas de buenas fianças llanas e abonadas (…)».

[30] Fols. 43v-44r.

escripto (...) e quel demandado sea tenido de contestar la demanda que le fuere puesta dentro de tres días después que le fuere puesta (...)»[31].

En efecto, en el plazo citado el alcalde mayor resolvió a favor del ollero y «mandó e dió facultad al dicho Alonso Alaconi para que pudiese sacar desta çibdad de Granada çierta obra de varro echa cozida syn la registrar e contar por menudo, segund más largo en el dicho mandamiento se contiene»[32].

Contra el mandamiento del alcalde mayor contraria al arrendador Juan Ximénes apeló éste, ahora en el Juzgado de Provincia y ante su alcalde el licenciado Alonso de León, que como alcalde del crimen de la Audiencia, era competente para actuar y presidir ese Juzgado. Como ya se ha señalado, la Ley CXXXII establecía que contra la sentencia dada por un juez ordinario, cabía apelación ante los contadores mayores o ante el Juzgado de Provincia, a elección del agraviado.

Así, efectivamente, el día 12 de enero se presentó el arrendador en el Juzgado de Provincia en grado de apelación, nulidad y agravio, contra el mandamiento del alcalde mayor de Granada «por ser en perjuysio de la renta de sus altezas, muy injusto e agraviado con fin de defraudar el alcabala»[33] solicitando la revocación del mandato, y que se le proveyera de otro mandamiento para que se impidiera sacar labor de barro en Granada so pena de embargo, mientras estuviera pendiente el pleito. Admitida la demanda, el juez de Provincia ordenó que Alonso Alaconí registrara la obra de barro ante el arrendador, y dió mandamiento al algualcil de embargarla en caso de incumplimiento.

El fallo a favor del arrendador de la renta, que revisaba lo dispuesto por el alcalde mayor, provocó que el día 17 de enero «sin ser oýdo de su derecho», Alonso Alaconí apelase el proceso «ante la reina y el rey y por ante los señores presidente e oidores de su real Audiencia», amparándose en la disposición de la Ley CXXXII «si ante el nuestro notario fuere mouido el pleyto de primera instancia e diere en él sentencia, que pueda suplicar della ante los nuestros oydores e ante los nuestros contadores mayores do quisiere el agrauiado»[34].

---

[31] Ley CXXII del *Cuaderno de alcabalas,* cit.: «En qué manera han de conosçer los juezes en los pleytos de las alcaualas si recibieren escriptos e del término de la contestación e la pena. Otrosí ordenamos e mandamos que qualesquier alcaldes o juezes que ouieren de conocer de los pleitos e causas de las nuestras alcaualas los oyan e libren breue e sumariamente de plano e sin estrepitu e figura de juyzio sabida solamente la verdad según las leyes e condiciones deste nuestro quaderno e que no reciban la demanda del auctor en las excepciones del demandado por escripto avnque qualquiera dellos traya escripto dello saluo quel escriuano asiente en su registro cada vn acto de todo el pleyto como si antel fuesse fecha de palabra e quel demandado sea tenido de contestar la demanda que le fuere puesta dentro de tres días después que le fuere puesta so pena de confieso en todo lo que le fuere puesto por demanda e que la contestación se faga negando o confessando simple e llanamente e negando vnas cosas e confessando otras si la demanda contiene muchas cosas lo qual ayan de fazer por palabra e no por escripto según es dicho de como se ha de poner la demanda saluo si lo quisiere traer e dar por memorial llanamente fecho sin consejo de abogado».

[32] Fol. 2r.

[33] Fol. 2r.

[34] Ley CXXXII del *Cuaderno de alcabalas,* cit.

El pleito en la Real Audiencia y Chancillería

Hasta este momento, el litigio por el cobro de la alcabala había recorrido dos juzgados inferiores: entre el 8 y 12 de enero había pasado ante el alcalde mayor, con resolución a favor de Alonso Alaconí, y entre el 12 y 17 de enero por el Juzgado de Provincia, con auto favorable al arrendador de la renta.

El 27 de enero el pleito se recibe en grado de apelación en la Real Audiencia y Chancillería, cuando un numeroso grupo de olleros granadinos presentan una petición en su Sala pública contra el auto del licenciado León. La petición contenía dos demandas: en la primera se solicitaba que se les dejase vender el barro sin hacer registro, y además que se «mande traer los abtos» objeto de la apelación para que sean conocidos y revisados por el tribunal.

La petición es admitida el mismo día por un auto del oidor semanero que asiste a la Sala pública, ordenando primero que se reciba en apelación el proceso visto en el Juzgado de Provincia, y que de forma cautelar y mientras se dirime el pleito, se permita a los olleros la venta del barro sin registro durante ocho días. Dos días más tarde, el 29 de enero, el escribano de Provincia, Juan Moreno, concertaría ante testigos el traslado del pleito allí sustanciado para su remisión a la Audiencia y Chancillería.

Mientras tanto, en los 10 días que corrieron entre la apelación de los olleros y el inicio de las actuaciones en la Audiencia, el arrendador del barro había retomado los registros a los olleros, haciéndose acompañar de Françisco Gutierres, escribano público, y apoyándose en el mandamiento del alcalde de Provincia que autorizaba los registros bajo pena de 5.000 maravedís para el fisco real o embargo de la labor. También, en este sentido y durante los nuevos registros, el arrendador advertía a los olleros que la negativa a declarar cuanto tenían en sus casas y de lo que habían vendido, obligaría a calcular una cantidad fija sobre la que se impondría la carga fiscal. Las cantidades previstas irían desde los 20.000 maravedís para Sebastián de Málaga a los 10.000 maravedís para los restantes. Así en los registros efectuados el día 19, solo cinco de ellos se avinieron a registrar, negándose otros dos, y declarando la mayor parte de ellos no tener obra hecha. Las estrategias de dilación de los olleros fueron variadas: Sebastián de Málaga pidió al escribano un traslado del requerimiento; Françisco el Guadixí declaró que estaría dispuesto a registrar cuando todos los demás olleros lo hubieran hecho, otro ollero declaró estar enfermo e imposibilitado.

La respuesta del arrendador ante los intentos frustrados de registro y cobro, obviando además la apelación de los olleros admitida ya en la Audiencia, fue dirigirse de nuevo el 23 de enero al alcalde mayor reclamando la ejecución del auto del alcalde de Provincia, para lo que presentó una serie de documentos: la carta de fieldad, fechada el 1 de enero de 1517, dada por Ruy López de Toledo, tesorero de las rentas reales, con su nombramiento como arrendador menor de la renta del barro, vidrio, alcohol y tinajeros para el año de 1517[35]; un testimonio del escribano público Françisco de Xeres, de los registros realizados a 21 olleros entre los días 8 y 9 de enero y sus respuestas[36]; un testimonio del escribano público

---

[35] Fols. 43r-44r.

[36] Fols. 44v-47v.

Françisco Gutierres, fechado el 19 de enero dando cuenta de los requerimientos realizados a otros cinco olleros sus respuestas[37]; el traslado de la condición de la renta del barro sacado por el escribano público Gonçalo Quixada, del original firmado por Martín Sánchez, escribano mayor de rentas, fechado en 12 de enero,

> «con condición que todas las personas que hisieren tinajas o tinajones o otras cosas de ollería e vedriado para vender no abran los hornos de las dichas cosas sin que sea requerido el arrendador para que esté presente si quisiere al deshornar,(...) vea los hornos que estuvieren en la dicha çibdad de Granada una vez cada día, e los que estuvieren fuera de la dicha çibdad, de terçero en terçero día. E que cada e quando que el dueño e señor de la dicha obra requiera al dicho arrendador, o al que su poder oviere, que vayan ver abrir el dicho horno que sea obligado a yr luego con él a lo ver»[38],

Y finalmente una petición en la que se requería un mandamiento para efectuar los embargos.

Apoyándose en los documentos y argumentando la negativa de algunos olleros al registro «poniendo excusas indebidas» solicitaba «les sea enbargada toda la obra de barro que les hallaren e se pongan en depósito hasta tanto que por el dicho señor alcalde mayor sea visto e haga sobre ello lo que sea justiçia»[39].

La respuesta del alcalde mayor fue dar un mandamiento al alguacil mayor de la ciudad «por el qual vos mando que vayáis a las casas e tiendas de las personas de yuso contenidas e les secrestéis e pongáis en depósito toda la obra de barro cozido que les halláredes para que esté en el dicho depósito hasta tanto que sobre ellos estén a derecho ante mí, e por mí sea fecho lo que sea justiçia»[40] al que acompañaba una nómina con los diecisiete olleros sujetos del embargo.

En consecuencia, el 27 de enero el alguacil Pero Garçia de Navarrete comenzó a ejecutar los embargos «cunpliendo este mandamiento, pidió a Sevastián de Málaga que le dé un depositario en quien ponga a depósito la obra de varro que tiene en su tienda, (...) e entretanto çerró su tienda el dicho Sevastián de Málaga e dio la llave a mí, el dicho escrivano».

Este mismo día el procurador de los olleros, que había visto admitidas sus peticiones de apelación en la Audiencia con remisión de los autos del Juzgado de Provincia, se personó ante el alcalde mayor para informarle de sus actuaciones que se estaban llevando a cabo ante el Tribunal, para lo que exhibió las dos cartas de poder de su representación «e así presentados los dichos poderes por el dicho Antón de Çevallos en el dicho nonbre, dixo que apela del mandamiento para ante quién e con derecho deva», y le entregó la demanda de apelación y la provisión de remisión de autos, con la cláusula que suspendía la prohibición de venta «que traigan el proçeso, e que por ocho días, sin embargo de lo

---

[37] Fols. 47v-49v.

[38] Fols. 49v-50r.

[39] Fols. 50r-50v.

[40] Fol. 51r.

mandado por el alcalde León, vendan estos como suelen vender su barro». Sobre estas bases documentales el procurador exigía del alcalde mayor la restitución de lo embargado a sus representados «e mande bolber al dicho Diego de Málaga, su parte, la llave de la dicha su tienda que así le fue tomada[41]. Inmediatamente se dió cumplimiento a todo lo proveído por la Audiencia, y el escribano público, Gonzalo de Quixada, redactó el traslado de los autos que se enviaron y recibieron en la Chancillería el día 3 de febrero.

El mismo día que el arrendador de la renta había exigido el embargo a los olleros, el 23 de enero, se había producido la comparecencia ante el alcalde mayor de Françisco de Baeça, arrendador mayor de la renta de la hagüela, para denunciar el perjuicio que producía la negativa de los olleros, y el cierre de sus hornos y tiendas:

> «en gran fraude e deminuçión de la renta y derechos de sus altezas se an juntado, e con engaños e ynduçimientos han atraýdo a todos los otros maestros de hazer el dicho barro desta dicha çibdad y a los tenderos que lo venden, a los maestros que no lo hagan ni labren e que çierren las casas en que lo labran y a los tenderos que çierren las tiendas en que lo vendían porque no paguen el alcavala devida a sus altezas.
>
> Y ansí de fecho lo an fecho, que dende el primer día deste año tienen çerradas las casas donde labravan el dicho varro y no lo labran, y las tiendas donde se vende y no lo venden, y porque las partes contrarias en aver fecho esto han cometido graves delitos, e han yncurrido en grandes penas criminales y çiviles por aver fecho liga e frabde contra las rentas de sus altezas y en daño y diminuçión dellas. Y la reparaçión desto, e la puniçión e castigo de las partes contrarias, la han de mandar hazer sus altezas porque a otros sea exemplo, e porque en otra manera sus rentas se perderían, e porque yo, como fiel de las dichas rentas, soy obligado e quiero hazello saber a sus altezas para que lo manden proveer e castigar a las partes contrarias».

Y solicitó una pesquisa al alcalde mayor, presentando para su aprobación un interrogatorio con ocho preguntas y a los cuatro testigos que deberían ser examinados: Françisco de Ribera, Francisco de Peñafiel, Juan de Jaén y Alonso Fernández Foçay, y solicitando el preceptivo traslado a la parte contraria, para no incurrir en defectos de forma. El alcalde mayor mandó notificar el día 26 de enero a los olleros, citándolos para la presentación de testigos, y su respuesta no se hizo esperar: al día siguiente Antón de Cevallos, procurador de los olleros, apela ante la Audiencia pidiendo la nulidad de la pesquisa.

Mientras tanto el escribano ya estaba tomando juramento a los tres primeros testigos, todos ellos cristianos viejos, recibiéndolos a la prueba. El argumento principal que desarrolla el arrendador de la hagüela y que intenta probar, gira en dejar patente que los olleros y tenderos se habían unido para no cocer ni vender barro, con el objeto de que no se recaudara el alcabala. Y así lo hace constar en el tenor de las preguntas séptima y octava del interrogatorio:

---

[41] Fol. 55r.

«que todos los maestros de hazer e labrar el dicho barro, e los dichos tenderos que lo venden en las dichas tiendas, ynduçidos e atraýdos por los dichos fraudes e liga, e por metimientos e obligaçiones que les tomaron los dichos Juan Alcarrá e sus consortes, desde primer día deste año tienen çerradas las casas donde acostunbran hazer e labrar el dicho barro, e no lo hazen ni labran ni quieren hazer ni labrar ni cozer el dicho barro, y los dichos tenderos tienen çerradas las dichas tiendas e no quieren abrillas ni vender ningunas vasijas de las que tienen del dicho barro, e digan lo que çerca desto saben y (....) que a cabsa que la dicha liga e fraude que el dicho Juan Alcarrá e sus consortes han fecho con todos los otros ofiçiales e tenderos del dicho barro, la dicha renta del alcavala del barro se pierde toda, porque no se coge un solo maravedí della, ni ay de quien se coja»[42].

El día 31 de enero, el procurador de los olleros, como respuesta a la resistencia del escribano asistente del alcalde mayor a darle traslado del proceso, presenta una nueva provisión obtenida en la Audiencia instándole a que lo diera so pena de 2.000 maravedís «pues estando ynterpuesta por su parte çierta apelaçión de una pesquisa que sin ser oídos mandaron hazer contra ellos el bachiller Cobo, alcalde mayor que fue en esta çibdad a pedimiento de Françisco de Baeça, arrendador que se dize de la renta del barro e Hernando de Soria, escrivano público, ante quien se haze e apelé, no me quiso dar el proçeso hasta tanto que me quexé en esta vuestra real abdiençia, e no enbargante que con pena le fue mandado por el vuestro muy reverendo presidente e oidores lo diese, no lo quiere dar, poniendo a ello yndevidas escusas»[43]. El escribano acata la provisión obedeciéndola, y el traslado se recibe en la Chancillería el 7 de febrero.

Revisando todas las actividades judiciales que han tenido lugar en el mes de enero de 1517, nos encontramos que los olleros han pedido justicia ante el alcalde mayor y han apelado el auto del de juez de Provincia. Por su parte el arrendador del alcabala del barro ha apelado ante el juez de Provincia la resolución dada por el alcalde mayor, y ha pedido ejecución del auto del Juzgado de Provincia. Finalmente el arrendador de la renta de la hagüela ha solicitado una pesquisa ante el alcalde mayor. Así al llegar el mes de febrero ya están en poder de la Audiencia los traslados de las peticiones, mandamientos, testimonios y probanzas que han transcurrido en las instancias inferiores y puede dar comienzo el pleito en apelación.

El 12 de febrero, Luis Tristán presentó en Sala pública el poder de representación de los olleros nombrándolo procurador sustituto de Antón de Cevallos[44] que se había realizado el 1 de febrero, y en la siguiente audiencia, el 20 de febrero, «en ausencia y rebeldía de la

---

[42] No entramos en el pormenor de esta probanza de testigos que será tratada en el estudio que acompaña a éste.

[43] Fol. 56r.

[44] Para actuar en la Audiencia y Chancillería, los procuradores y abogados necesitaban una licencia especial, siendo un número tasado, que se limitó a 20 en 1515, los que podían intervenir. Por ello, los olleros sustituyen al que hasta ahora había sido su procurador ante el alcalde mayor, por Luis Tristán. Este Antón de Cevallos, debió actuar como procurador habitual de los moriscos, pues lo vemos defendiendo a dos moriscos de Motril en un proceso penal ante el corregidor de Granada, vid. Ángel GALÁN SÁNCHEZ y Rafael Gerardo PEINADO SANTAELLA, R.G., «Los moriscos granadinos y la justicia penal: un testimonio de 1511», *Os reinos ibéricos na Idade Média,* vol. I, 2003, pp 194.

parte contraria» presentó su alegato contra Francisco de Baeza, recurriendo la improcedencia del proceso:

> «porque mis partes no son obligados a registrar el dicho barro ni las leyes del quaderno ni otras algunas los obligan a ello. Porque de costunbre ynmemorial a esta parte e después aún que esta çibdad se ganó, en estos reynos ni en esta çibdad se ha registrado ni registra el dicho barro. Porque si el dicho barro fuese cosa que se pudiese guardar e conservar, rasón ternía la parte contraria de pedir registro, pero siendo como es cosa que muy ligeramente se quiebra, e después de quebrado no se ha de conservar, no se puede pedir registro porque sería, si se fisiese, dar ocasión que mis partes pagasen lo que no deven e se les fisiesen muchos e grandes coechos. Porque la parte contraria descovrió que mis partes no querían darle por yguala lo que quería de alcauala, buscó de pedirles registro por buscarles achaques e maneras para que se conçertasen con él como él quisiese. Porque mis partes no hizieron liga ni monipodio ni dexaron de vender el dicho barro en perjuizio de la república ni por defraudarla, si no por evadirse de lo que la parte contraria les quería pedir e demandar».

De esta petición se ordena dar traslado a la parte contraria para que conteste en la siguiente audiencia.

El 5 de marzo el escribano notifica a Francisco de Baeza, que protesta diciendo que él no es parte en el pleito, pues tiene arrendada la renta a Juan Ximénes, al que se procede a notificar el día 7, apercibiéndole de que pusiera procurador conocido de la corte y señalándole los estrados reales de la Audiencia en los que se han de ver los autos del proceso

El 10 de marzo el procurador de los olleros pide que se de el pleito por concluso al haber transcurrido el plazo y no haberse presentado la parte contraria. Pero ese mismo día, el arrendador presenta a su procurador, Juan de Medrano, que en la audiencia del viernes 13 de marzo alega que del mandamiento del alcalde mayor no cabía apelación y que debía darse por cosa juzgada porque los olleros no alegaron en tiempo:

> «Porque las partes contrarias son obligados a registrar toda la labor que labran del dicho barro, segund las leyes del quaderno, porque no defrauden el alcavala a vuestra alteza devida. Porque si las partes contrarias, después que esta çibdad se ganó, no han registrado, ha sido porque continuamente se an ygualado con los arrendadores de la dicha renta por las ventas e reventas que de la dicha labor fazían, e donde ay yguala no ay neçesidad de registro. Porque segund las condiçiones con que vuestra alteza mandó arrendar la dicha renta, las partes contrarias son obligados, antes que abran qualquier horno de labor que cozieren, a notificallo al arrendador de la dicha renta para que vaya a vello y esté presente a desenfornallo, e sepa las vasijas que en el dicho horno ay. Porque como es notorio, las partes contrarias son ofiçiales del dicho barro e lo fazen e labran para vender, e dello e de lo que venden deven el alcavala a vuestra alteza; e para que no se defraude la dicha alcavala, mi parte quiere estar presente al tiempo que abrieren los dichos hornos y escrevir

todas las vasijas e labores que en ellos oviere, y esto no se puede negar a mi parte porque es conforme a justiçia. Porque si algo se quiebra de las dichas labores e vasijas al deshornar los dichos hornos, al tienpo que se escriviere que es en el mismo tienpo que se desforna, se verán, e las que se quebraren no se escrevirán, e si algo después se quiebra es muy poco e no nada, e quebrase a riesgo de los que lo conpran en manera que en esto no ay ynconveniente, y aunque lo aya es muy pequeño e se puede muy fácilmente enmendar. Porque como es notorio e por tal lo alego, desta çibdad se lleva a vender el dicho barro a muchas partes e logares deste reyno de Granada e de Andaluzía, e las personas que lo llevan, lo conpran a las partes contrarias e algunos dizen que lo llevan por las partes contrarias a vender. E si mi parte no toviera cuenta y razón de las vasijas e labores que las partes contrarias labran, no puede saber ni ynformarse quién e a dónde se vende el dicho barro para cobrar el alcauala dello o para pedir que le muestren fe del logar donde lo vendieron, en manera que todo lo que las partes contrarias contra esto dizen e alegan es solamente por tener logar de defraudar la renta de vuestra alteza y esto no se deve permitir»[45].

De las razones alegadas por una y otra parte fundamentadas en las Leyes del Cuaderno se concluye que siendo cierto que en la Ley CXIII no se cita específicamente al barro, si se menciona «que todos los mercaderes e traperos e tenderos e otras personas qualesquier que touieren paños de oro e seda o de lanas en pieças o en retales o fustanes o fustedas e otras mercaderías, assí como pasteles e lanas e cueros e lienços e sayales e xergas e picotes e ropas de vestir que los aljabibes e traperos e picoteros fazen de nuevo e otras cosas de mercaderías para vender en sus casas e tiendas e en otras partes e las truxieren de fuera parte para vender, que sean tenudos de lo mostrar al nuestro arrendador e de lo registrar e sellar e ferretear con su sello e ferrete qual los dichos arrendadores quisieren»[46]. Además la Ley CXXIII cita la labor del barro en referencia al modo de proceder cuando el arrendador pone demanda al que vende muchas cosas por menudo «es nuestra merced que todos los que touieren tienda o oficio de uender algunas cosas assí de especias, e bohonería, e ortaliza, e fructa, e ceuada por celemines, e leña, e guantes, e borzeguía, e cosa de pellegería, e barro, e esparto, e cáñamo, e aues, e caça, e de otras cosas semejantes…».

En cuanto a lo también alegado sobre que nunca antes se había registrado ni era costumbre registrar, resulta evidente que en los años anteriores los olleros se habían igualado con el arrendador e incluso ese mismo año lo habían hecho algunos de ellos, tal y como se puede contrastar con los correspondientes registros en los protocolos notariales[47].

Juan de Medrano pide además que se provea y concluya el proceso porque con la dilación acumulada se ha perjudicado la recaudación, estimando que hasta ese momento la producción total había sido de cuarenta hornos, tasados en un valor aproximado en primera venta de

---

[45] Fols. 8v-9r.

[46] Ley CXIII del *Cuaderno de alcabalas,* cit.

[47] Manuel ESPINAR MORENO, Juan José QUESADA GÓMEZ, «Documentos para el estudio de los alfares y las producciones cerámicas de la Granada nazarí y morisca», *Estudis Castelonencs,* 6, 1994-1995, pp.474.

120.000 maravedís y en reventa de 160.000. De esta petición los oidores mandan dar traslado a la parte contraria para que en la siguiente audiencia los olleros aleguen su derecho.

El martes 17 de marzo, en audiencia pública y estando presentes los procuradores de las partes Luis Tristán y Juan de Medrano, éste pide la conclusión del pleito por no haber alegado la parte de los olleros. La Audiencia ordena que alegue en esa misma mañana y al no recibir ninguna alegación, los oidores dan por conclusa la fase del procedimiento y ordenan iniciar el término de prueba.

El lunes siguiente, 23 de marzo, estando el presidente y los oidores en acuerdo encomiendan el proceso al licenciado Juan Vázquez relator, tasando sus honorarios.

Para la siguiente audiencia, el viernes 27 de marzo, estando los procuradores de las partes presentes, se dicta la sentencia interlocutoria en la que se les emplaza para ser recibidos a prueba en la siguiente audiencia, dándoles un plazo de seis días,

> «E que con lo que dixeren o no dixeren para la primera abdiençia devemos reçevir e reçivimos a amas las dichas partes y a cada una dellas conjuntamente a la prueva de todo lo que por ellas y por cada una dellas dicho e alegado, e a prueva de todo lo otro a que de derecho deven ser reçevidos a prueva y provar devan. Y provado les aprovechará, salvo juren ynpertinençiam et non admitendorum, para la qual prueva haser e la traer e presentar ante nos, damos e asignamos a las dichas partes y a cada una dellas plaso e término de seys días primeros siguientes, los quales les damos oy. Asignamos por todo plaso e término perentorio acabado con aperçebimiento que les hasemos que otro ni más plaso ni término alguno les no será dado ni otorgado ni éste les será prorogado ni alargado e ese mismo plaso e término damos oy».[48]

Iniciada la fase de prueba, se seguirán una serie de incidencias y numerosas excepciones dilatorias y declinatorias, que no afectaban al fondo del proceso pero si lo retrasaban. Esta práctica fue muy común y se recogía en las leyes del estilo, por lo que los Reyes Católicos intentaron corregirla dictando las *Leyes por la brevedad de los juyzios o las Ordenanças cerca dela orden de los juyzios,* porque ante cada pedimiento, sea por ampliación de plazos, por retención del proceso, por incomparecencia de una de las partes en la Audiencia, los oidores tenían que proveer mediante autos la resolución de la incidencia y ordenar al escribano que le diera traslado a la otra parte para sus alegaciones. En estas tácticas se empleó especialmente Luis Tristán, excusándose en que «sus partes eran muchas» y le llevaba mucho tiempo.

Un día antes de la finalización del plazo de seis días, fijado para el recibimiento de la prueba, el 31 de marzo, el procurador de los olleros pidió la suspensión del mismo porque el proceso lo tenía la parte contraria. También el procurador del arrendador pidió prórroga de seis días para poder realizar la probanza. Admitidas las peticiones, se les asignó por la sala un nuevo término que vencía el día de Quasimodo, primer domingo después de la Pascua de Resurrección. El 21 de abril Luis Tristán solicitó una nueva prórroga de veinte días

---

[48] Fol 11r.

más, consiguiendo dilatarlo únicamente por un plazo de diez días. El arrendador del barro como parte más perjudicada en el litigio, ya que a esa fecha aún no ha cobrado nada de la alcabala, solicita insistentemente la publicación de la probanza.

Mientras que ambos procuradores acuden a la Sala pública con sus peticiones para tratar estas cuestiones incidentales, se nombra al escribano Diego de la Peña como receptor para que practique la probanza.

El día 1 de abril, el arrendador del barro, Juan Ximénes ya había presentado un interrogatorio con diez preguntas para fundamentar que siempre que no había habido iguala se había registrado, y para establecer la cuantía aproximada de los hornos que se cuecen en un año «cuezen y venden quatroçientos y hasta quatroçientos y çincuenta hornos», así como el valor de cada uno de ellos «los quales uno con otro valen a ocho ducados y ay en ellos muchos hornos que valen más de veinte ducados de primera venta y mucha más cantidad, en más del terçio más, de reventa», con el fin de justificar un incremento de la alcabala que les había pedido y que había motivado el pleito; para lo que presenta una relación de quince testigos a los cuales les debe tomar «sus depusiciones secreta e apartadamente» y pide también que juren de calumnia siete de los olleros de la parte contraria[49].

Diego de la Peña tras recibir el juramento de los testigos les toma declaración entre los días primero y 21 de abril, así como las confesiones de los demandados por sus juramentos de calumnia el día 24. Finalizado su trabajo, el receptor entregó la probanza al relator el 4 de mayo con la tasación de las costas, fijadas en 231 maravedís, por medio día en que fue por las ollerías a tomar las declaraciones, por la presentación de quince testigos, por la presentación de siete olleros, y por la escritura del pleito.

La probanza de la parte de los olleros[50], tras los aplazamientos solicitados, se inicia el 21 de abril, con un interrogatorio formado por dos preguntas, aparte de las generales de la Ley: la primera, si conocen a las partes y la última, si es público y notorio lo que han dicho. Se les interroga primeramente sobre si saben que nunca se han registrado los hornos, y si los arrendadores les han pedido que se registren, debido al gran número de piezas que se rompe durante la cocción de la labor; la segunda cuestión que se les plantea es si después del registro no se puede dar cuenta de lo que se ha quebrado. La parte de los olleros presenta a ocho testigos que declaran entre el 21 y el 23 de abril; siendo entregada la probanza al relator el 6 de mayo, con la tasación de testigos, un poder sustitutorio y cinco hojas de la escritura en precio de 109 maravedís[51].

Las dos probanzas siguen el mismo trámite y tienen la misma estructura. Primeramente se presenta el interrogatorio acompañado de la nómina de testigos, posteriormente el receptor toma juramento y declaración a cada uno de ellos, en secreto, haciéndoles todas las preguntas o respondiendo los testigos las que entienden que les son pertinentes, quedando la probanza «ordenada» por testigos.

---

[49] La probanza del arrendador se encuentra entre los folios 67r y 85v. Como indicamos con la probanza del recaudador de la hagüela ante el alcalde mayor, el contenido de la probanza se ve en el estudio que acompaña a éste.

[50] La probanza de los olleros entre los folios 88r y 95v.

[51] En la probanza dice: «En VI de abril de IUDXVII años me la enbió Diego de la Peña, reçebtor ante quién pasó».

Una vez recibidas las piezas documentales con los interrogatorios por el relator, se presenta ante la Sala a realizar la probanza del acto[52], en la denominada «audiencia de relaciones». En ésta, y sobre los interrogatorios originales, el relator hace relación de las dos probanzas encabezadas por las preguntas planteadas y la respuesta de cada testigo, para exponer de forma ordenada lo que se alega por cada parte.

Mientras, Juan de Medrano procurador del arrendador, centrado en concluir el proceso, solicita que se nombre otro relator porque no está el que corresponde. Tras la testifical, ya vista, presenta una prueba documental: la real provisión[53], dada en Madrid en 15 de junio, por doña Juana y don Carlos, firmada por los contadores mayores dirigida al

> «que es o fuere nuestro corregidor o juez de residençia de la çibdad de Granada o a vuestro lugarteniente en el dicho ofiçio e otras justiçias de la dicha çibdad e a cada uno de vos que en atención a las condiciones por las que se arrendó la renta de la hagüela, declaramos e mandamos que si los dichos recabdadores, o quien su poder oviere, quisieren escrevir al tienpo que estovieren presentes al sacar las vasijas de los dichos hornos los que hizieren el dicho barro, porque los dichos nuestros recabdadores puedan tener cuenta e rasón dello para cobrar el alcavala que se les deviere e dello ovieren de aver. E así lo guardad e conplid y executad.»

Esta provisión es recibida y asentada su copia autorizada en el pleito, dando comunicación y traslado preceptivo a la parte de los olleros el primer día de julio para que aleguen y concierten la relación. Su procurador se presenta el día 4 sin aportar nada nuevo a lo dicho en su primer alegato, aunque protesta de la presentación de la prueba documental tachándola de haber sido obtenida estando pendiente el pleito, y sin haber informado a los contadores mayores cuando se solicitó de que había un litigio en curso.

El procurador se niega a concertar el pleito, y se le imponen tres multas de quinientos maravedís, los días 4, 7 y 10 de julio, dándose así por concluida, sin más actuaciones, esta fase de prueba o trámite de relaciones, que es cuando únicamente los oidores que debían sentenciar veían directa y globalmente el pleito.

El 5 de septiembre se inicia la fase de conclusiones para que el presidente y los oidores que formaban la Sala fallaran sobre el proceso. Las *Ordenanzas* de 1489 establecían el principio de mayoría, exigiendo la concurrencia de tres votos conformes para sentenciar en definitiva, entendiendo que el voto del presidente, imprescindible en el grado de revista, no tenía poder decisorio[54]. En la práctica, reunidos los oidores en acuerdo y tras deliberar, votaban comenzando por el oidor más moderno en el cargo y así en orden ascendente hasta el presidente, si se hallaba presente. Una vez que había tres votos en conformidad, el oidor más nuevo debía escribir los votos en el libro secreto, y el más antiguo ordenar las sentencias acordadas, para que inmediatamente la sentencia así dictada fuese puesta por escrito en

---

[52] Fol. 97r.

[53] Fol. 23r.

[54] Carlos GARRIGA ACOSTA, *La Audiencia y Chancillerías castellanas...*, cit. pp. 379.

limpio por el escribano antes de su publicación, para «que no se pueda mudar cosa della»[55], y después se firmaba empezando por el oidor más antiguo. De las sentencias acordadas, en sesiones vespertinas, se debía dar lectura en la audiencia pública de la mañana siguiente por el relator u oidor que fuera «buen lector»[56]. La sentencia de vista que fallaron los oidores de la Sala[57] fue,

> «que mandavan e mandaron que de aquí a mañana en todo el día, cada una de las partes nonbre vna persona, o ellos nonbrarán un terçero para que todos tres, sobre justiçia, que primeramente hagan, tasen e averigüen lo que cada horno meresçe o puede meresçer de alcavala conforme a la ley del quaderno, e lo que todos tres o los dos dellos que se conçertaren, tasaren e declararen, aquello, mandamos que se guarde e cunpla e asiente, con la rúbrica de tres oidores».

El voto de cada uno de los oidores y la sentencia concertada, no tenía que ser deliberada ni fundamentada en Derecho, sino que se ajustaba al «bien probado» por la parte vencedora. En este caso, no obstante, se atienen a lo dispuesto en la Ley CXXIV del *Cuaderno de alcabalas*[58].

En ejecución de lo contenido en la sentencia de vista, la parte del arrendador nombra como tasador a Fernando de Toledo, que había tenido el mismo arriendo, y pide que si los olleros no nombran el suyo, que el aprecio fuera el de Fernando de Toledo y por lo que declare éste. A esta pretensión se opone Luis Tristán, alegando que se está en plazo para suplicar la sentencia dada por los oidores; que efectivamente apela el día 13 en atención a que

> «las leyes del quaderno que dizen que las cosas que se vendieren por menudo se apreçien, hablan en cosas que se puede guardar e no pereçer, así como espeçias e calçado e otras cosas en que después de apreçiadas pueden aver qüenta, pero no en cosas de barro ni otras cosas semejantes que se pierden e quiebran e después de quebradas no se puede dar qüenta dellas, y las dichas leyes no hablan en esta cabsa».

Y pide que si hay que hacer tasación se tenga en cuenta un descargo por lo que se hubiera quebrado; aviniéndose a concertarse «por quitarse mis partes de pleito, le quieren dar todo lo que más le dieron por cada horno desde el año de quinze atrás».

En la audiencia del viernes, 18 de septiembre, el presidente e los oidores fallan su sentencia definitiva en grado de revista, reconociendo «que el auto e mandamiento por los dichos señores en este negoçio dado e pronunçiado de que por parte de los dichos olleros fue suplicado, hera y es justo e derechamente dado e pronunçiado. Por ende, que le devían

---

[55] *Ordenanzas de 1489 de la Real Audiencia y Chancillería.* Cap. 15.

[56] Carlos GARRIGA ACOSTA, *La Audiencia y Chancillerías castellanas…*, cit. pp. 387.

[57] Fol. 30r.

[58] Ley CCXXIII del *Cuaderno de alcabalas,* cit.: «E si por todas estas diligencias no se pudiere saber la verdad quel tal juez sea tenido si el auctor lo pidiere de auer e aya información de dos buenas personas quales a él parescieren que más cierta información le puedan dar dello e le informe dellos que es lo que buenamente puede merescer de alcauala e según aquella información tasse e condenne el alcauala que ha de pagar el dicho demandado e aquellas sea tenido de pagar al arrendador o fiel o cogedor a quien pertenesce e en lo que vediere el tal official o tendero por menudo que es de cient meravedíes ayuso de cosas pertenescientes a vna renta.»

confirmar e confirmaron en grado de revista con este aditamento e declaraçión»: que los árbitros nombrados «juren en forma debida de derecho de hazer bien e fielmente lo que deben, so pena de Dios e sus conciencias» y que tengan consideración en su tasación de lo que se pueda haber quebrado o que de alguna otra causa no se pueda vender, «e con el dicho aditamento e declaraçión, mandaron que el dicho auto fuese llevado a devida execuçión con efetto, syn enbargo de las razones a manera de agravios contra él por parte de los dichos olleros dichos e alegados en el dicho grado de suplicaçión»[59].

Llegado así el pleito en grado de revista a su conclusión, el procurador de los olleros nombró por tasador a Andrés Alafy, ollero, a la vez que recusaba al nombrado por la parte contraria «porque no es esperto en lo que toca a los ofiçios de mis partes, y lo que declarase será por voluntad y afiçión que tiene a la parte contraria e a Françisco de Baeça»[60], además de solicitar que el abono de la alcabala se hiciera cuando la labor fuera vendida, no a la apertura y tasación del horno.

El arrendador del barro, a su vez, acatando y cumpliendo la sentencia, solicitó del escribano de la causa que tomara juramento a los tasadores de las partes, y pidió para evitar futuros fraudes que el cobro de la alcabala tuviera lugar en el momento de deshornar.

El pleito se da por concluso el día 1 de octubre, «estando los señores presidente y oidores viendo pleitos por relación» y mandando que juren los tasadores nombrados conforme al contenido de la sentencia; los juramentos se harán efectivos el día 12 de octubre.

La última diligencia que encontraremos en la unidad documental que contiene el pleito corresponde al 10 de enero de 1522, cuando Francisco de Baeza, recaudador que aún era de la renta de la hagüela, pide un traslado de la sentencia definitiva porque «yo hagora tengo neçeçidad de dicho abto para la cobrança de la dicha renta deste año».

Conclusiones

La Real Audiencia y Chancillería es, ante todo, un tribunal de apelación. Sus procedimientos, así como la incorporación de pruebas documentales, las declaraciones de testigos y los traslados de los procesos sustanciados en las instancias inferiores, nos permiten acercarnos al conocimiento de múltiples facetas de la vida cotidiana que a menudo se resolvían por la vía del litigio. La incorporación de las actuaciones conocidas por el juzgado del alcalde mayor solventa en este caso, la ausencia de documentación judicial de los archivos municipales, en los que desafortunadamente hay escasos ejemplares de estas tipologías.

Comúnmente se ha aceptado que la concurrencia de distintas jurisdicciones y jerarquías en un mismo espacio era fuente de conflictos en tanto que unas mermaban el poder de otras al contradecir sus mandamientos y sentencias, como se manifiesta en Granada en las quejas elevadas a los monarcas, por el capitán general, el conde de Tendilla, acerca de las actuaciones de algunos alcaldes del crimen. No obstante, en este caso concreto, el curso del proceso se sigue con un correctísimo cumplimiento de plazos, mandamientos y autos que se suceden a lo largo de las instancias por las que pasa el procedimiento.

---

[59] Fol. 34r.

[60] Fol. 36r.

En cuanto al objeto del litigio, la negativa de una gran mayoría de olleros granadinos de igualarse con el arrendador en 1517 por una cuantía concreta, contra el uso de años precedentes, debe entenderse en la intención del Juan Jiménez Valenciano de incrementar sus beneficios a costa de éstos. No sabemos exactamente, el valor de la alcabala que por cada horno pretendía aplicar en el momento en que comenzó a hacer los registros, pero sabemos por los olleros que sí se igualaron, que la cantidad se sometió al consenso y se estableció sobre un acuerdo mutuo que incluía la cantidad a pagar, el momento de su abono al abrir el horno, y que el pago contemplara la venta y reventa por menor[61].

De los olleros igualados, Juan Zacaría pagó de alcabala 3,5 reales de plata el horno pequeño, Diego Hernández 7,5 reales el grande y 4 reales el pequeño, y Francisco el Maxgol se igualó por 7 reales el horno grande y por 3 reales el pequeño, con las mismas cantidades que se había igualado en 1516. No obstante, y por la quinta pregunta del interrogatorio del arrendador, las cifras que este maneja y pretende que sus testigos confirmen son «si venden los hornos por grueso y hornos enteros a 6 y 8 ducados o más». Con estas cifras, y aplicando al ducado un valor de 375 maravedís[62], el arrendador podía recaudar un monto total de entre 900.000 y 1.260.000 maravedís, aplicando el valor mínimo de 6 ducados para un mínimo de 400 hornos y un máximo de 8 ducados para 450 hornos.

La negativa de Alonso Alaconí a aceptar el registro del horno, a la que se sumaron otros 21 olleros y que da origen al pleito, acabará resolviéndose con el acatamiento de la sentencia que les obliga a aceptar la tasación de los hornos, consensuada no ya entre ollero y arrendador de la renta, sino entre un tasador nombrado por el arrendador y otro por los olleros.

Está claro que durante el pleito, prolongado a lo largo de los diez primeros meses de 1517, desde el 12 de enero en que el arrendador apela al Juzgado de Provincia y el 12 de octubre en que juran los tasadores, se debió perder una gran parte de la alcabala, como comprobamos por las continúas quejas que el arrendador de la renta presentó por la dilatación del proceso.

¿Cuánto y cuándo acabó por recaudarse en 1517? A falta de más información en el pleito, habrá que indagar en otras fuentes, ya sea en la Escribanía de Rentas, en los protocolos notariales de las escribanías públicas de Granada o en otros pleitos, que sin duda alguna arrojarán más luz sobre las exacciones que soportaban estos artesanos.

Quedan abiertas muchas posibilidades de estudio, no solo en lo estrictamente fiscal, sino en las formas de organización del artesanado, la pervivencia de tradiciones nazaríes, el grado de aculturación de la población morisca, etc. Asimismo queda pendiente incardinar las figuras de Francisco de Baeza, arrendador mayor de la hagüela y de Juan Ximénes Valenciano, arrendador del alcabala del barro, en la prosopografía de los agentes de la corona o de las compañías de arrendadores que operaban en el reino de Granada, de los cuales no hemos encontrado referencia en la bibliografía consultada.

---

[61] Manuel ESPINAR MORENO, Juan José QUESADA GÓMEZ, «Documentos para el estudio... cit., pp. 474-475.

[62] Juan LUNA DÍAZ, «Notas para el estudio de los precios y salarios en Granada (1492-1502)» *Chronica Nova*, 12 (Granada, 1981), pp. 105.

EL PLEITO DE LOS OLLEROS DE 1517 Y LA PRODUCCIÓN DE CERÁMICA EN GRANADA DESDE FINALES DEL SIGLO XV AL XVII.

Ángel RODRÍGUEZ AGUILERA

El pleito de los olleros con el arrendador del barro de la ciudad de Granada de 1517 es un documento esencial para aproximarnos al estudio de la producción de cerámica entre finales del siglo XV y principios del XVII, periodo de algo más de un siglo a caballo entre dos momentos históricos, el fin de la Edad Media y los albores de la Moderna, que en nuestro caso, en Granada, bien podría definirse como el «siglo morisco».

Es un documento judicial citado en numerosas ocasiones por los investigadores que se han interesado por el estudio de esta cuestión y al que sólo se han acercado de forma tangencial, sin entrar en el fondo, salvo algunos casos más recientes[1].

El pleito, entablado a principios de 1517, se fundamenta en la reclamación que hizo el arrendador de la renta del barro a los olleros de la ciudad para que se registrase la producción de cara al correspondiente pago de la alcabala. Los productores mostraron su resistencia a tal procedimiento y en el transcurso del pleito se dan noticias muy valiosas que arrojan luz sobre distintos aspectos históricos relacionados con la producción de cerámica, la organización social o, de forma más genérica, los conflictos generados entre ambas comunidades, los moriscos y los cristianos viejos que en muchos casos, como es este, se pone de manifiesto en las exacciones fiscales, su origen y su relación con la tradición anterior, de época nazarí.

¿Por qué es importante el estudio de estas cuestiones y que implicaciones tiene? En primer lugar, en el marco de la historiografía sobre temática morisca, muy abundante, el tema de los alfareros, como colectivo de artesanos eminentemente moriscos, no ha tenido una especial significación. Sin embargo, el estudio de la cerámica tiene gran interés para los arqueólogos esencialmente como indicador cronológico. Por eso, a partir del estudio de la cultura material y de los documentos contemporáneos podemos desarrollar una nueva línea de investigación que partiendo de ambas fuentes consigue analizar procesos históricos más complejos. Para ello solo los restos arqueológicos son insuficientes porque, aunque permiten hacer una lectura, sobre todo una interpretación diferente a la que tradicionalmente aporta la documentación de archivo, al final se sustenta en hipótesis de carácter histórico difícilmente verificables. Sin embargo, la oportunidad de contar con un

---

[1] Solo hace falta hacer una búsqueda en internet para darse cuenta del protagonismo que se le da a este documento. Algunos de los trabajos que hacen referencia a este pleito de forma más o menos directa Manuel ESPINAR MORENO y Juan José QUESADA GÓMEZ, "Documentos para el estudio de los alfares y las producciones cerámicas de la Granada nazarí y morisca", *Estudis Castellonencs*, 6, 1995, pp. 467-483; José Luis GARZÓN CARDENETE, *Cerámica de Fajalauza*, Granada, 2001, Jorge GARRIDO LÓPEZ, "Artesanía al final de la Edad Media en Granada: una aproximación", *Arqueología y Territorio*, 17, 2020, pp.173-188; Ángel RODRÍGUEZ AGUILERA, "Cerámica morisca de Granada (siglo XVI)", *XIII Congreso internacional de la AIECM3*, 2021, en prensa; y más recientemente Jorge GARRIDO LÓPEZ, "Ni la ley del quaderno manda que se registre ni nunca se registró". Control fiscal y resistencia artesanal de los olleros granadinos a inicios del siglo XVI", *Revista latinoamericana del trabajo y trabajadores*, 6, 2023, pp.13-37.

conjunto de fuentes primarias ricas y de distinta procedencia (pleitos, escrituras de venta, inventarios, documentos de carácter regulatorio, etc.) hace que el resultado del análisis sea mucho más relevante.

La arqueología nos aporta el conocimiento preciso de los objetos producidos, datos sobre los procesos tecnológicos, la dispersión comercial, su función en el espacio doméstico o el periodo de vida útil de la cerámica. También puede arrojar luz sobre las formas de producción (los alfares) y la organización del trabajo a partir de la ordenación espacial de las estructuras excavadas. Las fuentes documentales, nos aproximan en la dimensión de la historia social y antropológica del problema: quiénes son los productores, las relaciones sociales y laborales que se establecen entre ellos, los mecanismos de exacción y explotación por parte de la nueva élite urbana, etc.

La conjunción de ambas fuentes permite que ciertas afirmaciones, que no podrían pasar del ámbito de las conjeturas, se puedan presentar de forma sólida y documentada.

¿Por qué es importante la cerámica? La cerámica, antes de la revolución industrial, era un producto esencial en la vida cotidiana ya que daba respuestas a las necesidades domésticas, higiénicas e incluso productivas en sectores como la construcción (teja, ladrillo, solerías, elementos decorativos como azulejos, olambrillas, etc.) o en la distribución de agua (redes de abastecimiento y saneamiento de barro, tinajas, brocales, cauchiles, etc.). Por tanto, era una de las principales actividades económicas que permeaba en amplias capas sociales y en numerosos aspectos de la vida de la ciudad y desde aquí, hacia el mundo rural. Por eso históricamente los principales centros productores de cerámica siempre se ubicaron no sólo en función del acceso a las materias primas, también en relación con los centros de distribución comercial: las ciudades. En Granada la producción cerámica históricamente siempre fue importante.

Breve reseña de los antecedentes.

Las cerámicas más antiguas se realizaban a mano y eran producciones de carácter doméstico, elaboradas en pequeños hornos excavados en la tierra. En Granada existen restos de recipientes de barro desde la Prehistoria, pero ninguna evidencia de su fabricación in situ[2] aunque con seguridad su manufacturación, a escala doméstica, se haría cerca de los espacios de habitación.

El horno más antiguo es el excavado en La Azulejera, en la zona que conocemos como Parque Nueva Granada[3], donde aparecieron los restos de dos hornos, uno de planta circular

---

[2] Restos de cerámicas prehistóricas se han documentado en el Campus Universitario de Cartuja, en concreto del Calcolítico, aunque lo más frecuente son los del Bronce Final, tanto en la zona baja de la ciudad, por ejemplo en el convento de santa Paula, y Gran Vía, como en el Albaicín en el carril de las Tomasas o en el callejón del Gallo. Para una visión general, algo anticuada, en Ángel RODRÍGUEZ AGUILERA, *Granada arqueológica*, Granada: Caja de Ahorros de Granada, 2001.

[3] RUIZ MONTES, P., PEINADO ESPINOSA, V., AYERBE LÓPEZ, J. L., GÓMEZ TIMÓN, P., GARCÍA-CONSUEGRA FLORES, J. M.,MORCILLO MATILLAS, J., RODRÍGUEZ AGUILERA, J., GÓMEZ FERNÁNDEZ, A., JIMÉNEZ DE CISNEROS MORENO, LÓPEZ HERNÁNDEZ, R., MARCON, C., MORENO ALCAIDE, M., SERRANO ARNÁEZ, B., "Producción de cerámica en el ager iliberritanus hacia fines de la República: el asentamiento productivo de Parque Nueva Granada", en *Hornos, talleres y focos de producción alfarera en Hispania: I Congreso Internacional de SECAH, Ex Officina Hispana*, 2013, pp. 307-316.

y otro cuadrangular, que producían cerámicas y material de construcción en el siglo II a.C., momento de transición entre las cerámicas íberas y las que ya identificamos como romanas.

Más tarde, en plena época romana, conocemos la existencia de dos zonas en las que se elaboraban estos productos: en el barrio alfarero del suburbio del Municipium Florentinum Iliberritanum, en la zona del Campus Universitario de Cartuja[4], en el siglo I-II d.C., y en la zona más próxima a la ciudad, probablemente extramuros, pero adosado a la muralla (horno del Carmen de la Muralla)[5], también con un periodo de producción centrado en el siglo III d.C.

La fabricación de cerámica es un indicio más de la actividad urbana, también de su área de influencia comercial, y por eso, cuando la ciudad se revitalizarse a partir del siglo XI d.C., volvemos a encontrar alfares, en este caso con un barrio propio situado en la margen izquierda del Darro, el rabad al Fajjarin[6]. Los hornos medievales más antiguos, excavados en la Casa de los Tiros, son de época zirí, interrumpiendo su producción en época almorávide[7], momento en el que muy probablemente fueron expulsados extramuros. Posteriormente, y hasta el siglo XV, se han excavado restos de alfarerías de época nazarí en distintos puntos del barrio del Realejo, pero siempre de una forma muy sesgada sin que tengamos hasta el momento una visión clara ni de la evolución de la producción, la implantación urbana, ni de los procesos de trabajo. La causa es debida a lo fragmentario del registro arqueológico, consecuencia de la forma tradicional del método arqueológico empleado en la ciudad, centrado más en la estrategia del sondeo que en la excavación en extensión.

Restos de otros hornos se documentaron en la zona del Campo del Príncipe, también con una cronología temprana, de época almohade pero amortizados en poco tiempo, ya que desde el siglo XIII todo este espacio fue destinado a cementerio (maqbara), algo que también supuso un nuevo desplazamiento de las ollerías hacia el sur. Evidencias de este proceso se han documentado en las excavaciones del Palacio del Almirante de Aragón, donde sobre los restos de un alfar se implantó el cementerio islámico[8]. Esta misma secuencia se excavó en calle Honda del Realejo números 13, 15 y 17[9]. A partir de época nazarí se concentraron entre la calle Molinos y la calle Santiago, habiendo excavado algunos restos en Plaza de santo Domingo número 1[10], en el contexto de una estructura doméstica de época nazarí, con

---

[4] Macarena BUSTAMANTE ÁLVAREZ y Elenea SÁNCHEZ LÓPEZ, *El Campus de Cartuja (Granada, España). Guía oficial del complejo alfarero hispanorromano*, Granada: Universidad de Granada, 2020.

[5] Manuel SOTOMAYOR, Antonio SOLA y Concepción CHOCLÁN, *Los más antiguos vestigios de la Granada ibero-romana y árabe*, Granada: Ayuntamiento de Granada, 1984.

[6] Luis SECO DE LUCENA, *La Granada nazarí del siglo XV*, Granada: Patronato de la Alhambra, 1975, pp.153-158.

[7] Ángel RODRÍGUEZ AGUILERA, "Estudio de las producciones postcalifales de la Casa de los Tiros (Granada). Siglos XI-XII", *Arqueologia Medieval*, 6, 1999, pp.101-122.

[8] Antonio MALPICA CUELLO, Flor DE LUQUE MARTINEZ y José Javier ÁLVAREZ GARCÍA "Excavación de apoyo a la restauración en la Escuela Técnica Superior de Arquitectura, antiguo palacio del Almirante de Aragón", *Anuario Arqueológico de Andalucía/2002*, T. III.1, Sevilla, 2005, pp. 422-427.

[9] Ana TAPIA ESPINOSA, "Actividad arqueológica preventiva en un solar de la calle Honda del Realejo número 13, 15 y 17, Granada", *Anuario Arqueológico de Andalucía/2004.1. Granada*, Córdoba: Junta de Andalucía, 2009, pp. 1284-1293.

[10] Eusebio ALEGRE APARICIO y María MARTÍNEZ RODRÍGUEZ, "IAP con sondeos en el Edificio de Hermanas de la congregación de santo Domingo, en la Plaza de santo Domingo número 1, Granada", *Anuario Arqueológico de Andalucía/ 2010*, [http://hdl.handle.net/20.500.11947//22001]

restos de un horno de cerámica o en el Callejón de santo Domingo. Probablemente se trata de algunas de las ollerías que subsisten desde el siglo XIV-XV. Muchos de estos hornos de mantuvieron durante el siglo XVI, como por ejemplo los excavados en la calle Jarrería números 7 y 9, y en la calle Santiago número 31[11], que es uno de los principales centros productores de Granada que podemos relacionar con cierta certeza con la documentación de archivo. A partir de finales del siglo XVI, y especialmente tras la expulsión de los moriscos, el foco ubicado en el Realejo perdió importancia, llegando prácticamente a desaparecer, frente a un nuevo espacio en auge: el entorno de la Puerta de Fajalauza[12] donde se mantuvieron hasta el siglo XX.

A partir del pleito de los olleros de 1517 intentaremos conocer mejor todo este proceso.

El pleito de 1517.

El 12 de enero de 1517, Juan Ximénez Valenciano, arrendador de la renta del barro, vidrio y alcohol de vidriado presentó apelación de nulidad al mandamiento dado por el bachiller Juan Cobo, alcalde mayor y teniente de corregidor, al ollero Alonso Alaconi, para sacar y vender «çierta obra de varro echa cozida syn registrar e contar por menudo»[13] alegando que iba en contra de sus derechos y de sus altezas al suponer un fraude en el cobro de la alcabala, por tanto, solicitaba que se le embargase e impidiese sacarla.

Ante esta petición Juan Cobo se desdijo y accedió, ordenado al ollero que «la dicha obra de varro cosida que antes que las que la registre toda el dicho Juan Ximénez»[14], con la pena de 5.000 maravedís, en caso de incumplimiento. Como consecuencia, y ante esta contradicción, el 17 de enero Alonso Alaconi presentó a su vez una apelación ante la reina insistiendo que «pues esta no es mercaduría que se pueda registrar, ni la ley del cuaderno manda que se registre ni nunca se resgistró después que esta çibdad se ganó, e es cosa que cada hora e cada rato se quiebra e no avemos de tener el barro quebrado para dar cuenta dello, mande al dicho alcalde que libremente nos dexe vender el dicho barro sin hazer registro e ponga la parte contraria persona que lo vea vender si quisiere e mande traer los abtos que sobre esto an pasado»[15]

Parece que el caso particular de Alonso Alaconi se hizo extensible al resto de olleros de la ciudad, empezando desde entonces un conflicto que nos deja una imagen muy clara y nítida de la importancia que tenía la producción de la cerámica en Granada y las relaciones cambiantes entre las prácticas de época nazarí y las imposiciones fiscales decretadas por los nuevos poderes, que se intensifican a partir de 1500.

---

[11] Ambas intervenciones fueron dirigidas por Luisa Gámez-Leyva y en gran medida siguen inéditas, salvo por algunas referencias e imágenes que publiqué en RODRÍGUEZ AGUILERA, A., *Granada arqueológica…*, obr.cit.

[12] Ángel RODRÍGUEZ AGUILERA, J. GARCÍA CONSUEGRA, J. MORCILLO MATILLAS y Julia RODRÍGUEZ AGUILERA, *Cerámica común granadina del seiscientos. A partir de las cerámicas procedentes de la excavación arqueológica de la calle Candiota números 6, 8 y 10, Granada*, Granada: Gespad, 2011.

[13] Archivo Real Chancillería de Granada/01Real Audiencia y Chancillería//C 5486-8, fol. 2r

[14] *Ibídem*, fol.2r

[15] *Ibídem*, fol. 3r

El 20 de enero, Luis Tristán, en representación de los olleros, solicitó que se levantaran las causas que había contra sus representados aduciendo varias razones. La primera, que los olleros no estaban obligados a registrar la producción. La segunda, que nunca se había hecho tal cosa «de costumbre ymemorial a esta parte e después aún que esta çibdad se ganó»[16], de donde se deduce que el intento de imponer la nueva fiscalidad a la producción de cerámica entra dentro de la política de un mayor aumento de presión impositiva sobre los moriscos por parte del arrendador de la renta del barro. La tercera razón es que los productos elaborados fácilmente se fracturan dentro del horno, de modo que era difícil hacer un pago justo de la alcabala, y finalmente, se dice abiertamente que el motivo de la denuncia de Juan Ximénez es la negativa de los olleros a darle la iguala solicitada de modo que «buscó de pedirles registro por buscarles achaques e maneras para que se concertasen con él como él quisiere».[17]

Por último, en relación a la presión a la que les tenía sometido el arrendador, quieren expresar y dejar claro que «no hizieron ligo ni monipolio ni dexaron de vender el dicho barro en perjuicio de la república ni por defraudarla si no por evadirse de lo que la parte contraria le quería pedir e demandar».[18]

La reclamación expresada por los moriscos fue trasladada a Francisco de Baeça, quien a su vez declinó la responsabilidad en el arrendador menor, es decir, Juan Ximénez, que fue notificado el 7 de marzo.

En defensa de sus intereses, en primer lugar, intentó anular la petición de los olleros argumentando que se había hecho fuera de plazo y forma: «las partes contrarias no apelaron en tiempo, no hizieron las diligencias que heran obligados, por lo qual la dicha apelaçion quedó desierta y el dicho mandamiento pasó en cosa juzgada»[19]. Posteriormente en su escrito rebate el escrito de los anteriores utilizando los siguientes argumentos:

1.- que los olleros estaban obligados a registrar toda la producción, para evitar fraude en el pago de la alcabala.

2.- Que el hecho de no haberse ejecutado era debido a que lo normal era alcanzar acuerdos entre el arrendador y los olleros, la «yguala».

3.- Finalmente se establece un «agravio comparativo» con respecto a los tinajeros y los cristianos viejos que «todos los años que no se an ygualado han registrado los hornos de la dicha labor antes que los abran y al tienpo que los abren está presente el arrendador e un escrivano público»[20].

Esta parte de su alegato es muy interesante porque por primera vez tenemos constancia documental de la existencia de olleros o alfareros cristianos viejos, cuya tradición alfarera debió ser determinante a la hora de modificar y diseñar las nuevas formas de cerámica que

---

[16] *Ibídem*, fol. 5r

[17] *Ibídem*, fol. 5r

[18] *Ibídem*, fol. 5v

[19] *Ibídem*, fol.8r

[20] *Ibídem*, fol. 8r

se fabrican. Parece obvio, además, que existe dentro del colectivo de artesanos una segregación y una diferenciación con los tinajeros, que se avienen a pactar con el arrendador de la renta del barro. Sigue fundamentando su respuesta con respecto al derecho de la alcabala indicando aspectos que tienen que ver con la comercialización de la producción. Apunta que en muchas ocasiones se venden los hornos enteros a los tenderos o comerciantes de fuera de la ciudad que venían a comprarlos, y que si no se controlaban se produciría fraude en la recaudación, de modo que propone que, si estuvieran presentes a la hora de la apertura del horno, no se fiscalizará la obra que saliera rota.

Termina solicitando, en base a todos estos argumentos, que no se permita seguir haciendo la operación de apertura, deshornado y venta sin el registro.

Finalmente, ante esta situación indica que en este tiempo que dura el conflicto se han hecho unos 40 hornos sin fiscalizar, con un valor de producción estimado en la primera venta de 120.000 maravedís y 160.000 maravedís en la reventa.

Ante las dos versiones, tan dispares, la Audiencia decide retener el pleito y solicitar que ambas partes presenten sus testigos y probanzas.

El asunto llegó a los contadores mayores y ante el riesgo que suponía para el menoscabo de la recaudación, y sobre todo el peligroso antecedente, la reina Juana y su hijo Carlos, el 15 de junio enviaron una carta al corregidor de Granada. Se podría deducir que el cobro sobre los hornos de cerámica era una exacción extraordinaria que no entraba en origen en la renta de la hagüela y que había sido incluida de forma genérica para este y otros años. También es interesante el sistema de control establecido por parte del arrendador, que debía pasar todos los días por las ollerías urbanas y cada tres en las situadas extramuros y que si se abría el horno sin haber hecho todas estas diligencias y sin que estuviera presente el arrendador, el ollero debía pagar en concepto de sanción el doble del coste de la alcabala correspondiente al horno.

La renta de la hagüela (del árabe hawala) era un impuesto nazarí privativo de los reyes que se aplicaba sobre los molinos, tiendas, baños, hornos y tenerías[21] aunque son una exacción de tipo fiscal que grava en unos casos la producción, el consumo de ciertos productos y la renta de edificios públicos, como los baños, en régimen de monopolio. Ni su origen ni su funcionamiento están del todo claro y para algunos autores son el producto de las necesidades fiscales de Abu I-Hasan 'Ali a finales del siglo XV que le llevó a intentar recuperar unos bienes con sus rentas que en el pasado habían sido enajenados en manos privadas[22].

En relación a las rentas del reino de Granada se dice explícitamente que «andando el tiempo quedaron para sus altezas las rentas de los molinos de pan e azeite, e fustas, en tiendas e baños e huertas e otras cosas que en Granada llaman la hagüela que era posesión de los reyes e reynas moros, que ningún otro los podía tener»[23]. En 1498 afectaba a

---

[21] Ignacio ÁLVAREZ DE CIENFUEGOS, "La hacienda de los nasries granadinos", *MEAH*, 8, 1959, p. 101.

[22] Miguel JIMÉNEZ PUERTAS, "Fiscalidad y moneda en al-Andalus: aportaciones al conocimiento de la evolución del sistema tributario nazarí (siglos XIII-XV)", *Cuadernos de la Alhambra*, 45, 2010, pp.122-143.

[23] Ignacio ÁLVAREZ DE CIENFUEGOS, "La hacienda de los...", art.cit., p.112.

«heredamientos, e baños, e hornos, e molinos, e tiendas, e de todas otras cosas pre-
teneiçentes a la dicha hagüela»[24] aunque más adelante se explica que son los «hornos del
campo al tiempo del alacer», tiendas de los moros en el Albaicín y tenerías[25].

El problema es que no sabemos a qué se refiere exactamente cuando se citan «los
hornos» como parte integrante de la renta. ¿Son los hornos de cerámica, ladrillo y teja, los
de pan o ambos? No lo sabemos con exactitud, aunque siempre se ha interpretado que se
refería a los segundos, y por eso los olleros en 1517 se resisten al pago exigido, aduciendo
que no se cobraba antes de esa fecha. Lo cierto es que por el desarrollo del pleito esta
cuestión genera dudas.

Volviendo al documento, después de la carta real parece que el asunto estaba decidido,
pero en septiembre de ese mismo año, tras de unos meses de silencio, Luis Tristán presentó
un nuevo escrito, justificando de nuevo la postura de los olleros, aunque ya sin oponerse al
pago de la alcabala, pero con ciertos matices, porque entienden que debería quedar fuera
de la tasación no sólo la obra que se saliera rota, también un porcentaje que se quedaba el
propio ollero y la que al parecer, se regalaba: «(...) Lo otro, por que en caso que se deva
hazer la dicha tasaçión se deviera mandar oviera consideraçión a lo que se puede quebrar
e dar e gastar en casa. Lo otro, por que aunque esto no oviera lugar se devía mandar que
en caso que la dicha tasçión oviera lugar que conforme a ella se diera quenta e se tomara
por descargo lo que se oviera quebrado, dado e gastado sin venderse»[26]. Proponen un
acuerdo al arrendador para finalizar el pleito, que era pagar lo mismo que pagaron por cada
horno antes de 1515.

Juan Ximénez Valençiano, de profesión mercader, pujó y se adjudicó la recaudación de
la renta del barro, estando vigente desde el 1 de enero de 1517. A los pocos días, el 8 de
enero, se presentó en la ollería de Gonçalo Algorry para tasar la obra que tuviera hecha, ad-
virtiéndole que a partir de esta fecha no debía deshornar sin su licencia, contestando «por
su propia lengua en aljamía»[27] que no tenía ninguna obra de barro y que así lo haría.

Este mismo día también inspeccionó las ollerías de Juan Alcarra, Alonso Delubdary,
Fernando Alcarrán, Gonzalo el Lorquí, Alonso Çeli, Martín de Valençia, Juan de Valençia,
Fernando el Ubedí, Francisco de Málaga, Bartolomé El Haguary, Francisco de Soto, Garçia
Çodi, Juan Xelby, Andrés Alafya, Juan Yayx, Francisco Yayx, Fernando Maxgol y Francisco
el Guadixi, con resultados dispares[28]. Muchos declararon que no tenían nada que tasar,
algunos accedieron a sus exigencias y otros, se resistieron porque no era la forma habitual
de fiscalizar la producción: Juan Alcarra fue uno de ellos, solicitó que asistiesen otros
maestros olleros para que sean ellos los que tasen lo que hay en su ollería y Francisco de
Soto manifestó su oposición frontal adelantando que iría a juicio.

---

[24] *Ibídem*, p.113.

[25] *Ibídem*, p.114.

[26] ARCHGR/01RACH//C 5486-8, cit., fol. 32v.

[27] *Ibídem*, fol. 44v.

[28] *Ibídem*, del fol. 45r a 46v.

El 19 de enero Juan Ximénez prosiguió su inspección en las tiendas donde se vendía la cerámica, visitando la de Sebastián de Málaga, quien protestó por el requerimiento del recaudador de dar cuenta de toda la obra de barro vendida desde año nuevo con el fin de recaudar la alcabala, aunque finalmente pidió llegar a un acuerdo. Posteriormente visitaron la ollería de Pedro de León, Françisco el Guadixy, que tenía una tienda en las herrerías, a las afueras de la puerta de Bibarrambla, Gonzalo de Cárdenas y Francisco Peñafiel.

Tras este primer intento, ante la oposición de un buen número de artesanos y tenderos que ya veían a las claras las intenciones del recaudador de incrementar sus ingresos, Juan Ximénez pidió al alcalde mayor que se embargase «toda la obra de barro que les hallaren e se pongan en depósito hasta tanto que por el dicho señor alcalde mayor sea visto e haga sobre ello lo que sea justicia» a lo cual accedió un mandamiento para inspeccionar distintas ollerías «e les secrestéis e pongáis en depósito toda la obra de barro cozido que les hallaredes para que esté en el dicho depósito hasta tanto que sobre ellos estén a derecho ante mí e por mí sea fecho lo que sea justicia»[29].

Ante esta situación, buena parte de los olleros se unieron, representados por Antón Ceballos para defenderse, solicitando al cabildo que les dejasen abrir sus tiendas para vender el barro porque «el dicho Françisco de Baeça sacó mandamiento del alcalde mayor para que çerrasemos las dichas tiendas hasta que registrásemos el dicho barro»[30]. Sus argumentos son los siguientes: «esta no es mercaduría que se pueda registrar ni la ley del quaderno manda que se registre ni nunca se registró después que esta çibdad se ganó, e es cosa que cada ora e cada rato se quiebra e no avemos de tener el barro quebrado para dar quenta dello»[31]. También que se le devolviera la llave de su tienda a Diego de Málaga.

Los que participaron en esta nueva acción fueron Fernando de Morales, Juan Açilil, Alonso Tarbenxi, Martín Alhaguar, Juan de Andujar, Diego Al Aquil, Juan Homeyra, Gonçalo Lorquí, Martín Adubary, Juan Xelbi, Juan Zagua, Andrés Alafia, Pedro el Berguí, Françisco Alazmeq, Sevastián de Málaga, Pedro de León, Juan Muçafa y Miguel Aydi.

El 27 de enero se accedió a que pudieran vender su mercancía durante un periodo de ocho días.

El mismo día 23 de enero Francisco de Baeça, fiel de la hagüela denunciaba ante el bachiller Cobo, alcalde mayor, que Juan Alcarra, Martín el Haguari, Soto y Sebastián el Malaquí habían convencido al resto de maestros para que no fabricasen ni vendiesen cerámica hasta que no se aclarase la situación con el arrendado[32], proponiendo que se realizase un interrogatorio para dilucidar este extremo.

Las preguntas del interrogatorio se centran en la posible conspiración de los acusados para no pagar la tasación impuesta, con grave perjuicio en la recaudación de las alcabalas, que se habían visto muy disminuidas a causa del conflicto, pero también aportan datos

---

[29] *Ibídem*, fol. 50r.

[30] *Ibídem*, fol. 54v.

[31] *Ibídem*, fol. 55r.

[32] *Ibídem*, fol. 57r.

secundarios muy interesantes para conocer aspectos relativos a la organización de la producción y comercialización de cerámica desde época nazarí.

Los testigos presentados por Francisco de Baeça fueron Francisco de Ribera, Francisco de Peñafiel, Juan de Jaén, de oficio especiero, y Alonso Fernández Focay, aunque de este último no se conserva la declaración, probablemente porque no llegó a hacerla.

Los olleros intentaron paralizar la averiguación por medio de un escrito presentado por Antón Ceballos en donde se expone por primera vez, de forma mucho más clara, la denuncia del intento de exacción indebida por parte del arrendador: un intento de cobrar más que lo que correspondía a la alcabala y una extorsión por medio de la denuncia para amedrentar a los olleros, que lejos de conseguirlo, hizo que se unieran en una especie de «cierre patronal» o reclamación sobre sus derechos, utilizando el único de sus recursos disponibles, el cese de la actividad mediante un cierre temporal, vendiendo la cerámica fuera de la ciudad. Argumentan que no defraudaban el pago de la alcabala porque la pagaban allí donde vendían sus productos, y que por tanto no se producía daño ni menoscabo a los intereses de la corona. Evidentemente, sí a los del recaudador y arrendador de la renta en Granada, de ahí el intento de fiscalizar toda la producción y judicializar el conflicto:

> «Lo uno, por que la verdad es que la parte contraria quería llevar a mis partes mucho más de lo que pertenesçía de alcavala e mis partes no se podían conçertar con él, e a esta causa acordaron de çerrar sus tiendas e hornos e llevar a vender su barro fuera desta çibdad, lo qual es líçito e permetido de derecho e no es delito por que no se hizo en perjuizio de la çibdad ni de los vezinos e moradores della sino por redimir las vexaçiones e líçitas estorsiones de la parte contraria»[33].

Por todo esto, solicitan el fin del pleito, para evitar los perjuicios que estaba suponiendo a los olleros encausados.

No obstante, se produjo el interrogatorio de los testigos propuestos por la parte contraria.

El primero de ellos, Francisco Ribera también es ollero, probablemente cristiano viejo porque, aunque no se dice expresamente, se deduce por la relación que parece mantener con los encausados a los cuales conoce, como al resto de maestros de su oficio, pero no una vinculación ni relación especial con ellos como sí se desprende de las relaciones entre los moriscos. Parece que residía en Granada desde el año 1501, ya que esta es la fecha de referencia que da para todas sus respuestas e informa que la situación por la que están pasando no es nueva ya que el año anterior, en 1516, se produjo otra similar con el fin de forzar al arrendador de la renta del barro a igualarse con los productores.[34]

El segundo testigo, Francisco de Peñafiel, es tendero de ollería, repoblador llegado a Granada en 1505. Confirma todos los aspectos expuestos por el arrendador: que en Granada hay más de 40 maestros y oficiales y que desde que comenzó el año de 1517 se concertaron para no producir ni vender cerámica. Sin embargo, desconocedor de la situación él abrió,

---

33 *Ibídem*, fol. 60r.

34 *Ibídem*, fol. 61r.

siendo recriminado por el Berjí y por Diego Sebastián «que lo avía hecho muy mal por que avía avierto a vender, por que ellos lo tenían conçertado de otra manera»[35].

Luego testificó Juan de Jaén[36], especiero, aunque anteriormente había sido ollero, abundando en el hecho de que el pacto establecido entre los olleros y tenderos para no vender era conocido por todos, con el consiguiente perjuicio para la alcabala.

La probanza presentada por Juan Ximénez, mucho más extensa y rica en detalles, está formada por quince testigos, muchos de ellos escribanos que colaboraban en las tasaciones y otros, como Álvaro de Jaén, que años antes habían sido ellos mismos arrendadores, y otros siete de los olleros.

El cuestionario está formado por diez preguntas que abordan todos los temas relevantes como si era costumbre tras 1492 igualarse con el arrendador, la forma de proceder en caso de que no se alcanzase un acuerdo, la forma de proceder por parte de los alfareros, cristianos viejos, el precio de las hornadas y las formas de comercialización al por mayor y por menudo.

Francisco de Xerez declara que durante 1514 y 1515, asistiendo como escribano al arrendador de la renta del barro, había presenciado que se tasaban los hornos cuando el ollero no se igualaba con el arrendador porque consideraba excesiva la tasa de la alcabala propuesta, viendo como en algunos casos se registraban entre 750 y 900 arrobas de piezas en cada horno[37].

Juan Morales, también escribano público, declaró que sabía que desde 1507 los olleros solían llegar a un acuerdo con el arrendador, salvo el presente de 1517. De hecho, testifica que durante ese tiempo solo vio una vez una tasación de un horno por falta de concierto, quedando interrumpido a los dos días por parte del ollero que entonces accedió a igualarse. Con respecto a la producción global anual, se remite a lo que decían otros arrendadores de la renta, en concreto Álvaro de Jaén y Juan de Córdoba, que se «cozían fasta quatrocientos hornos, veinte más, veinte menos, en cada un año»[38].

El testimonio de Fernando de Soria, se refiere esencialmente al año 1516 y es coincidente con el de Juan Morales.

El siguiente, Álvaro de Jaén, fue el arrendador de la renta desde 1510 hasta 1513, confirma que todos los años se acordó con los fabricantes la cuantía de la alcabala, y que cuando alguno no quería hacerlo, la justicia nombraba dos oficiales del gremio para que tasasen el valor del horno, y si alguno lo abría antes tenía una multa del doble de la alcabala[39].

Fernando de Toledo también fue recaudador de la renta, y aunque no se dice el año es posible que, por su edad, más joven que el anterior, fuera entre 1513 y 1516. Reafirma el mismo procedimiento y señala un hecho parecido al que originó el pleito con los olleros de 1517, en este caso con Fernando de Pelegrín que tenía la renta de los tinajeros, contra los

---

[35] *Ibídem*, fol. 62r.

[36] *Ibídem*, fol. 62v y 63r.

[37] *Ibídem*, fol. 71r.

[38] *Ibídem*, fol. 72r.

[39] *Ibídem*, fol. 72r.

hermanos Ruys, Jorge y Pedro, y Suárez, tinajeros, por fraude. De hecho, su opinión sobre la dudosa honestidad de los maestros y oficiales olleros es contundente: «a este testigo le ha acaesçido con los dichos ofiçiales del dicho barro negar la mitad de lo que cabía el horno e jurar sobre ello e después provarle la maldad e verse por justiçia que avían encubierto más de la mitad»[40].

En cuanto a la producción y su venta, apunta que sabe que se vendían por tariqs o por hornos completos, siendo el que mayor cantidad de datos concretos da sobre este asunto. Por ejemplo, apunta el valor de ciertas hornadas de vidriado verde, obra menuda y tinajas en los principales hornos, entre los que destaca como «hornos mayores» los de Matran y Alaqui, donde «se vendía continuamente por más de quatro mill maravedís por que una ves que lo vido dehornar en el año que este testigo tovo la renta vido que la lauor de vedriado verde que cabía en la capilla <se vendió> por quatro mill e quinientos maravedís»[41].

Le sigue la declaración de Jorge Ruys, tinajero de 45 años, reconociendo la existencia de conflictos ocasionales y minoritarios, porque en los primeros años tras la conquista no se pagaba alcabala por estos productos, dato interesante. No obstante, como tinajero, se muestra ajeno y un tanto huidizo en sus respuestas, más sabiendo por la declaración de Fernando de Toledo que él y su hermano habían sido condenados por una práctica fraudulenta.

Juan de Jaén, mercader, 38 años, cristiano viejo, que llevaba en la ciudad desde 1501, narra un episodio sucedido en 1515 con un cristiano viejo, tinajero de profesión que muestra la diferencia de trato con los moriscos porque después de registrar el horno llegó a un acuerdo en cierta cantidad, algo innecesario una vez realizada la tasación y estimar de forma objetiva el valor de la alcabala[42].

Otro testigo fue Diego Fernández, de 50 años que antes había sido ollero. Se deduce que procede de fuera del Reino de Granada, quizás cristiano viejo porque desde «que está en esta çibdad en que se ygualó más de dos años»[43], pero no se da ningún dato sobre su procedencia.

El interrogatorio se completa con testimonios menos relevantes de Juan de Madrid, antiguo alamín de los olleros tenía 55 años cuando prestó testimonio dejando clara su condición de mudéjar frente a los olleros que son moriscos; Fernando Alarif, 40 años que había sido ollero y que ahora tenía una tienda de hortalizas; Pedro Fernández Garçipeto, acarreador de barro y vidriado, de 44 años; y Cristóbal Nuñes, portugués, ollero afincado en Granada desde 1501, que confirma que desde esta fecha se han igualado con los arrendadores por los hornos en cierta cantidad de maravedís.

De especial interés son los datos que aportan una serie de olleros sobre el procedimiento seguido antes de 1517. Martín Alfaguarí y Juan Alcarra, que se retrotraen a 1492 explican la forma de hacer la iguala: el primer día del año, el primer horno que se cocía iba para el

---

[40] *Ibídem*, fol. 74v.

[41] *Ibídem*, fol. 103v.

[42] *Ibídem*, fol. 78v.

[43] *Ibídem*, fol. 79r.

arrendador y se tomaba como referencia para el resto de las hornadas. Fernando el Maxgo, antes llamado Mafar, ejercía el oficio desde 1487, afirmó que nunca hubo un registro de la hornada y que solo había oído decir a los tinajeros que cuando vendían, pagaban alcabala, es decir que se circunscribía a la obra que podía ser comercializada, no al resto de la hornada que pudiera quebrarse o salir defectuosa, una de las principales reclamaciones de los moriscos. Otro, Antonio Alabdarí, ollero vecino de san José, y aunque no dice su edad, se remonta a la conquista y explica que la práctica habitual era que cuando comenzaba a salir el humo llamaban al arrendador «e le hacen saber de aquel horno e escrivelo e va syn mas que contar, que nunca se usado ni usa»[44]. Este mismo procedimiento es confirmado por Gonzalo el Gory y Juan Alcarra.

Por su parte, el conjunto de artesanos que pleitean contra el arrendador del barro presentó un interrogatorio mucho más reducido.

Citaron por testigos a algunos de los que ya habían testificado para Juan Ximénez, pero evidentemente el carácter de su cuestionario permitía una lectura distinta, sin controvertir la validez del testimonio ya dado. Los olleros se centraron esencialmente en demostrar que el tipo de producción que denominan «menuda» es decir todas las piezas menores, exceptuando tinajas, orzas y cántaros de gran tamaño, tenían muchas pérdidas al romperse dentro del mismo horno y que por tanto, no era posible registrarla.

Este fue el sentido de la declaración de Álvaro de Jaén, confirmando que la mayor parte de la obra que hacía era «menuda e cresida e platos e escudillas e muchas veces sale mucha parte del horno quebrado e es labor que se quiebra»[45], diciendo que por eso mismo no podría ser registrada de forma eficaz.

El segundo fue el portugués Cristóbal Núñez, repitiendo de nuevo que nunca registró la carga del horno, aunque algunas veces se lo pidieron los arrendadores, habiéndole acarreado su negativa algunos problemas con la justicia. Destaca la diferencia que hace con respecto a su antiguo oficio, cantarero y tinajero, cuyas piezas eran de gran tamaño, en relación con la producción de los olleros, en la que era muy frecuente que se fracturara una buena parte al abrir el horno, bien por los procesos de cocción motivados por una carga defectuosa, bien por el cambio brusco de temperatura. Lo mismo dijeron Juan de Madrid[46], el acarreador de barro y vidriado, Carçi Prieto, y el ollero Juan Foçey[47].

Testimonio inédito y excepcional es el de Juan Ramírez, antiguo arrendador del barro confirmando que nunca pidió el registro de cada hornada, porque no era costumbre ni tampoco necesario, quedando fijado el precio en función de la declaración de ollero[48].

El pleito concluyó en septiembre de 1517 ordenando que cada una de las partes nombrase una persona, o en su defecto se designase a un tercero, para que se tasase la alcabala

---

44 *Ibídem*, fol. 82r.

45 *Ibídem*, fol. 91v.

46 *Ibídem*, fol. 92v.

47 *Ibídem*, fol. 93v.

48 *Ibídem*, fol. 94r.

correspondiente a cada horno para alcanzar un acuerdo o iguala, excluyendo la obra que saliese fracturada o defectuosa[49]. De esta forma se daba parcialmente satisfacción a ambas partes, ya que por un lado mantenía en una posición privilegiada al arrendador de la renta frente a los olleros, y por otra se les daba cierta razón a aquellos al excluir la obra que no podía venderse.

Por datos indirectos que se mencionan en el documento esta situación no era nueva y existían ciertos antecedentes, como cuando los hermanos Ruys, tinajeros, terminaron en un juicio por fraude, o el registro pormenorizado de algunos hornos, por no alcanzar un acuerdo con el arrendador. En otros casos, tenemos constancia de que no todos los olleros moriscos participaron en el conflicto porque mientras se desarrollaba, al menos tres, Juan Zacaría, Diego Hernández Milique y Francisco Maxgol, se igualaron con Juan Ximénez Valenciano[50], según consta en las cartas de concierto firmadas ante los escribanos Fernando de Soria y Juan Portillo. El contenido de estos documentos nos da una pista sobre las pretensiones iniciales del arrendador de la renta del barro: Juan Zacaría acordó pagar 3,5 reales de plata por cada hornada; Diego Hernández Milique producía en una casa ollería, propiedad de Alaquil donde había dos hornos, uno grande y otro pequeño, igualándose en 7,5 reales y 4 reales respectivamente; y Francisco Maxgol, quizá hermano de Fernando Maxgol, que sí participó en el pleito, en su ollería junto a la puerta de Fajalauza, se igualó por 7 reales por las hornadas del horno grande y 3 por las del horno pequeño.

El pleito de 1517 si bien empieza contra un ollero particular, Alonso Alaconi, del que por cierto no se vuelve a hacer mención, suscitó una movilización muy amplia entre los olleros moriscos que se unen en la defensa común de sus intereses. La cantidad establecida en el cobro de la renta del barro, parecida a la de los ejemplos de iguala que hemos citado, debía ser excesiva para muchos, de hecho, algún testigo señala que tuvo que dejar el oficio por no poder asumir el coste.

Lo que sí sabemos es que esta situación cambió radicalmente a partir de 1521 al ser concedida la exención parcial del pago de la alcabala a los vecinos de Granada, Albaicín y arrabales de la ciudad, incluyendo la parte de la renta de la hagüela formada por las alcabalas de la cal, yeso, ladrillo, tinajería, ollería, vidriado, vidrio y alcohol para vidriado[51] para ese año. Para los siguientes de 1522 a 1525 queda a expensas de la decisión del arrendador, haciéndose extensible de nuevo a partir de 1526.

Este episodio es uno más de los que se produjeron a principios del siglo XVI hasta que se estableció un sistema fiscal estable a partir de la época de Carlos V. La continuidad del sistema tributario de origen islámico es una constante, que además no desapareció completamente tras la conversión forzosa que liquidó el periodo mudéjar[52]. De modo que es posible que los moriscos hubieran aprovechado el paréntesis de los primeros años tras la

---

[49] *Ibídem*, fol. 30r y 34r.

[50] Manuel ESPINAR MORENO y Juan José QUESADA GÓMEZ, "Documentos para el estudio del os alfares y las producciones cerámicas de la Granada nazarí y morisca", *Estudis Castellonencs*, 6, 1995, pp. 467-483.

[51] Archivo Histórico Municipal de Granada, L.07090, CF. fol. 136r y ss.

[52] Ángel GALÁN SÁNCHEZ, "Poder y fiscalidad en el Reino de Granada tras la conquista: algunas reflexiones", *Studia Historica Historia Medieval*, 30, 2012, pp. 67-98.

conquista, quizá hasta 1499-1500, en el que no se cobró, tal como nos informa alguno de los testigos, reaccionando de esta forma cuando se impuso de nuevo. Independientemente de esto, el intento de sacar la máxima rentabilidad del cobro de la renta por parte del arrendador fue la causa que desencadenó el conflicto.

El pago quedó fijado de una forma que parece que satisfizo a todas las partes, cuyo reflejo es la relación de precios en las ordenanzas de 1552 que fueron revisados al alza en 1724 para fijar nuevas cantidades en concepto de alcabala[53].

El análisis del documento tiene por tanto un interés que va más allá del propio conocimiento de las cerámicas moriscas o del colectivo de los olleros. Abre una línea de investigación interesante a partir de la fiscalización y el pago de las rentas para conocer la importancia económica de este sector, además de otros aspectos de la Granada morisca.

Los protagonistas. Nazaríes, mudéjares, moriscos y cristianos viejos.

Los productores de cerámica en Granada durante el siglo XVI son un grupo muy heterogéneo, formado mayoritariamente por los que ya existían en la ciudad en época nazarí identificados con los moriscos tras la conversión forzosa del año 1500, a los que se sumaron dos nuevos colectivos: los mudéjares venidos de otras zonas de Andalucía y de la Península Ibérica, como Juan de Madrid, mudéjar originario de Toledo, Martín y Juan de Valencia o Sebastián de Málaga; y los cristianos viejos, cuya presencia es minoritaria y más difícil de rastrear.

Dentro de este último colectivo consideramos como tales a Francisco Ribera, Suárez, Pedro y Jorge Ruyz, tinajeros citados en el pleito de 1517, y otros afincados dentro del recinto de la Alhambra mencionados en otros documentos.

Los artesanos dedicados a la producción de cerámica se denominan con distintos términos: olleros, tinajeros, jarreros, cantareros, almadraberos de teja y ladrillo, y en menor medida, alfareros, que se usa con más frecuencia para referirse a los cristianos viejos.

El pleito de 1517 nos ofrece una nómina de 43 olleros, casi todos moriscos, algunos mudéjares, y en menor medida cristianos viejos. Por la edad que tienen, deducible de los interrogatorios, la mayoría ya ejercía el oficio antes de 1492. De los citados, Diego Fernández ya ejercía su oficio de ollero desde 1467, Jorge Ruys, tinajero en 1472, Pedro Fernández Garçipeto, acarreador de barro y vidriado, en 1473 o Fernando el Maxgol, desde 1487. Estamos por tanto ante la constatación de una evidencia: que los alfareros nazaríes, y sus descendientes, son en gran medida los que sustentan la producción de cerámica durante el siglo XVI.

Convertidos en cristianos nuevos o moriscos tras el año 1500, por estas fechas aún muchos de ellos mantenían el nombre islámico y desconocían el castellano, expresándose en algarabía. Alguno de ellos, como el portugués Cristóbal Núñez o Juan de Madrid, alamín de los olleros, mudéjar procedente de Toledo, ya se documentan años antes, en 1510, observando que los que participan en el pleito no son todos los que trabajaban en la ciudad y que además existía cierta movilidad, siendo frecuente el cambio de oficio.

---

[53] AHMGR, 1724. Expedientes de gremios. C.003682.0003.

Tabla 1.- Olleros documentados en los protocolos notariales de 1505-1515.

Año	Alfarero	Observaciones
1509	Pedro y Sebastián Mendez, tinajeros	
1510	Diego el Xarque (antes Hamet), ollero	Colación de santa María la Mayor. Tiene una tienda en plaza de Bibarrambla
1510	Juan de Madrid	Alamín de los olleros
1510	Cristóbal Núñez	Ollero en la colación de santa María la Mayor, una casa ollería en el realejo que alinda con las de Alafen y de Matrán. Regesta 1581
1510	Juan Aboali (antes Abraen)	Ollero en la colación de El Salvador, una tienda en Bibarrambla
1510	Diego López, ollero	Tiene dos tiendas en la calle Nueva, arrendadas a Juan de Baeza.
1512	Cristóbal Suárez, tinajero	Vecino en la colación de santa María Magdalena. Tinajería en el Realejo.
1512	Alonso López	Solía arrendar la tinajería de Cristóbal Suárez

Tabla 2.- Nómina de olleros citados de forma directa o indirecta en el pleito de 1517.

Identificación	Observaciones
Gonzalo Algorry, antes Hamet el Gory	
Juan Alcarra	
Alonso Delubdary	
Fernando Alcarran	
Gonzalo el Lorquí	
Alonso Çeli	
Martín de Valençia o el Valençi	¿Mudéjar?
Juan de Valençia	¿Mudéjar?
Fernando Ubedí	
Francisco de Málaga	
Bartolomé el Haguary	
Francisco de Soto	
Garçia Çoad (Çood). Testigos, Andrés Alafya y Chritotabl Rubisquí	
Juan Xelby	
Andrés Alafya	
Juan Yayx	
Francisco Yayx. testigos Andrés Alafya y Juan Axaqbí, olleros	
Fernando Maxgol	

Francisco el Guadixí	Colación de san Nicolás. Morisco «e declaró por lengua de Antonio de Aguilar, yntérprete público e por la misma lengua. Además tiene en una tienda que es en las herreryas, fuera de la puerta Bibarrambla» Testigos Francisco de Ribera y Juan Alcarrán, olleros.
Francisco Çoad. Testigos, Francisco de Ribera y Garçia Çoad, olleros	
Sebastián de Málaga, ollero en la collación de san Gregorio	Colación de san Gregorio
Cristóbal Núñez portugués	Cristiano viejo
Martín Alfaguary/Alhaguar	
Antonio Alabdary,	Colación de san José
Cristobal Rubisquí	
Juan Axaqbí	
Fernando Morales	
Aonso Tarbenxi	
Juan de Andújar	
Diego Al Aquil	
Martín Aldubaruy	
Juan Zaguar	
Pedro el Berguí	
Francisco Alazmeq	
Pedro de León	
Juan Muçafa	
Miguel Aydi	
Juan de Madrid	Mudéjar. Ollero, oficial. Procede Toledo.

Por tanto, si nos detenemos en la cultura material, llama la atención los cambios tan significativos que se produjeron en la cerámica, lo cual nos lleva a preguntarnos por los mecanismos se pusieron en funcionamiento para que los mismos artesanos dejaran de fabricar unas cerámicas que reconocemos como nazaríes para hacer otras diferentes. Y qué los llevó a hacer estos cambios, si una imposición silenciosa, no violenta, o una adaptación a los nuevos tiempos, nuevos pobladores y gustos. Realmente no lo sabemos con certeza.

Existen unos cuantos ejemplos que muestran este proceso de transición de una época a otra con mucha claridad.

La heterogeneidad del grupo humano está en la base para comprender estos cambios en la cultura material, cuestión ya planteada hace tiempo por J. A. García Granados[54] al considerar que en el registro arqueológico debían de darse a priori tres series diferentes pero coetáneas en el tiempo:

1.- La cerámica nazarí que seguía en uso durante el siglo XVI.
2.- La producción morisca, entendida como la elaborada en los antiguos alfares nazaríes, pero sometida a cambios y a una evolución «según parámetros que ignoramos»[55]

---

[54] Juan Antonio GARCÍA GRANADOS, "Vivienda y vida cotidiana en Granada (s. XVI). Entre la tradición y la ruptura", en Salvatierra, V., y Galera, P., (Eds.), *De la Edad Media al siglo* XVI, 2000, Jaén: Universidad de Jaén, pp.97-134.
[55] *Ibídem*, p. 112.

3.- Y, por último, la cerámica producida por nuevos artesanos procedentes de otras tradiciones, ajenos a lo nazarí.

Creo que del análisis de los documentos, especialmente el pleito de 1517, se pueden intuir esos parámetros de cambio y evolución de las formas a partir de dos influencias: la tradición nazarí que se expresa no sólo en el mantenimiento de algunas formas tradicionales y una cierta evolución formal «lógica», y las aportaciones exógenas que podemos focalizar en varios puntos de la geografía peninsular en función de la procedencia de los artesanos: el centro de la península, especialmente los centros productores de Toledo (Talavera, Puente del Arzobispo y la propia ciudad de Toledo), Andalucía, especialmente del Alto Guadalquivir (Jaén y Úbeda principalmente), y la zona más occidental (Extremadura y Portugal).

Tampoco sería despreciable la influencia de las importaciones cerámicas que están muy presentes en el registro arqueológico. Es una línea de investigación a desarrollar en el futuro.

Localización de los centros productores.

El pleito no aporta datos concretos sobre la ubicación de las ollerías y alfarerías, pero tenemos suficientes datos para localizar las principales zonas de producción. En primer lugar, ya hemos indicado que en la Granada del siglo XVI sigue funcionando el antiguo arrabal de los alfareros, a pesar de los cambios urbanísticos que se produjeron como, por ejemplo, el diseño de la plaza del Campo del Príncipe y la implantación de instituciones religiosas. Gracias a la documentación y a la arqueología sabemos que la actividad se concentró en la zona meridional (Realejo) y al norte del Albaicín (colación de san Luis-Fajalauza), sin ser espacios excluyentes de otras ubicaciones minoritarias dedicados a la producción de cerámica, perdurando un cierto grado de dispersión intramuros. Su localización siempre estuvo en relación con el acceso al agua y al suministro de barro y minerales. Esta singularidad acerca de la ubicación de las ollerías es característica de este siglo y desapareció tras la expulsión, quedando sustituida por un proceso de concentración en la zona norte de la ciudad.

Uno de los puntos principales de la producción era el antiguo arrabal de los alfareros, situado al sur de la medina, en la orilla izquierda del Darro, extramuros, junto al Nayd, luego conocido como barrio del Realejo. En esta zona se han documentado los únicos restos arqueológicos conocidos, desde el siglo XI al XVI, tal como expusimos al principio.

Los datos históricos para este sector son muy interesantes. En 1506 en el Realejo había tres ollerías que pertenecían a los habices de la iglesia de santa María de la O, antigua mezquita mayor, una que se le decía Alguarí, explotada por Francisco Çohod, la de Pedro Alxerbí y una tercera que compartía con Cristóbal Portugués[56]. En 1510 Cristóbal Núñez tenía una casa ollería en el Realejo que lindaba con las de Alafen y Matrán, moriscos; en 1512 se cita la tinajería de Cristóbal Suárez y por estas fechas existía otra, frente al convento de Santiago, que pertenecía a la familia Hadaria, en la calle de las Ollerías, actual Santiago.

---

[56] María del Carmen VILLANUEVA RICO, *Habices de las mezquitas de la ciudad de Granada y sus alquerías,* Madrid: Instituto Hispano-árabe de Cultura, 1961, pp. 37-38.

A mediados del siglo XVI, en 1553[57], se produjo un pleito por la propiedad de esta última. Este horno, por la información suministrada ya estaba produciendo desde finales del siglo XV, porque en la fecha en la que se interpone el pleito pertenecía a los hijos de Elvira Hadaria y Francisco Xerrian, que la habían heredado de su madre, recientemente fallecida. Ésta la había poseído por lo menos desde 1516, cuando a su vez la heredó de su padre, Juan el Haderí. No sabemos si era uno de los olleros de la ciudad que pudo haber trabajado en ella o simplemente un propietario que la arrendaba, porque no es uno de los oficiales o maestros que participaron en el pleito de 1517, pero por la fecha de su fallecimiento podemos suponer que ya existía desde antes de 1492. Lo cierto es que su hija, casada en segundas nupcias con El Xerrian, no la explotaba directamente. Tampoco sabemos si el primer marido llegó a ejercer el oficio, pues es frecuente ver como algunos cambian de profesión a lo largo del tiempo. En el interrogatorio de la probanza, uno de los testigos, María la Xahania, dice que la ollería, con su palacio y almacería, la poseía desde hacía 30 años, es decir desde el primer tercio del siglo XVI, la dicha Elvira Hadaria, y que su marido, Francisco Xerrian, se encargaba de cobrar la renta mensual de 35 reales porque, según uno de los testigos, esa cantarería «es muy buena y está en muy buen lugar».

De forma colateral obtenemos datos de cierto interés para poder localizarla, porque en un testimonio se dice que se encontraba frente al convento de la calle Santiago. Parece que mientras vive la madre no hay problema con el arrendador, existiendo un acuerdo verbal, que se va relajando hasta que sus herederos reclaman en pago de la renta, en 1553. El 23 de abril de 1556 se dictó la primera sentencia por la que se condenaban a Diego el Bedagui y a Lorenzo el Halid a la devolución de los bienes y el pago de las rentas que hubieran podido producirse desde que se apropiaron de los inmuebles. El pleito continuó hasta 1568, reactivado por los hijos menores de Diego el Bedagui, que había fallecido antes de 1565, utilizando los mismos argumentos que había utilizado la familia Xerrian, invocando en este caso la pérdida de la propiedad de la ollería por el tiempo transcurrido. En el pleito no se ha conservado la probanza de esta segunda fase del litigio, pero por la sentencia dada en 1568 podemos deducir que los herederos del Bedagui presentaron o bien títulos de propiedad de haber adquirido parte de la ollería a alguno de los hijos de Elvira Hadaria, como hicieron con la almacería de san Miguel, o justificantes de haber realizado obras y mejoras por un importe suficiente, que hicieron que se les concediese la mitad del inmueble. Cabe la posibilidad de que esta ollería sea la misma que se excavó en la calle Jarrería números 7 y 9, o en calle Santiago número 31.

La historia de esta ollería puede seguirse hasta finales del siglo XVI porque fue confiscada en 1573.[58]

Otro ejemplo es el de la ollería junto a la puerta de los Molinos que nos muestra hasta donde se extendían las alfarerías en el barrio del Realejo. Expropiada por el Consejo de Población al morisco Caçar, fue vendida el 26 de abril de 1577. Por los datos sobre su ubicación se encontraba junto a unas casas que fueron del mismo morisco, lindando con la

---

[57] ARCHGR. 01RACH//C 5326-3.

[58] Archivo Histórico Provincial de Granada. 1576. Fondo Consejo de Población. 5310-14.

huerta llamada de las Almenillas, entre la calle Molinos y la cuesta del Caidero, formada ésta por «una pieça que cae sobre el portal de la puerta de la calle que se da a otra casa», con treinta y una varas de largo y veintidós de ancho por una lado y veinte varas de largo y diez y ocho varas y un tercio de ancho por otro[59], en doscientos ducados, en María de la Torre. Su posición estratégica, junto a la calle Real y una de las puertas de acceso a la ciudad es una constante en la mayor parte de las ollerías medievales que se mantuvieron hasta el siglo XVII.

En la zona norte junto a la Bab Fay al-Lawza (Fajalauza), y extramuros, a lo largo del siglo XVI, se concentraron gran parte de las ollerías y cantarerías. Es posible que este fenómeno ya se hubiera empezado a producir en época nazarí, porque tenemos algunas referencias del siglo XVI tempranas sobre la existencia de ollerías en esta zona que podrían estar produciendo desde antes de 1492, pero es algo de lo que no tenemos ninguna evidencia material. En 1542 se cita «una ollería fuera de la puerta de Fajalauxa, que es de los dichos havizes, que está arrendada a tres reales cada mes»[60], de donde se colige que ya estaba produciendo antes de la conquista; y en 1560 otras dos más: «Una casa de ollería fuera de la puerta de Faxalauce, alinde de ollería de Luis Abenoli, gana myll ochoçientos e setenta y çinco maravedís cada año».[61]

El Consejo de Población gestionó la venta de algunas casas ollerías en esta zona y el proceso de adjudicación a los nuevos pobladores ofrece una rica información sobre la transmisión de los alfares a los nuevos propietarios. En 1574 se confiscó una alfarería, vendida ese mismo año «en la collación de san Luis, fuera de la puerta de Fajalauza que fue de Alonso el Guenexi e alinda con huerta de Melchor Hençi y con ollería de Hernando Afin y la senda que va a Veyro y tiene de sitio quarenta y seis baras de largo y veynte e tres varas de ancho, es menos de este sitio unas entradas e una huerta de Halaça de beynte e tres baras de largo y tres de ancho». Se remató en Simón Rodríguez, cantarero vecino e santa Escolástica, por 150 ducados.

Después de algunas vicisitudes, en 1615 volvió a adjudicarse: «una casa ollería en esta ciudad en la collaçion de san Luis fuera de la puerta de Faxalauça que fue de Lorenço Boa morisco que alinda con ollería de Hernando Afin y de Alonso Gaonasi y la calle y tiene dos puertas, que tiene de sitio veinte baras y dos tercias de largo y diez y nueve baras de ancho, la qual se tasó por las personas que estan nombradas para ello y se trujo en almoneda publica cierto». Se remató después de un tiempo, en 1622 en Miguel Fernández, alfarero, con la condición de residir y explotar directamente la ollería.

La relación espacial con la senda del Beiro nos permite situarla extramuros, en el espacio que luego ocupó el convento de san Antonio de Padua y san Diego, lugar en el que recientes excavaciones han documentado los restos de varios hornos de cerámica adosados a la muralla.[62]

---

[59] AHPGR. 1576-1602. Fondo Consejo de Población. 5146-33.

[60] AHPGR. Casas y tiendas del Salvador. 201/5215/6.

[61] *Ibídem*, fol.30r.

[62] Sonia RUIZ TORRES, Jorge PADIAL PÉREZ y Justo José BANQUERI FORNS SAMSÓ, "Intervención arqueológica en la muralla nazarí del Albaycín, Granada", *Anuario Arqueológico de Andalucía/1997*, vol. III, Sevilla, 2001, pp. 279-284.

No obstante, la mayor parte de la información es ya del siglo XVII y XVIII, pudiendo rastrear un origen anterior en algunos casos, pero pertenecen al momento posterior a la expulsión de los moriscos, cuando se produjo el proceso de concentración en este sector de la ciudad.

Otro de los espacios donde se concentraron algunas ollerías o alfarerías estratégicas fue en el recinto de la Alhambra, donde ya se producía cerámica desde época nazarí, probablemente de algunas formas muy específicas, como la cerámica azul y dorada. En el siglo XVI tenemos la noticia de la existencia de una plazoleta de las ollerías y varias referencias a alfareros que vivían y trabajaban dentro de la antigua ciudad palatina. Por la singularidad del sitio debemos suponer que la mayor parte eran cristianos viejos. Las únicas referencias materiales a los hornos son las que nos proporciona Torres Balbás durante las excavaciones del Secano en 1931, y los recientes estudios realizados que demuestran la continuidad de los centros productores desde época nazarí hasta por lo menos el siglo XVII[63], coexistiendo los hornos de planta circular y los de planta rectangular, de una forma muy parecida a la que nos recuerdan los excavados en el Realejo, en la calle Santiago número 31.

En el siglo XVI todavía subsistían numerosas ollerías y cantarerías intramuros, dispersas por la ciudad, herencia de la estructura medieval, algo que tiende a desaparecer a finales del siglo. En 1527 Juan de Biza y sus socios poseían un taller en la cuesta de la Alhacaba, cerca de la Puerta de Elvira[64] que venía explotándola por lo menos desde 1506, al aparecer citada junto a unas tiendas que toma a censo de los propios de la ciudad[65]. Esta misma ollería sigue produciendo diez años más tarde, en 1516 porque aparece de nuevo en la constitución de un censo enfitéutico «sobre dos tiendas, una junto a la otra, situadas en la cava del Albaicín lindando con una ollería y con la calle real» rematada en Salvador de Molina, herrero, vecino en la colación de san Cristóbal[66]. Debido al pleito entablado con algunos hortelanos por la posesión de las aguas sobrantes del baño del Albaicín y las tenerías de la Alcazaba[67], sabemos que fue adquirida en 1467, probablemente por su padre Mahomad, en un estado de conservación bastante ruinoso, y desde esas fechas, hasta principios del XVI, seguía siendo explotada por la misma familia. Se aporta como prueba un pergamino escrito en árabe cuyo traslado y traducción, se incorpora. El texto romanceado dice así:

> «Con el nombre de dios piadoso e misericordioso. Compro de escudero noble Mahomad hijo de Ali el Biza para si e para su hermana de madre Omalfata hija de Mahomad al Hayat e para su madre Fatima hija de Hamete Benina Helaf

---

[63] Alberto GARCÍA PORRAS, C. DUCKWORTH, K. WELHAM, D.J. GOVANTES EDWARDS, D. PITMAN, M.J. ALONSO, J.M. RÍOS, M.C. JIMÉNEZ, E. MONTANARI, B. MOORE, "La producción cerámica en Granada entre la época medieval y moderna. Los talleres del Secano de la Alhambra", en Coll Conesa, J. y Salinas Pleguezuelo, E. (eds.), *Tecnología de los vidrios en el oeste Mediterráneo: tradiciones islámicas y cristianas,* Madrid: Ministerio de Cultura, 2021, pp. 221-254.

[64] AHMGR, 1527-1544. C.03430.0001.

[65] Maria Amparo MORENO TRUJILLO, Juan DE LA OBRA SIERRA, María José OSORIO PÉREZ, *Los libros de rentas municipales de la ciudad de Granada en el siglo XVI,* Granada: Universidad de Granada, 2015, p. 40.

[66] *Ibídem,* p. 239.

[67] AHMGR, 1527. C.003430.0001. Publicado en Camilo ÁLVAREZ DE MORALES y Margarita María JIMÉNEZ ALARCÓN, "Pleitos de agua en Granada en tiempos de Carlos V. Colección de escrituras romanceadas", en María Jesús RUBIERA MATA, *Carlos V. Los moriscos y el islam,* Universidad de Alicante: Sociedad Estatal para la conmemoración de los centenarios de Felipe II y Carlos V, 2004, pp. 59-90.

es esta manera: la mitad para el comprador suso dicho e el terçio para su hermana Omalfata suso dicha e el sesmo, (sic) para su madre Fatima suso dicha, con dinero de compañía entre ellos. De esta manera e el obligado a la compra e a la paga de todo el prescio del horado Mahamad hijo de Mahomad el Malehi toda la casa acostumbrada para hacer vedriado que la cual está al Albayzín de los arrabales de Granada que dios guarde, que alinda por la parte solana con la cerca e por del çierço con la cuesta la Caba e por parte del levante con Ymiz (sic), e por la parte del poniente con los habizes con sus derechos e debedamientos, entradas e salidas compra conplida por prescio e contia de seyscientas doblas de oro de la moneda de Granada del año nuevo que se las ha de pagar cada que se las demandare. E por ello cumplió al comprador e compradores el señorío de lo que compran enteramente por la regla e ama de moros e se// obligó al saneamiento e no quedo al vendedor e lo vendido ningún derecho ni acción por ninguna forma ni manera e la vido en comprador e la examinó e vido que estaba derribada e cayda e estaba para labrar e la reparar el sobre del agua del baño del Albayzín dos días en la semana el día del jueves e la noche del domingo e el día del domingo fasta puesto el sol e la sobra del agua del alacaba es para la casa ollería suso dicha e el açequia e la cerca le hazen daño e fue contento ansi della con todos los arboles que en ella están de qual suerte que sean e supieron lo que hazían e ansí lo otorgamos ante quien los conosció e estando sanos, fecha a quince días de la luna de Rabea en el año de ochocientos e setenta años e parescieron la madre del comprador e su hermana e consintieron en lo suso dicho e lo ovieron por bueno cumplidamente e fueron contentos de la compra suso dicha contantamente bastante e lo otorgaron ansi ante quien las conosçió con bastante e ansí lo firmaron dos alfaquíes escrivanos»[68].

Muy cerca del convento de las Mercedes, a su espalda y en la parte baja de la Alhacaba, hubo otra ollería, también de los habices «Visitose otra tienda en la misma hacera junto a una puerta de una ollería, corría por arrendamiento, lindaba por la una parte con dicha ollería, y por la otra parte con tienda de Juan de Guadare, tendero, estaba cerrada, tubo de largo, midiendo por la pared de junto a la ollería, quatro baras, y de ancho tres baras y dos tercias, y el aire hera de la misma tienda»[69].

Otro grupo de ollerías debió subsistir a principios del siglo XVI frente a la colegiata del Salvador ya que en ese mismo año de 1506 se arrienda otra tienda «cabe sant Salvador, frontero a los olleros, en un rincón que solía tener Francisco Gaful, çapatero, tiénela Bartolomé Alfahar, a XIII maravedís mes»[70], además de la de Juan Zacaría[71].

---

[68] *Ibídem*.

[69] María del Carmen VILLANUEVA RICO, *Casas, mezquitas y tiendas de los habices de las iglesias de Granada*, Madrid: Instituto Hispano-árabe de Cultura, 1966, p. 40.

[70] *Ibídem*, p. 39.

[71] Manuel ESPINAR MORENO y Juan José QUESADA GÓMEZ, "Documentos para el estudio del os alfares...", art.cit.

En 1539 Juan de Abenzayde tenía una ollería en la colación de san Nicolás[72] y pleitea con sus vecinos por el uso del agua para su industria. En la calle Minas número 5 se excavaron los restos de un horno de cerámica que quizás pueda relacionarse con estos datos[73].

Junto a la muralla y cerca de la Puerta de Elvira, en la misma acera de la iglesia de san Ildefonso, en 1527 tenía su taller Cristóbal Xomaida, cantarero, que tomó a censo un solar de los habices de la iglesia «para entrarlo e incorporarlo en la ollería suia que está a las espaldas de las tiendas sobre dichas, junto con la puerta de Elvira al campo»[74].

En la orilla izquierda del Darro, intramuros de la antigua medina, en la colación de santa Escolástica, aún subsistía en 1572 una casa ollería que fue de moriscos, «rematada en Juan Garçia, labrador vezino desta dicha çibdad a la collazion de la Magdalena della una casa ollería con los accesorios» con un censo de doscientos noventa ducados. Seguía en funcionamiento a finales del siglo administrada por su viuda María Brabo[75].

En la periferia de la ciudad encontramos un buen número de hornos, casi todos dedicados a la producción de teja y ladrillo, salvo la tinajería del Beiro. Suelen ubicarse cerca de los puntos donde es fácil abastecerse de barro y la cuenca de este río es especialmente rica en arcillas. En su cabecera, en el Fargue, se establecieron almadrabas y en 1506 había un tejar en el pago del Jaragüy[76], cerca de la desembocadura del Beiro en el Genil. En Pinillos, alquería cercana a Granada, en 1521, Francisco Alhafe se encargó de producir seis mil tejas para la obra de la Capilla Real[77]; en Gabia documentamos a Bartolomé Requena y a Fernando el Hage en 1563; en Monachil, a mediados del siglo Miguel Bahix y su hijo Luis, se comprometieron con Francisco de Mendoza de Fez Muley a entregarle diez mil ladrillos y cuatro mil tejas que producían en el tejar de Alonso el Zecri. También documentamos otros centros productores en el paraje del Fresno Gordo, en la cuenca del Genil.

Información sobre la forma de producción a partir del pleito de 1517.

En los interrogatorios y en las inspecciones se aportan algunos datos interesantes sobre la forma de trabajo. Con respecto a la disposición de las piezas: «que la lauor vedriada que ponían en la capilla de los hornos e en la lavor tosca que ponían en lo baxo del horno donde andaua la candela»[78]. En las tinajerías se colocaba «obra de menudo» entre las piezas de mayor tamaño, para aprovechar el espacio. Con respecto a la composición de las hornadas es muy interesantesel resultado del registro de tres olleros moriscos. En el horno de Andrés Alafya la carga registrada fue la siguiente:

---

[72] AHMGR, 1539. C.03442.0001.

[73] Ana María CÁRDENAS GARRIDO, "Informe de la intervención arqueológica preventiva mediante sondeo en la calle Minas número 5. (Granada). Expte.5914", *Anuario Arqueológico de Andalucía/2004.1*, Sevilla: Junta de Andalucía, 2009, pp. 1329-1337.

[74] María del Carmen VILLANUEVA RICO, *Casas, mezquitas y tiendas de los habices ...*, obr.cit., pp.138-139.

[75] AHPGR, *Casas y tiendas del Salvador*, 201/5215/6.

[76] María Amparo MORENO TRUJILLO, Juan María DE LA OBRA SIERRA y María José OSORIO PÉREZ, *Los libros de rentas...*, obr.cit.

[77] Archivo Protocolos Notariales de Granada, Alonso Gabano, Pr.14, fol. 118-119.

[78] ARCHGR/01RACH//C 5486-8, cit., fol. 103r.

«Primeramente registró el dicho Andrés Alafya seys tariqs de ollas e caçuelas cozidas.

Yten, registró dos carryles de obra verde, dello bueno e dello mavbe

Yten, registró medio tariq de alcuza verde, yten dos tariqs de cántaros.

Yten, tres tariqs de toda lavor de dun e mas quarenta alnafes chicos.

Yten, un tariq de ollas e caçuelas bueno e malo. Yten, en otro palaçio medio taryq de toda obra bueno, e que no tiene mas de otros çinquenta alnafes quebrados. Testigos que fueron presentes Françisco de Ribera e Juan el Valençí, olleros, vesinos de Granada»[79].

En el horno de Fernando Maxgol se «registró tres cargas de obra de barro cozido de ollas e caçuelas, dello sano e dello quebrado.

Yten, registró treynta e ocho tinajuelas e orças, que no tiene al presente más, si no obra cruda. Testigos los susodichos»

Finalmente, en el de Francisco Çoad:

«E luego el susodicho registró tres arrobas de alcohol poco más o menos.

Yten registró seys carriles de jarros// e candiles, yten un carril de servidores chicos verdes.

Yten registró quatro carriles de platos y escudillas verdes, e que no tiene más que registrar»[80].

En el documento también se utilizan unos términos específicos para referirse al volumen de la producción: tariq, o tariques, maube/mavde y dun.

El primero procede de ṭarīq, carril, camino, pudiendo designar las baldas que dentro del horno separan las piezas bizcochadas, apoyadas en los rollos de alfarero. Asociada a este término aparecen los otros dos, «tariq de almaude», «tariq de toda lavor de dun»[81]. Maude procede de mādda, material en general, y dun de dūn que significa inferior, insignificante, para referirse a piezas pequeñas o de escaso valor[82].

Tariq también tienen otro significado relacionado con volumen por su precio «es çierto número de vasijas que valen ordinariamente a çinco reales»[83]; o número de objetos: «por tariqs que son çient vasijas chicas e grandes comúnmente, a quatro reales e medio e çinco, segund su lauor»[84].

Aspecto esencial es el acceso a las materias primas, especialmente al agua, el barro y el combustible, además de ciertos minerales para la cerámica vidriada.

En el sector meridional, en el antiguo rabd al-Fajjarin, los hornos se ubicaron en esta zona por su proximidad con la acequia de la Ciudad y la del Cadí, derivadas de la acequia Gorda,

---

79 *Ibídem*, fol. 46 v.

80 *Ibídem*, fol. 47v.

81 *Ibídem*, fol.46v.

82 Albert de BIBERSTEIN KAZIMIRSKI, *Dictionnaire arabe-français* contenant toutes les racines de la langue *árabe*, Tome 2. Librairie du Liban, Beyrouth, 1960. Las traducciones han sido facilitadas por los arabistas Javier Bordes García e Ignacio Gutiérrez de Terán. A ambos expresamos nuestra más sincera gratitud.

83 ARCHGR/01RACH//C 5486-8, cit., fol. 67r.

84 *Ibídem*, fol.73v.

construida en el siglo XI[85]. La relación de las ollerías con ambos ramales es importante, porque si la de la ciudad que discurre a una cota inferior es atribuida a Mu'ammal[86] que llevó el agua hasta la Bab al-Fajjarin, los hornos almohades que han sido documentados arqueológicamente quedarían por encima, y por tanto con dificultades bastante evidentes de abastecimiento, que se podría solventar solamente con la derivación de la conocida como del Cadi. La dificultad de acceso al agua puede ser una de las causas que expliquen su desplazamiento más hacia el sur. También sabemos que, a la entrada por el Realejo, en un punto que hoy desconocemos, existió una alberca cuyo mantenimiento corría a cargo de los olleros[87].

Por su parte las ollerías del Albaicín se abastecían de la acequia de Aynadamar, tal como pone de manifiesto el pleito por el aprovechamiento de las aguas sobrantes del baño del Albaicín y las tenerías, entre Juan el Biza y los propietarios de huertas, que se fundamenta en la queja de los regantes que reclaman el uso y disfrute de los sobrantes de las aguas para regar sus parcelas. En 1520 el ollero Juan el Biza justifica su aprovechamiento: «En este dia Juan el Biza, parescio ante los dichos señores e dixo que el tiene una olleria fuera de la puerta Elvira e que la dicha olleria tiene çierta agua que le pertenesçe de las sobras del vaño del Albayzin que son dos días y una noche en la semana e que la dicha agua se le pierde por venir porcima de tierra como viene e que el reçibe daño, por ende que pide a los dichos señores le manden dar liçençia para que el pueda traerla dicha agua desde el dicho baño hasta su olleria encañada por sus alcubdondes. E luego los dichos señores dixeron que diese informaçion de cómo aquel agua le pertenessçe e que la liçençia que dize para traer encañada la dicha agua que la pida a la çibdad»[88].

Para argumentarlo presentó una serie de testigos a su favor. Luis Hamín testificó que desde hace 22 años sabe que la ollería aprovecha el agua tal como dice el Biza, e incluso de mucho antes, especificando que los días que tiene derecho son las noches del jueves y el sábado, y el domingo. En el mismo sentido se pronunciaron Hernando el Poçon y Pedro Alhamar. Pedro el Halfi, de 60 años, va más allá y retrotrae el uso del agua hasta 40 años atrás, a la década de 1480. El Cabildo accedió a su petición dándole licencia para que pudiera llevar el agua desde el baño hasta la casa ollería «encañada por las calles sin perjuyzio de terceros»[89].

Parte de la acequia de Aynadamar entraba en la ciudad en mina, aprovechándose los olleros por medio de contraminas que derivaban el agua a pozos de donde la tomaban para su oficio. En 1793 el alfarero Manuel Sánchez denunció el estado de ruina de esta infraestructura, siendo reconocida y proponiendo una serie de obras, además de la limpieza, para garantizar el suministro[90].

---

[85] Antonio ORIHUELA UZAL y Luis GARCÍA PULIDO, El suministro de agua en la Granada islámica", *Ars mechanicae. Ingeniería medieval en España*, Madrid: Ministerio de Fomento, 2008, p.143.

[86] *Ibídem*, p. 144.

[87] *Ordenanzas que los muy ilustres, y muy magnificos señores Granada mandaron guardar, para la buena gouernacion de su Republica, impressas año de 1552, que se han buelto a imprimir por mandado de los señores Presidente, y Oydores de la Real Chancilleria de esta ciudad de Granada, año de 1670, añadiendo otras que no estauan impresas*, p. 208.

[88] AHMGR, 1527-1544, C.03430.0001.

[89] *Ibídem*.

[90] AHMGR, 1793. C.003445.00019.

Los conflictos por el control y sustracción de agua entre olleros tampoco fueron extraños. En 1595 Luis de Morales, alfarero, solicitó que su vecino Felipe Jiménez, también alfarero, eliminara el cauchil de agua limpia que había construido dentro de su casa y que lo sacase a la calle, para controlar el consumo del agua[91]. En 1805 Joaquín Yesares, administrador de una casa ollería que regentaba Juan de Mortales y su mujer, entablaron un pleito contra Juan García por impedir el disfrute del agua que tomaban los jueves y domingos para su uso en la fábrica[92].

Finalmente, en la margen izquierda del río Beiro también se construyeron algunas fábricas, en este caso de tinajas, como la tinajería de Armengol, alimentada con un ramal de la acequia del Beiro conocida durante el siglo XVII como la acequia de las Tinajerías[93].

El barro se obtenía en varios puntos, siendo los más importantes las canteras de la dehesa del Generalife y los depósitos de arcilla de la cuenca del río Beiro, explotados desde época romana. La extracción del barro del Cerro del Sol era una herencia medieval. En 1522 Carlos V tuvo que reafirmar dicho uso frente al intento de adehesar y apropiarse de los barreros por parte del administrador del Generalife. En el siglo XVII, en 1656, de nuevo intentó apropiarse de las canteras, siendo sancionado a favor de los alfareros por parte del concejo[94].

La extracción de barro de esta zona se mantuvo hasta bien entrado el siglo XIX, bajándolo a la ciudad por la actual cuesta de los Chinos, cruzando el arroyo de Fuente Peña por un puente de mampostería que cruzaba hacia el lado del carmen del Granadillo.

A pesar de su importancia, ha dejado poco rastro en la documentación de archivo.

Lo mismo sucede con los minerales necesarios para la fabricación de las piezas vidriadas (óxidos de cobre, estaño, plomo, etc.). La documentación permite aproximarnos a los aspectos históricos y los conflictos que se producían relacionados por la obtención de estas materias primas. A veces la escasez de los productos para la fabricación de los esmaltes provocó episodios como el vivido en la Alhambra en 1559[95]. Un soldado, de apellido Delgado, robó el plomo custodiado en el almacén de municiones, para vendérselo a uno de los olleros del Realejo, Alejo Gómez.

Este episodio no fue el único. Unos años más tarde, en 1562[96], volvió a producirse, pero en esta ocasión se descubrió un caso de corrupción más grave porque estaba implicado el alcalde de la Alhambra, Alonso de Valenzuela, don Pedro Granada Venegas y Gonzalo Gutiérrez, escribano público. Alejo Gómez intentó estafarlos, amenazándolos con acusarlos del robo.

---

[91] AHMGR, 1595. C.003442.00057.

[92] AHMGR, 1805. C.003445.00081.

[93] AHMGR, 1595. C.003434.00001.

[94] AHMGR, 1656. C.03703.0002.

[95] Archivo del Patronato de la Alhambra y Generalife, 1559, mayo 8 y 12. L-78-1-9.

[96] APAG, 1562, agosto, 26. L-78-1-15.

La producción.

Del pleito y los interrogatorios, se deduce que en 1517 había más de 40 hornos/ollerías en la ciudad, sin contar las almadrabas de teja y ladrillo, con una producción anual que oscila aproximadamente entre 350 y 420 hornadas. Cada una de estas es diferente, según la carga de piezas pequeñas, «obra menuda», o de mayor capacidad como tinajas o vasos de mayor tamaño.

Ocasionalmente, como declara Fernando de Toledo, algunos años se cocían menos, bien por un exceso de producción del año anterior, o en los muy lluviosos, por el exceso de humedad.

Cada hornada se vendía de media entre 8 y 6 ducados, aunque en algunos casos se documentan hasta los 10. En los hornos mayores, como el de Matran y Alaqui, podían llegar a los 12 ducados. La cerámica vidriada en blanco era más cara. De los datos extractados se deduce que el valor anual de la producción de cerámica morisca podía oscilar entre los 787.500 maravedís y 1.260.000: una hornada de vidriado verde, hecha en la ollería de «Matran, ollero y de Alaqui se vendía continuamente por más de quatro mill maravedís por que una ves que lo vido dehornar en el año que este testigo tovo la renta vido que la lauor de vedriado verde que cabía en la capilla se vendió por quatro mill e quinientos maravedís e esto lo supo de los mismos maestros que estauan en la casa»[97].

El documento no aporta muchos datos concretos sobre los productos elaborados, que se refieren de forma genérica como obra por «menudo», «obra verde» o más específicamente, jarras, escudillas, platos, candiles, ollas, cazuelas, etc., siendo un repertorio muy reducido con relación a la realidad que conocemos.

Aquí de nuevo el uso de las dos fuentes primarias de información, la documental y la arqueológica, permiten acercarnos de forma muy precisa a la gran variedad de cerámicas fabricadas en Granada entre el siglo XVI y XVIII.

Desde una perspectiva material, contamos con estudios tipológicos que se elaboran partiendo de las formas cerámicas que conocemos a través de la arqueología, identificando las series funcionales, los tipos básicos y sus variantes, a veces casi tantas como formas distintas aparecen. Para conocer esta diversidad se han utilizado tres fuentes: las ordenanzas de los precios de las cosas de barro, recopiladas en 1552, los datos que se derivan del análisis de un conjunto de inventarios de bienes post mortem de moriscos y la relación de precios que se hizo en 1724.

Las Ordenanzas de Granada son el resultado de la recopilación de disposiciones legales que regían distintos aspectos de la vida urbana, especialmente todos aquellos relacionados con las infraestructuras, las alhóndigas, acequias, caminos, abastecimiento de la ciudad, etc., y los oficios. Su gestación comenzó desde el mismo momento en el que se constituyó el concejo, tras el año 1500, dotándose de un aparato legislativo necesario para esta nueva etapa. No obstante, todo lo referido a los oficios artesanales mantienen muchos de los rasgos característicos del periodo nazarí. Su aplicación era efectiva en todo el término de Granada y su incumplimiento conllevaba una pena pecuniaria. Fueron recopiladas en 1552, dadas a imprenta ese mismo año y reimpresas en 1672.

---

[97] ARCHGR/01RACH//C 5486-8, cit., fol. 75r.

Por lo que respecta a las ordenanzas de los olleros, a diferencia de las de otros oficios, no están precedidas por ninguna indicación expresa sobre la fecha de su publicación. Tampoco se hace ninguna mención a los aspectos relacionados con el oficio, su estructura y formas de trabajo. Se limita a una relación de precios de las cosas de barro. A pesar de la parquedad de información, que nos hace dudar de la existencia de una estructura gremial sólida por la falta de documentación, son el único texto en el que podemos conocer de primera mano la diversidad de objetos que se producían en los alfares granadinos. La coexistencia de elementos de la cultura material islámica aún es muy evidente, como las referencias a los cántaros moriscos, ollas de boda, almofías, etc.

Las distintas formas o tipos de cerámica responden a la conjunción de los aspectos funcionales, el uso al que está destinado, al que se une como determinante la capacidad. En la siguiente tabla se ha ordenado siguiendo la metodología de los estudios ceramológicos:

Tabla 1.- Tabla de tipología a partir de las ordenanzas de Granada de 1552

SERIE FUNCIONAL	TIPO	VARIANTES	PRECIO EN 1552
VAJILLA DE COCINA	OLLAS	Grandes de boda	15 maravedís
		Ollas «poco menos»	10 maravedís
		Ollas de dos azumbres	6 maravedís
		Ollas de poco menos (1 azumbre)	4 maravedís
		Ollas chicas	5 blancas
		Ollicas bañadas	3 blancas
		Ollicas pichiruclas (juguetes?)	1 blanca
	CAZUELAS	Cazuelas grandes de boda	11 maravedís
		Cazuelas menos que estas	7 maravedís
		Cazuelas más pequeñas	2 maravedís
		Cazuelas pequeñas	1,5 maravedís
		Cazuelas pequeñitas	0,5 maravedís
	MORTEROS	Morteros verdes	6 maravedís
		Morteros por bañar (sin vidriar)	3 maravedís
		Cadahes sin vidriar	1 maravedí
		Jarros de dos azumbres sin vidriar para aceite	4 maravedís
		Jarros de tres azumbres sin vidriar	6 maravedís
VAJILLA DE SERVICIO Y PRESENTACIÓN	ALTAMÍAS	Almofias grandes vidriadas en verde	8 maravedís
		Almofias medianas	4,5 maravedís
		Altamías pequeñas	2 maravedís
		Escudillas verdes	1 maravedí
	PLATOS	Platos verdes grandes	12 maravedís
		Platos verdes algo menores	8 maravedís
		Platos verdes medianos	6 maravedís
		Platos verdes chicos	2 maravedís
		Escudillas blancas	1 maravedí
		Platos blancos	3 maravedís
		Platos blancos delgados	4 maravedís

	Jarros	Jarros blancos «de hechura de plata»	11 maravedís
		Jarros blancos vaciados «de los redondos»	6 maravedís
		Jarrillos comunes	4 maravedís
		Jarros verdes de 1 azumbre	4 maravedís
		Jarros mayores	6 maravedís
		Jarros de tres cuartillos	2 maravedís
		Jarros pequeños verdes	1,5 maravedís
	Salsera	Salseras vidriadas en blanco	1 maravedí
		Salseras medio vidriadas	1,5 maravedís (dos piezas)
Almacenamiento y Transporte	Alcuzas	Alcuzas grandes vidriadas en verde	5 maravedís
		Alcuzas medianas	3 maravedís
		Alcuzas pequeñas	2,5 maravedís (5 blancas)
	Cántaro	Cántaro castellano	6 maravedís
		Cántaro morisco	6 maravedís
		Medias arrobas	7 maravedís
		Cantarillos	3 maravedís
	Alcuceros	Alcuceros grandes	10 maravedís
		Alcuceros medianos	5 maravedís
		Alcuceros «más medianos»	4 maravedís
	Orzas	Orzas vidriadas (1,5 arrobas)	11 maravedís
		Orzas sin vidriar pequeñas	9 maravedís
	Botijas	Botija vidriada de 1 azumbre	5 maravedís
		Botija sin vidriar de 1 azumbre	8 maravedís
		Botijas comunes	3 maravedís
	Alcarrazas	Alcarrazas blancas	2,5 maravedís
		Alcarrazas coloradas	2,5 maravedís
Contenedores de Fuego	Candil	Candil vidriado en verde, grande	6 maravedís
		Candil mediano	3 maravedís
		Candil chiquito	1 maravedí
		Candeleros vidriados en blanco	5 maravedís
		Candeleros vidriados en verde y amarillo	3 maravedís
Usos Múltiples	Lebrillo	Lebrillos grandes vidriados en verde o blanco	60 maravedís
		Lebrillos medianos	1 real
		Lebrillos vidriados más pequeños	20 maravedís
		Lebrillos «más que pequeños»	12 maravedís
Otros	Bacín	Bacín vidriado en verde	25 maravedís
		Bacín mediano	15 maravedís
		Bacín común	7 maravedís
		Bacín chico	4,5 maravedís
		Bacín blanco	40 maravedís

Los inventarios de bienes nos permiten acercarnos de forma directa al ajuar doméstico, cotidiano, para conocer el papel que juega la cerámica en el ámbito de la vivienda, por tanto, nos encontramos con denominaciones que no se ajustan ni encajan con los tipos dictaminados por las ordenanzas y con formas que no quedan recogidas.

Considero que su uso es de gran interés porque se aproxima de forma mucho más real a la cultura material que aparece en el registro arqueológico: en 1547, entre los bienes muebles de Elvira Beygara, «una estera de junco e una sarten de cobre e una cuchara de hierro e unas tijeras e un cochillo, dos caçuelas verdes, otras dos pequeñas, dos escudillas, dos almohadas de lienço labradas con seda usadas e un espejo e una alcoholera quebrada e una orça e dos ollas grandes e dos pequeñas, e un queso añejo, e un cantaro quebrado, dos caçuelas pequeñas e una escodilla. Una estera de esparto vieja, dos çenachos, una toca de lienço que se dice lamiz, quatro çenachos, el uno de ellos con obra de tres libras de higos e un alnafe e dos jarros. Dos çambyas de açofar con quatro aljofarees e seis libras de linio hilado e un plato blanco e un mortero de barro e una alcuza e una tabla de llevar pan»[98].

Entre los bienes de Lucia Habora, en 1459, llama la atención «dos taças valençianas e una jarra verde e dos platos verdes. Una candela de çera blanca pintada e dos escudillas, la una blanca e la otra verde»[99]. Cerámica identificada como «valenciana» es frecuente en los inventarios.

Para no extendernos demasiado en este aspecto, pero para mostrar la variedad de formas, algunas que no aparecen en las Ordenanzas, solo citaremos los inventarios de Rodrigo el Motroy (1549) y Bernardo el Bolomoni (1555):

Inventario de los bienes de Rodrigo el Motroy.

> «Quatro cantaros e una tinaja de barro usados y veynte taças y tres platos y una caldera pequeña de cobre e un jarro y otra tinaja para agua.
> Tres tinajas de barro y otra tinaja de azeyte, la mytad llena de azeyte.
> Tres ollas de barro grandes y una orça viejos e un çilimyn e un librillo de barro y una colcha morisca con la haz de paño de colores vieja.
> Una ratonera e un librillo de barro y un cantaro y quatro espuertas viejas.
> Ocho escudillas e un alcozcozu de barro e una sarten de cobre.
> Una tinaja de barro llena de azeyte y una espuerta de esparto y una escudilla de palo»[100].

Inventario de los bienes de Bernardo el Bolomoni.

> «Dos platos grandes valençianos de barro.
> Otros quatro platos azules pequeños de barro.
> Nueve taças valençianas de barro.
> Una almofiguela e tres platos balençianos pequeños, el uno quebrado, e otra almofia azul, todo de barro.

---

[98] APNGR, Alonso Gabano, Pr. 68, fol. 180r-180v.

[99] APNGR, Alonso Gabano, Pr. 68, fol. 826r-827r.

[100] APNGR, Alonso Gabano, Pr. 68, fol. 950r-952r.

Una taca de barro azul y tres escudillas de barro blancas y tres cucharas moriscas pintadas de palo.

Una tinaja pequeña e tres cantaros e una jarra e una taça azul e dos almofias blancas y azul, todo de barro.

Una olla pintada e tres caçuelas e çinco jarras todo de barro e quatro agujas, todo de hierro»[101].

Siguiendo el mismo esquema analítico, las series y los tipos mencionados en la documentación son los siguientes:

Tabla 2.- Tipología de cerámica morisca a partir de los inventarios de bienes

VAJILLA DE COCINA	OLLA	Olla pequeña
	CAZUELA	Olla de boda
	MORTERO	Olla de Málaga
	ALCUZCUZ	Olla antigua
VAJILLA DE SERVICIO Y PRESENTACIÓN DE ALIMENTOS	PLATO	Plato blanco
		Plato verde
		Plato pintado
		Platos grandes valencianos
		Platos pequeños valencianos
		Platos azules
	ESUDILLA	Escudilla blanca
		Escudilla verde
	ALCUZA	
	JARRA	Jarra verde
		Jarra colorada
		Jarra blanca pintada
		Jarra negra
	JARRO	Jarrillos verdes
	TAZA	Taza azul
		Taza valenciana
	ALMOFÍA	Almofía azul
		Almofía blanca
		Almofía de colores
	REDOMA	Redoma verde
		Redoma blanca
		Redomilla
	SALEROS	
ALMACENAMIENTO Y TRANSPORTE	TINAJA	
	ORZA	
	CÁNTARO	

---

[101] APNGR, Alonso Gabano, Pr. 68, fol. 160r-161v.

	JARRA
	JARRO
	BOTIJA BLANCA DE JAÉN
CONTENEDORES DE FUEGO	CANDIL
	HORNILLO MORISCO
	ALNAFE
USOS MÚLTIPLES	LEBRILLO
	TARRO
	EMBUDO
OTROS	ATABALES

El acuerdo llegado entre el arrendador del barro y los olleros en 1517 parece que estabilizó las relaciones entre los productores y el recaudador del impuesto. La exención parcial del pago de la alcabala del barro decretada por Carlos V en 1526 terminó por limar los conflictos. De hecho, el pago de la alcabala de la hagüela siguió cobrándose con normalidad, pero en 1724, ante la subida de precios de las materias primas, los alfareros unilateralmente decidieron incrementar el precio de lo que fabricaban, sin acuerdo con el concejo y sin un incremento en la tasa que pagaban. Esto fue denunciado por José del Baño y se acordó revisar los precios[102].

En la nueva relación del precio de venta de la cerámica vidriada se ofrece una imagen muy precisa de la producción de cerámica común a principios del siglo XVIII. Si la comparamos con el listado de las Ordenanzas de 1552 comprobamos que algunos tipos de cerámica han desaparecido, sustituidas por otras.

La comercialización.

La venta de la cerámica la hace el propio ollero en su horno, en su casa o en tiendas de su propiedad, bien a comerciantes que compran a gran escala, bien por menudeo. En el primer caso se vendían hornadas enteras o por tariqs,[103] a comerciantes locales y de otras localidades (alquerías y resto de Andalucía): «compró un cántaro grande de los de agua por quatro maravedís e por algo menos e lo venden por seys notoriamente a todos los del del pueblo e asi mismo en todas las otras vasijas notoriamente ganan»[104].

El punto de venta principal era la plaza de Bibarrambla, en la acera conocida como de los olleros, pero había otros puntos importantes, junto a la plaza de Bibalbonut, en el Albaicín, en la calle san Juan de los Reyes o en las afueras de la puerta de Bibarrambla, en el antiguo arrabal de la Rambla.

La distribución de la producción parece no haber dejado rastro documental y este aspecto solo puede ser analizado a partir del registro arqueológico. No siempre se identifican adecuadamente estas producciones granadinas ni se hace mención a su presencia en los

---

[102] AHMGR. 1724. Expedientes de gremios. C.003682.0003.

[103] ARCHGR/01RACH//C 5486-8, cit., fol.73v.

[104] *Ibídem*, fol. 75r.

estudios de materiales de las excavaciones fuera del entorno de Granada, de modo que es realmente complicado trazar un mapa medianamente elaborado de dispersión, salvo en el trabajo realizado a partir de algunos enclaves del reino de Granada, como Moclín y Lanjarón[105]. Es un trabajo que está por hacer.

Conclusión.

El pleito de los olleros con el arrendador de la renta del barro permite dimensionar adecuadamente la importancia histórica de la producción de cerámica en la Granada del siglo XVI, con estructuras y un componente humano de origen nazarí. Esto es algo que hasta el momento podíamos intuir a partir de la abundancia de cerámica aparecida en las excavaciones arqueológicas, pero no teníamos datos concretos del sector, de sus protagonistas o del volumen estimado de producción.

Además de estas cuestiones, que forzosamente tendrán que dar un nuevo rumbo a la investigación, el pleito más que representar la resistencia de los olleros al control fiscal es un ejemplo de la reacción de buena parte del colectivo de moriscos, dedicados al oficio de la fabricación de cerámica, ante un proceso de incremento de la presión sobre esta minoría que desembocó en numerosos episodios de protestas y quejas. Los olleros no cuestionan el control fiscal si no el aumento de las exacciones que tienen que ver no tanto con la naturaleza de la tasa como con la forma de recaudación y la voluntad del arrendador para aumentar sus beneficios.

Estamos ante un conflicto que nos muestra una imagen fija de la ciudad en 1517 en la que los olleros, moriscos mayoritariamente, aún están lejos de la integración, manteniendo su lengua vernácula. Dentro del colectivo encontramos mudéjares de primera época o procedentes de otras zonas de Castilla y Andalucía, artesanos foráneos y cristianos viejos. Hemos hecho hincapié en esta heterogeneidad porque puede ser el elemento que explique la singularidad de la cerámica morisca granadina, sustancialmente diferente a la nazarí y a la cerámica granadina del siglo XVII-XVIII.

También estamos ante una de las primeras manifestaciones de reacción colectiva ante las pretensiones del arrendador que desembocó en una acción conjunta, cerrando los hornos y las tiendas para evitar el registro no pactado. Si utilizamos la terminología actual, se trata de uno de los primeros «cierres patronales» de los que tenemos constancia, aunque no fue secundado por todos, como los tres casos citados que acordaron con Juan Ximénez Valenciano una «iguala» a finales de enero de 1517.

En definitiva, los datos aparentemente secundarios, como la forma de cargar los hornos, volumen de la producción, formas elaboradas, comercialización, etc., son los que, una vez relacionados con los arqueológicos, lo convierten en un documento histórico de gran valor, fundamental para futuras investigaciones.

---

[105] Miguel BUSTO ZAPICO y Alberto GARCÍA PORRAS, "Ceramic Production and Social Change in the South east of the Iberian Peninsula between the Islamic and Christian Periods: The Case of Granada". en *J Histor Archaeol* (2021). [https://doi.org/10.1007/s10761-021-00619-2]

Edición

NORMAS DE TRANSCRIPCIÓN
(Basadas en las adoptadas por el Comité Internacional de Diplomática[*])

ORTOGRAFÍA
Se ha respetado la ortografía original del texto:

- Uso de **s** o **ç** o **z** tal como aparece, en el caso de palabras abreviadas se ha transcrito la grafía que aparece en los casos que está desarrollado: Gonsáles o Gonçalo.
- La **i** larga se ha transcrito *i* tanto para su valor vocálico como consonántico con valor de **j** : coió (por cojió). La **y** representada con grafía inequívoca se ha transcrito como tal, en caso de grafía dudosa se ha representado por **i**.
- Uso de **v** con valor vocálico y **u** con valor consonántico, tal cual aparece.
- Se ha respetado el uso de **b** y **v** tal como aparece en el texto.
- La **R** con valor fonético de doble **r** se ha transcrito por doble **r**.
- Se han mantenido las letras dobles cuando así aparecen en el original: *commo, frrançeses*.
- Se han representado las mayúsculas y minúsculas según la ortografía actual.

PRESENTACIÓN
En aras de una mayor legibilidad se ha optado por los siguientes criterios:

- La transcripción se ha realizado a línea tirada, separando cada renglón del original por /,usando la doble // seguida del numeral correspondiente del folio del original que se inicia y su posición (recto o vuelto) en superíndice.
- Dada la casi nula presencia de signos de puntuación, se ha optado por presentarlos con su forma actual para permitir la correcta interpretación.
- Se han separado las palabras indebidamente unidas y unido las indebidamente separadas, excepto cuando éstas son una contracción de la preposición **de** con artículos o pronombres.
- De la misma forma se han introducido las tildes pertinentes.
- Las abreviaturas se han desarrollado completando las letras omitidas, según la forma más usada en el documento, en el caso de que no haya aparecido desarrollada, se ha transcrito por la forma más común usada en textos coetáneos.

SIGNOS TIPOGRÁFICOS
- Se han usado los corchetes [ ] para la restitución de letras, sílabas o palabras que no se ven por deterioro del soporte pero que son deducibles por su contexto. En caso de no poder restituirlas se ha consignado como [ilegible].
- Los signos que aparecen en el texto se ha transcrito como (*signo*)
- Los paréntesis ( ) se han usado también para indicar la posición del texto en notas marginales en posición anterior al párrafo al que se refiere, así como para resaltar anomalías del texto original con la palabra (*sic*) tras la anomalía: pordero (*sic*) por portero.
- Las sílabas, palabras o frases escritas entre renglones se han transcrito en la posición que les corresponde entre corchetes angulares < >.
- Para el caso de repeticiones de palabras o tachaduras se ha optado por reseñarlo en nota a pie de página.

---

[*] Commission Internationale de Diplomatique, Commission Internationale de Sigillographie, *Folia Caesaraugustana 1. Diplomatica et Sigillographica,* Zaragoza: Institución «Fernando el Católico», 1984.

ID# EL PLEITO DE LOS OLLEROS DE GRANADA DE 1517.
EDICIÓN.

Sonia C. BORDES GARCÍA

//fol. 1r

Granada.

Proçeso. Los olleros.

Entre los olleros de la çibdad de la una parte y el arrendador del barro desta dicha çibdad de la otra.

1517

Los alfareros con arrendador del barro de la hagüela, sobre que los alfareros registren los ornos y lavor que tienen para la paga del alcabala y renta de la hagüela.

Escribano Fernand Pérez Gallego

Relator el liçençiado Vázquez

La condiçión es que los olleros no abran los ornos sin registro del arrendador que lo vaya a avrir, e si no fuere que pueda abrir. E fue traýdo para su justiçia.

Declaratoria dada en junio de [D]XVII, que el arrendador que fuere escrivir las vasijas lo pueda hazer

En XXVII de março de IUDXVII años, que se retiene y aprueva con término de VI días. Fecho

Son seys días

Pagó el actor real y medio

//fol. 1v

Con [roto] que su letrado [roto] conçertó [roto]

Den término para la prueba[1]

//fol. 2r

(*En el margen*): Presentazión e Pedimiento

(*Cruz*)

En la çibdad de Granada, doze días del mes de henero [de] mill e quinientos e diez e syete años, ante el señor liçençiado A[lon]so de León, alcalde en esta corte, e en presençia de mí,

---

[1] El folio de la carátula está reaprovechado. Omitimos en el texto el siguiente párrafo, que alude al proceso al que pertenece dicho folio: Muy poderosos señores. Juan Ruiz de Soria en nombre del liçençiado Diego Rodrígues en el pleito que tratan Beatriz de Chaves e sus consortes digo que el letrado de mi parte no a podido conoçer la relación deste proçeso, pido e suplico a vuestra merçed me mande dar de su parte para abdiençia. Juan Ruis (*rubricado*)

Johan Moreno, escrivano de provinçia, paresçió Juan Ximénez Valençiano, vesino desta dicha çibdad, arrendador de la renta del barro, e bidrio, e alcohol de vidriado desta dicha çibdad este presente año, por virtud de la carta de fieldad que tiene para el hazimiento e cobrança de la dicha renta del thesorero Ruy Lopes de Toledo, firmada de su nombre y de mí, el dicho escrivano, como escrivano de rentas desta dicha çibdad, de la qual doy fee. E dixo que se presentava e presentó de echo con su persona en grado de apelaçión, nulidad e agravio o en la mejor forma y manera que podía e devía de derecho, de un mandamiento dado por el bachiller Juan Cobo, alcalde mayor e theniente de corregidor desta dicha çibdad, contra él y en favor de Alonso Alaconi, hollero. Por el qual, en efeto, mandó e dio facultad al dicho Alonso Alaconi para que pudiese sacar desta çibdad de Granada çierta obra de varro echa cozida syn la ~~contar por menudo ni~~ registrar <e contar por menudo, segund más largo en el dicho mandamiento se contiene>. Lo qual dixo ser ninguno e contra él y en perjuysio de la renta de sus altezas, muy injusto e agraviado con fin de defraudar el alcabala, e protestó de dichos agravios en forma, e pidió el dicho mandamiento ser revocado e anulado e dado por ninguno. E otrosý dixo que porque el dicho Alonso Alacony quiere luego sacar la dicha obra, que pedía e pidió al dicho señor alcalde le mande dar e dé un su mandamiento, para que no lo pueda sacar ni saque, e sea enbargada hasta tanto que sean oýdos a justiçia sobre la dicha razón, para lo qual y en lo nesçesario ynploró su ofiçio e pidió conplimiento de justiçia, e protestó las costas.

(*En el margen*): Mandamiento
E luego el dicho señor alcalde, visto lo susodicho, dixo que mandava e mandó que si el dicho Alonso Alacony quisiere sacar desta //fol. 2v çibdad de Granada la dicha obra de varro cosyda, que antes que la saque, la registre toda al dicho Juan Ximénez, arrendador, e la quente cada pieça por sý para que dé quenta dello e traiga testimonio de donde la vendiere, conforme a la ley del quaderno, y no se defraude el alcauala della. Lo que manda que asý faga e cumpla el dicho Alonso Alacony, so pena de çinco mill maravedís para la cámara e fisco de sus altezas. Y que de otra manera mandava e mandó que el dicho Alonso Alacony no saque la dicha obra, e si la quisiere sacar gela enbargue el alguasil. E para ello mandó e dio su mandamiento en forma. Testigos que fueron presentes, Juan de Çevallos, escrivano, e Diego de Oviedo, e Pedro de Toledo, procuradores, vesinos de Granada.

Johan Moreno (*rubricado*)

Diose el dicho mandamiento en forma al dicho Juan Ximénez.

E después de lo susodicho, en diez e syete días del dicho mes de henero del dicho año, en presençia de mí, el dicho escriuano e testigos de yuso escriptos, paresçió el dicho Alonso Alacony e dixo que por quanto el señor alcalde León dio un su mandamiento contra él, en que le mandó que registrase todas las basyjas que hisiese en su horno sin ser oýdo de su derecho con el arrendador, por ende que sintiéndose agraviado del dicho mandamiento, apelaua e apeló del proceso ante la reyna y el rey su hijo, nuestros señores, e por ante los señores presidente e oydores de la su real avdiençia, e pidiólo por testimonio. Testigos que fueron presentes, Françisco Gutiérres, escriuano, e Fernand Méndez, e Antón Blázques, veçinos de Granada.

Johan Moreno (*rubricado*)

//fol. 3r

(*Cruz*)

Muy poderosos señores

Los olleros desta çibdad besamos de vuestra alteza (*sic*) e de[zi]mos que Françisco de Baeça, arrendador de la hagüela ha pedido que registremos el barro ante el liçençiado León, alcalde desta corte, el qual mandó [que] lo registrasemos, e apelamos de su mandamiento e si neçesario es, de nuevo apelamos. E oy abrimos nuestras tiendas para vender el dicho barro, e el dicho Françisco de Baeça sacó mandamiento del alcalde mayor para que çerrasemos las dichas tiendas fasta que registrasemos el dicho barro, del qual mandamiento apelamos ante vuestra alteza, e de fecho el dicho alcalde mayor lo mandó executar. Pedimos e suplicamos que pues esta no es mercaduría que se pueda registrar, ni la ley del cuaderno manda que se registre, ni nunca se registró después que esta çibdad se ganó, e es cosa que cada hora e cada rato se quiebra e no avemos de tener el barro quebrado para dar cuenta dello, mande al dicho alcalde que libremente nos dexe vender el dicho barro sin hazer registro, e ponga la parte contraria persona que lo vea vender si quisiere, e mande traer los abtos que sobre esto an pasado, para lo qual su real ofiçio enploro. El liçençiado de Baeça. (*firmado*)

En XXVII de henero de DXVII años, que <tray>gan el proçeso, e que por ocho días, sin enbargo de lo mandado por el alcalde León, vendan éstos como suelen vender su barro.

Corregióse e conçertóse este traslado con la petiçión de mandamiento original que estava al pie della. En Granada, veinte e nueve días del mes de henero de mill e quinientos e dies e syete años. Testigos que fueron presentes a lo ver, corregir e conçertar, Françisco Gutiérres, escrivano e Gonzalo de Caravajal e Hernando Méndez, vesinos de Granada.

Johan Moreno (*firmado*)

//fol. 3v (*blanca*)

//fol. 4r

(*Cruz*)

En la muy noble e nonbrada e grand çibdad de Granada, primero día del mes de febrero de mill e quinientos e diez e siete años, en presençia de mí, el escribano público e testigos yuso escriptos, Antón de Çevallos, procurador en nonbre de Françisco Soto, e Ferrando Morales, e Juan Alcarrá, e Juan el Valençí, e Juan Açalil, e Alonso Tabernaxí, e Martín el Fagüarí, e Juan de Andújar, e Diego Alaquil, e Juan Homeyra, e Gonçalo Lorquí, e Martín Adebarí, e Juan Axelbí, e Juan Azaguar, e de Andrés Alafia, e Pedro Albergí, e Françisco Alazraque, e Sevastián de Málaga, e Pedro de León, e Juan Moçafa, e Miguel Ayd, todos olleros, vesinos de Granada, e por virtud de los poderes que dellos tiene, otorgó que sostituye en su lugar e en nonbre de los suso dichos, los dichos poderes que dellos tiene por Luis Tristán, procurador de cabsas del abdiençia e chançillería de sus altesas, que substituye generalmente para en todos los pleitos e cabsas de los susodichos, e segund e de la forma e manera que en los dichos poderes se contienen. E para las aver por firme, obligó las personas e bienes dél obligados, e lo releuó e que es releuado e lo otorgó tal estaua dado, como él lo tiene de los susodichos, e lo firmó de su nonbre. Testigos Alonso de Varela, escribano público e Alonso de Segura, escribano, e Juan de Villasana, vesinos de Granada. Antón de Çavallos. E yo, Gonçalo Quixada, escribano de la reyna e del rey, nuestros señores e su escribano público del número de la dicha çibdad de Granada e su tierra, al otorgamiento desta carta, en uno con los dichos testigos, presente fui e lo escreví e por ende fiz aquí este mi signo tal en testimonio de verdad (*signo*). Gonçalo Quixada, escribano público (*rubricado*)

En XII de hebrero de IVDXVII años. Lo presentó Cubillo.

//fol. 4v

(*En el margen*): De los olleros

//fol. 5r

(*Cruz*)

Muy poderosos señores

Luis Tristán, en nonbre de los olleros desta çibdad. Digo que por vuestra alteza vistos los proçesos que en esta abdiençia penden en grado de apellaçión, entre mis partes e Françisco de Baeça, arrendador del barro desta çibdad, fallará que el mandamiento que dio el teniente desta dicha çibdad en que mandó que mis partes registrasen el barro, e la pesquisa que contra ellos fiso, que todo es ninguno. E que mis partes sean de verdad por libres e quitos por las cabsas e rasones siguientes: lo uno, porque mis partes no son obligados a registrar el dicho barro ni las leyes del quaderno ni otras algunas los obligan a ello; lo otro, porque de costunbre ynmemorial a esta parte e después aún que esta çibdad se ganó, en estos reynos ni en esta çibdad se ha registrado ni registra el dicho barro; lo otro, porque si el dicho barro fuese cosa que se pudiese guardar e conservar, rasón ternía la parte contraria de pedir registro, pero siendo como es cosa que muy ligeramente se quiebra, e después de quebrado no se ha de conservar ni se puede haser, no se puede pedir registro porque sería, si se fisiese, dar ocasión que mis partes pagasen lo que no deven e se les fisiesen muchos e grandes coechos; lo otro, porque la parte contraria descovrió que mis partes no querían darle por yguala lo que quería de alcauala, buscó de pedirles registro por buscarles achaques e maneras para que se conçertasen con él como él quisiese; lo otro, porque mis partes no hizieron liga ni monipodio ~~ni lo fisieron con anima~~ //fol. 5v ni dexaron de vender el dicho barro en perjuizio de la república ni por defraudarla, si no por evadirse de lo que la parte contraria les quería pedir e demandar. Por las quales rasones, e por cada una dellas, pido e suplico a vuestra altesa mande dar por libres e quitos a mis partes, para lo qual su real ofiçio ynploro e las costas pido.

El Liçençiado de Baeça (*rubricado*)

En la çibdad de Granada, viernes, veynte días del mes de hebrero de mill e quinientos e diez e siete años. Estando los señores presidentes e oydores en abdiençia pública, la presentó Luis Tristán en el dicho nonbre, en absençia e rebeldía de la otra parte, al qual los dichos señores mandaron dar traslado e que responda para la primera abdiençia.

(*Cruz*)

(*En el margen*): de los olleros

En Granada, çinco días del mes de março de mill e quinientos e dies e siete años, yo el escrivano yuso escripto ley e notefiqué esta petiçión e abto por mandado de los señores presidente e oydores a Françisco de Baeça, en su persona, el qual dixo que no es parte, que lo notefique al arrendador menor a quien él tiene arrendada la renta. E luego yo ~~el dicho~~

escrivano yuso escripto le aperçebí que fisiese procurador conosçido desta corte, con quien se fiziesen los abtos del proçeso donde nos, que le señalava e señalé los estrados reales de la dicha abdiençia de sus altesas con quien en su nonbre se fisiese. Testigos Alonso de Herrera e Alonso Moyano, estantes en Granada. (*signo*)

Fernand Pérez (*rubricado*)

En Granada, siete días del dicho mes e años susodicho, yo, el dicho escrivano, notefiqué esta petiçión a Juan Ximénez Valençiano e le aperçebí que fisiese procurador conosçido desta corte con quien se fisiesen los abtos del proçeso donde nos, que le señalava e señalé los estrados reales del proceso de la abdiençia con quien se fisiesen los abtos. Testigos Alonso de Herrera. El qual pidió traslado de la dicha petiçión.

A XX de hebrero de UDXVII. Traslado.

//fol. 6r

(*Cruz*)

Muy poderosos señores

Luis Tristán, en nonbre de los olleros, vesinos desta çibdad, de que yo tengo poder en el pleito que tratan con Françisco de Baeça, recabdador, y con Juan Ximénez , arrendador de la renta del vidrio e vidriado. Digo que las partes contrarias llevaron término para desir, non dizen. Pido y suplico a vuestra alteza manden darlo por concluso. Tristán (*rubricado*)

En X de março de IUDXVII años pidió conclusión en rebeldía.

//fol. 6v

(*Cruz*)

En la çibdad de Granada, dies días del mes de março de mill e quinientos e dies e siete años. Estando los señores presidente e oidores en abdiençia pública, la presentó el dicho Luis Tristán, en el dicho nonbre, en absençia e rebeldía de la otra parte, e leída, los dichos señores dixeron que avían e lo ovieron este dicho pleito por concluso e firme. Etc.

Concluso

//fol. 7r

(*Cruz*)

En la çibdad de Granada a dies días del mes de março de mill e quinientos e dies e siete años, Juan Ximénes Valençiano, vesino desta çibdad, dio e otorgó su poder conplido espeçialmente para este proçeso e cabsa que ha e trata con los olleros desta çibdad a Juan de Medrano, procurador que estava presente, relebóle y obligó su persona y bienes para aver por firme lo que en su nonbre obtuviere, e otorgó carta de poder bastante en forma. Testigos, Alonso Sánches Guerrero e Diego Ortiz, vesinos de Llerena, e Alonso Moyano, criado de mí, el dicho escribano. Fernand Pérez (*rubricado*)

//fol. 7v

(*En el margen*): Poder de Juan Ximénez Valençiano

//fol. 8r

(*Cruz*)

Muy poderosos señores

Johan de Medrano, en nonbre de Juan Ximénez Valençiano, arrendador de la renta del barro desta çibdad, a vuestra alteza pertenesçiente, digo, que visto un proçeso de pleyto que en esta real abdiençia pende, en grado de apelaçión, entre mi parte e los olleros desta dicha çibdad, y el mandamiento que dio el alcalde mayor desta dicha çibdad, se fallará que del dicho mandamiento no ovo logar apelaçión ni otro remedio a que logar oviera. Las partes contrarias no apelaron en tienpo, no hizieron las diligençias que heran obligados, por lo qual la dicha apelaçión quedó desierta y el dicho mandamiento pasó en cosa juzgada. E por tal, pido e suplico a vuestra alteza la mande pronunçiar e dar que este logar no aya; el dicho mandamiento es justo, e vuestra alteza lo deve confirmar. E yo así lo pido, sin enbargo de las razones contenidas en la petiçión que las partes contrarias, que de derecho no proçeden, ni han logar por lo siguiente: lo primero, porque las partes contrarias son obligados a registrar toda la labor que labran del dicho barro, segund las leyes del quaderno, porque no defrauden el alcavala a vuestra alteza devida. Lo otro, porque si las partes contrarias, después que esta çibdad se ganó, no han registrado, ha sido porque continuamente se an ygualado con los arrendadores de la dicha renta por las ventas e reventas que de la dicha labor fazían, e donde ay yguala no ay neçesidad de registro. Lo otro, porque los tinajeros desta dicha çibdad e los christianos viejos della que labran el dicho barro, todos los años que no se an ygualado, han registrado los hornos de la dicha labor antes que los abran, y al tienpo que los abren, está presente el arrendador e un escrivano público. Lo otro, porque segund las condiçiones con que vuestra alteza mandó arrendar la dicha renta, las partes contrarias son obligados, antes que abran qualquier horno de labor que cozieren, a notificallo[2] //fol. 8v al arrendador de la dicha renta para que vaya a vello y esté presente a desenfornallo, e sepa las vasijas que en el dicho horno ay. Lo otro, porque de hazer el dicho registro, las partes contrarias no reçiben agravio ni perjuiçio, solamente por él se provee para que no puedan fazer fraudes en la dicha alcauala. Lo otro, porque como es notorio, las partes contrarias son ofiçiales del dicho barro e lo fazen e labran para vender, e dello e de lo que venden deven el alcavala a vuestra alteza; e para que no se defraude la dicha alcavala, mi parte quiere estar presente al tiempo que abrieren los dichos hornos y escrevir todas las vasijas e labores que en ellos oviere, y esto no se puede negar a mi parte porque es conforme a justiçia. E lo otro, porque las partes contrarias continuamente revenden por junto a los tenderos desta dicha çibdad, e a otras personas que lo cargan para fuera, las vasijas e labores que fazen, e las más vezes todo el forno junto, en manera que no reçiben agravio del dicho registro. Lo otro, porque si algo se quiebra de las dichas labores e vasijas al deshornar los dichos hornos, al tienpo que se escriviere que es en el mismo tienpo que se desforna, se verán, e las que se quebraren no se escrevirán, e si algo después se quiebra es muy poco e no nada, e quebrase a riesgo de los que lo conpran en manera que en esto no ay ynconveniente, y aunque lo aya es muy pequeño e se puede muy fáçilmente enmendar. E si no se proveyese por la manera que mi parte lo pide dar, será logar a muy grandes fraudes que se fiziesen en la renta. Lo otro, porque como es notorio e por tal lo alego, desta çibdad se lleva a vender el dicho barro a muchas partes e logares deste reyno de Granada e de Andaluzía, e las personas que lo llevan, lo conpran a las partes contrarias e algunos dizen que lo llevan por las partes contrarias a vender. E si mi parte no toviera cuenta y razón de las vasijas e labores que las partes //fol. 9r contrarias labran, no puede saber ni ynformarse quién e a dónde se vende el dicho barro para cobrar el alcauala dello o para pedir que le muestren fe del logar donde lo vendieron, en manera que todo lo que las partes contrarias contra esto dizen e alegan es solamente por tener logar de defraudar la renta de vuestra alteza y esto no se deve

---

[2] *Al pie:* En XIII de março de IUDXVII años traslado.

permitir. Por lo qual, pido e suplico a vuestra alteza mande hazer en todo segund que por mi parte está pedido o a lo menos mande e provea, poniendo sobre ello grandes penas a las partes contrarias, que no abran ningún horno sin que mi parte esté presente a ello, conforme a la dicha condición de su arrendamiento; e que si quisiere, pueda escreuir todas las labores de los dichos hornos que así se abrieren, para lo qual ynploro vuestro real ofiçio e pido cunplimiento de justiçia e las costas.

Yten, digo que porque de la dilaçión deste negoçio viene muy gran perjuiçio a la dicha renta de vuestra alteza, porque hasta agora en todo el tienpo pasado deste año no se ha cobrado alcauala alguna de la dicha renta, aviéndose fecho de labor quarenta hornos, que valen de primera venta çiento e veinte mill maravedís e de reventa çiento e sesenta mill maravedís. Por ende, a vuestra alteza pido e suplico mande luego proveer e ver este dicho negoçio porque la dicha renta no se acabe de perder, para lo qual ynploro vuestro real ofiçio. El dotor de la Torre (*firmado*)

En la çibdad de Granada, viernes, a trese días del mes de março de mill e quinientos e dies e siete. Estando los señores presidente e oydores en abdiençia pública la presentó el dicho Juan de Medrano en la dicha abdiençia, estando presente Luis Tristán, procurador de la otra parte, e leýda, los dichos señores le mandaron dar treslado, e que para la primera abdiençia diga y alegue de su derecho.

//fol. 9v (*blanco*)

//fol. 10r

(*Cruz*)

Muy poderosos señores

Johan de Medrano, en nonbre de Juan Ximénez Valençiano, en el pleito que trata con ~~el concejo~~ los olleros desta çibdad, digo que la parte contraria llevó término para desir e concluir, y pues no dise cosa alguna, pido e suplico a vuestra altesa mande aver e aya este pleito por concluso. Medrano (*rubricado*)

En XVII de março de IUDXVII años, con lo que dixere para la primera abdiençia Luis Tristán, por concluso con ello o sin ello (*rubricado*)

//fol. 10v

(*Cruz*)

En la çibdad de Granada, martes, diez y siete días del mes de março de mill e quinientos e diez y siete años, estando los señores presidente e oidores en abdiençia pública, la presentó Juan de Medrano en el dicho nonbre, estando presente Luis Tristán, procurador de las otras partes, al qual, los dichos señores mandaron que con lo que dixere o no dixere esta mañana que avían e ovieron este dicho pleito por concluso.

Concluso

Proçeso entre los olleros desta çibdad, de la una parte, e el arrendador del barro de la dicha çibdad de la otra, sobre rasón de la renta del barro de la dicha çibdad, en el qual ay hasta aquí çien tiras, de las quales y de cada una dellas ha de aver y llevar el relator por lo haser, en provisión una blanca, y en definitiva, blanca y media, tomado en quenta la blanca de la provisión para la definitiva, e sacando relaçión o no la sacando, la mitad.

Escribano Gallego (*rubricado*)

C tiras

En la çibdad de Granada, estando los señores presidente e oydores en acuerdo, lunes a veinte e tres días del mes de março de mill e quinientos e dies e syete años encomendaron este proçeso por relator para que les haga dar relaçión al liçençiado Vázquez.

(*En el margen*): Juan Ximénez Valençiano contra los olleros desta çibdad.

//fol. 11r

(*Cruz*)

En el pleito que es entre el arrendador del barro en esta çibdad de Granada e su procurador en su nonbre de la una parte, e los olleros desta dicha çibdad e su procurador en su nonbre de la otra.

Fallamos que devemos retener este dicho pleito e cabsa ante nos, en la dicha abdiençia de sus altesas, para haser e librar en él entre las dichas partes lo que con justiçia devamos. E mandamos a los procuradores de amas las dichas partes que para la primera abdiençia digan e aleguen de su derecho en el negoçio prinçipal, para que, por nos vistas sus alegaçiones, libremos e determinemos en ello lo que de justiçia se deva haser. E que con lo que dixeren o no dixeren para la primera abdiençia devemos reçevir e reçivimos a amas las dichas partes y a cada una dellas conjuntamente a la prueva de todo lo que por ellas y por cada una dellas dicho e alegado, e a prueva de todo lo otro a que de derecho deven ser reçevidos a prueva y provar devan. Y provado les aprovechará, salvo juren ynpertinençiam et non admitendorum, para la qual prueva haser e la traer e presentar ante nos, damos e asignamos a las dichas partes y a cada una dellas plaso e término de seys días primeros siguientes, los quales les damos oy. Asignamos por todo plaso e término perentorio acabado con aperçebimiento que les hasemos que otro ni más plaso ni término alguno les no será dado ni otorgado ni éste les será prorogado ni alargado e ese mismo plaso e término damos oy. Asignamos a las dichas partes y a cada una de ellas para que vayan e enbíen a ver, presentar, jurar e conosçer los testigos y provanças que la una parte presentare contra la otra contra la otra (*sic*) si quisieren. E por esta nuestra sentençia ynterlocutoria, jusgando, así lo pronunçiamos y mandamos en estos escriptos. Y por ellos dada e pronunçiada fue esta sentençia por los señores oydores, que en ella firmaron sus nonbres, en la çibdad de Granada, estando hasiendo abdiençia pública, viernes a veynte e siete días del mes de março de mill e quinientos e dies e siete años, e estando presentes Luis Tristán e Juan de Medrano, procuradores de amas las dichas partes. Dottor Luna (*rubricado*) Cristóbal [ilegible] (*rubricado*)

//fol. 11v

(*Cruz*)

Sentençia de prueva de la renta del barro desta çibdad de Granada contra los olleros desta dicha çibdad.

A prueba.

//fol. 12r

(*Cruz*)

Muy poderosos señores

Luis Tristán, en nonbre de los olleros, vesinos desta çibdad, en el pleito que tratan con Françisco de Baeça, recabdador, e con Juan Ximénes Valençiano, arrendador de vidrio e vedriado desta dicha çibdad, digo que se reçibió a prueba con lo que dixesen para esta abdiençia, y non pudo aver el proçeso porque lo llevó e lo tienen las partes contrarias, a vuestra alteza pido y suplico mande que el término del proçeso non corra hasta que lo den. Tristán (*rubricado*)

En XXXI de março de IUDXVII años que se haga como se pide

//fol. 12v

(*Cruz*)

En la çibdad de Granada, martes, treynta y un días del mes de março de mill e quinientos e dies y siete años, estando los señores presidente e oydores en abdiençia pública la presentó Luis Tristán en el dicho nonbre.

(*En el margen*): De los olleros desta çibdad con Françisco de Baeça

//fol. 13r

(*Cruz*)

Muy poderosos señores

Johan Medrano, en nonbre de Valençiano, arrendador de la renta del barro, en el pleito que trata con los cantareros desta çibdad, digo que mi parte no ha podido faser su provança e pues es abtor, pido e suplico a vuestra alteza prorrogue el término asynado por otros seys días, e para ello ynploro vuestro real ofiçio. Medrano (*rubricado*)

En IIII de abril de DXVII años, que se les dé de aquí a Casymodo e publicaçión.

//fol. 13v

(*Cruz*)

En Granada, a quatro días del mes de abril de mill e quinientos e diez e siete años. Ante los señores presidente e oydores de la abdiençia de sus altesas, estando en abdiençia pública, la presentó Johan de Medrano en nonbre de su parte, e leýda, los dichos señores, e leýda los dichos señores (*sic*) dixeron que avían e que le prorrogavan e prorrogaron el término asygnado a las partes a faser sus provanças fasta el día de Casimodo primero que biene, e passado el dicho día, mandavan e mandaron faser publicaçión de los testigos e provanças, estando las partes presentados. Estando presentes Luis Tristán, procurador de la otra parte.

(*En el margen derecho*) Del arrendador del barro con los olleros desta çibdad.

//fol. 14r

(*Cruz*)

Muy poderosos señores

Luis Tristán, en nombre de los olleros, vecinos desta çibdad, en el pleito que tratan con Françisco de Baeça, recabdador, e Juan Ximénes, arrendador del vidrio y vidriado, digo que se resçibió a prueba con çierto término, en el término Casimodo, mis partes no han podido acabar su prouança. Pido de oy al domingo de Casimodo en que la acabe de faser.

Otrosí, pido y suplico a vuestra alteza, mande conplir vuestro reçebtor que los torne en esta cavsa. Tristán (*rubricado*)

En IIII de abril de DXVII años la otra parte, petición e proveyóse en ella lo que se pydía por ésta.

//fol. 14v

(*Cruz*)

En la çibdad de Granada, sábado, quatro días del mes de abril de mill e quinientos e diez e siete años, ante los señores presidente e oidores de la abdiençia de sus altesas, estando en abdiençia pública, la presentó Luis Tristán, en nombre de sus partes, e los dichos señores dixeron que lo oýan, e Juan de Medrano, procurador de la otra parte, presentó la petiçión seguiente.

(*En el margen*): De los olleros desta çibdad con el arrendador del barro.

//fol. 15r

(*Cruz*)

La otra parte presentó petiçión en que pide publicaçión, e que jure la otra parte o cualquier dellos.

Muy poderosos señores

Luis Tristán, en nonbre de los olleros, vecinos desta çibdad, en el pleito que tratan con Françisco de Baeça e con Juan Ximénes Valençiano, digo que se resibió a prueba en el término asynado, mis partes no han podido acabar de haçer su provança, pido otros XX días de término. Tristán (*rubricado*)

En XVIII de abril de IUDXVII años la presentó Luis Tristán, fuera de abdiençia, con protestación de la presentar en día de abdiençia.

En XXI de abril de IUDXVII años, diez días más e publicación, si no es pasado el término.

//fol. 15v

En la çibdad de Granada, martes, veynte y un días del mes de abril de mill e quinientos e diez e siete años. Estando los señores presidente e oidores en abdiençia pública, la presentó Luis Tristán, en el dicho nonbre, estando presente Juan de Medrano, procurador de la otra, e leýda, los dichos señores ~~respondieron dar traslado en que para la primera~~ prorrogaron otros diez días más de término en que, si no es pasado el término, o que pasado, quede hecha publicaçión.

(*En el margen*): (*Cruz*) Los olleros contra el arrendador

//fol. 16r

(*Cruz*)

Muy poderosos señores

Johan de Medrano, en nonbre de Juan Ximénez Valençiano, en el pleito que trata con los cantareros desta çibdad, pido e suplico a vuestra alteza, mande hacer publicación en esta cabsa, pues el término de la prouança es pasado. Medrano (*rubricado*)

En dos días de mayo de IUDXVII años, que se haga publicación, ~~presente~~ absente Luis Tristán, procurador de la otra parte.

//fol. 16v

(*Cruz*)

En la çibdad de Granada, sábado, a dos días del mes de mayo de mill e quinientos e diez e syete años. Estando los señores presidente e oidores en abdiençia pública, la presentó el dicho Juan de Medrano, en el dicho nonbre, estando absente Luis Tristán, procurador de la otra parte, e leýda, los dichos señores mandaron que se haga la dicha publicaçión aquí pedida.

(*En el margen*): (*Cruz*) El arrendador del barro contra los olleros.

//fol. 17r

(*Cruz*)

Muy poderosos señores

Luis Tristán, en nonbre de los holleros desta çibdad, en el pleito que tratan con ~~Juan de Baeça~~ Françisco de Baeça e Alonso Ximénez, digo que se reçiba a prueba en el término asynado. Mis partes no han podido acabar de hazer su provança, por ende, pido e suplico a vuestra alteza mande dar otros quinze días de término en que la acaben de hazer, para ello su real ofiçio ynploro. Tristán (*rubricado*)

En XXX de abril de IUDXVII años, la presentó Luis Tristán, con protestación de la representar día de abdiençia pública.

En dos días de mayo de IVDXVII años, la otra parte presentó las peticiones siguientes.

//fol. 17v

(*Cruz*)

En la çibdad de Granada, sábado, dos días del mes de mayo de mill e quinientos e diez e syete años. Estando los señores presidente e oidores en abdiençia pública, la presentó el dicho Luis Tristán en el dicho nonbre, estando presente Juan de Medrano, procurador de la otra parte, el qual presentó la petiçión que sigue.

//fol. 18r

(*Cruz*)

Muy poderosos señores

Johan de Medrano, de Juan Ximénez Valençiano, en el pleito que trata con los cantareros desta çibdad, digo que por vuestra alteza mandados ver y examinar los testigos e prouanças en esta cabsa presentados, fallará mi parte aver provado su yntençión bien e conplidamente con asaz término de testigos fydedignos, onvres de toda esebçión, e las partes contrarias no aver presentado cosa alguna que les aproueche ni a mi parte empezca. Por ende, pido e suplico a vuestra alteza dé e pronunçie la yntençión de mi parte, por bien e conplidamente provada, e la de las partes contrarias por no provada, fasyendo en todo segund de suso tengo pedido, para lo qual ynploro vuestro real ofiçio y pido justicia e las costas.

El dotor de la Torre (*rubricado*)

Bien probado actor.

En IIII de mayo de IVDXVII años traslado.

//fol. 18v

(*Cruz*)

En la çibdad de Granada, viernes, ocho días del mes de mayo de mil e quinientos e diez y siete años. Estando los señores presidente e oydores en abdiençia pública, la presentó Juan de Medrano, en el dicho nonbre, estando presente Luis Tristán, procurador de la otra parte, e leýda, los dichos dichos (*sic*) señores le mandaron dar traslado e que para la primera abdiençia diga y alegue de su derecho.

(*En el margen*): (*Cruz*) Juan Ximénez Valençiano contra los olleros desta çibdad de Granada

//fol. 19r

(*Cruz*)

Muy poderosos señores

Johan de Medrano, en nonbre de Juan Ximénez Valençiano, en el pleito que trata con los cantareros desta çibdad digo que las partes contrarias llevaron término para desyr e concluyr, y pues no desir cosa alguna, pido e suplico a vuestra altesa mande aver e aya este pleito por concluso. Medrano (*rubricado*)

En XII de IUDXVII años, por concluso con lo que dixere o no dixere Luis Tristán, para mañana.

Concluso

//fol. 19v

En la çibdad de Granada, martes, doze días del mes de mayo de mill e quinientos e diez e syete años. Estando los señores presidente e oydores en abdiençia pública, la presentó Juan de Medrano en el dicho nonbre, estando presente Luis Tristán, procurador de las otras partes, e leýda, los dichos señores dixeron que con lo que Luis Tristán dixere de aquí a mañana, con ello o sin ello, avían e huvieron este dicho pleito por concluso.

(*En el margen*): (*Cruz*) Del arrendador del barro con los olleros desta çibdad.

//fol. 20r

(*Cruz*)

Muy poderosos señores

Johan de Medrano, en nonbre de Juan Ximénez Valençiano, en el pleito que trata con los olleros e cantareros, digo que Luis Tristán, procurador de la parte contraria, tiene el proceso deste pleito, pido e suplico a vuestra alteza, so una pena, le mande que luego lo dé. Medrano (*rubricado*)

En XV de mayo de DXVII años que lo vuelva, e so pena de D [maravedís]

//fol. 20v

(*Cruz*)

En la çibdad de Granada, quinze días del mes de mayo de mill e quinientos e dies e syete años. Estando los señores presidente e oydores en abdiençia pública, la presentó el dicho Juan de Medrano, en el dicho nonbre, estando presente Luis Tristán, procurador de la otra parte, e leýda, los dichos señores dixeron que lo dé oy, so pena de quinientos maravedís.

//fol. 21r

(*Cruz*)

Muy poderosos señores

Johan de Medrano, en nonbre de Juan Ximénez Valençiano, en el pleito que tratan con los olleros desta çibdad, pido e suplico a vuestra alteza mande en lugar del liçençiado Vázques, relator desta cabsa, nombrar otro relator porque el bachiller Botello, a quien él dexó sus pleitos no está asymismo en esta corte. Medrano (*rubricado*)

En IX de junio de DXVII años, que no a lugar porque mañana viene Botello.

//fol. 21v

(*Cruz*)

En la çibdad de Granada, martes, nueve días del mes de junio de mill e quinientos e diez y siete años, estando los señores presidente e oydores en abdiençia pública, la presentó Juan de Medrano, en el dicho nonbre, estando presente Luis Tristán, procurador de la otra parte, e leýda, los dichos señores dixeron que no ha lugar porque mañana Botello (*sic*).

(*En el margen*): (*Cruz*) De Juan Ximénez Valençiano contra los olleros

//fol. 22r

(*Cruz*)

Muy poderosos señores

Johan de Medrano, en nonbre de Juan Ximénez Valençiano, en el pleito que trata con los olleros e cantareros desta çibdad, digo que para en prueba de la yntençión de mi parte, guarda e conservaçión de su derecho, presentó esta ~~carta~~ provisión de vuestra alteza, librada de sus contadores mayores, la qual la presentó tanto quanto por mi parte fase, e faser puede, e no más, y pido e suplico a vuestra alteza mande faser en todo segund de suso por mi parte está pedido. Medrano (*rubricado*)

En XXVI de junyo de IVDXVII años, traslado, sin perjuyzio de la conclusión porque está el pleito concluso y en poder del relator.

//fol. 22v

(*Cruz*)

En la çibdad de Granada, veynte e seys días del mes de junio de mill e quinientos e dies e siete años. Estando los señores presidente e oydores en abdiençia pública, la presentó el dicho Juan de Medrano, en el dicho nonbre, estando presente Luis Tristán, procurador de la otra parte, e leýda, los dichos señores le mandaron dar traslado desta petiçión e provisión que se resibe sin perjuyzio de la conclusyón porque está el proceso en poder del relator, e que para la primera abdiençia diga y alegue de su derecho.

//fol. 23r

(*Cruz*)

Este es traslado bien e fielmente sacado de una carta de su alteza escrita en papel e sellada con su sello real de çera colorada e refrehendada de Álvaro de Caravajal, escrivano de su alteza e de sus contadores mayores, e en las espaldas della firmada de çiertas firmas, según por ella paresçía su thenor de la qual es este que se sigue:

Doña Juana e don Carlos, su hijo, por la graçia de Dios reyna e rey de Castilla, de León, de Aragón, de las dos Seçilias, de Jherusalen, de Navarra, de Granada, de Toledo, de Valençia, de Galizia, de Mallorcas, de Seuilla, de Çerdeña, de Córdova, de Córçega, de Murçia, de Jaén, de los Algarbes, de Algeziras, de Gibraltar e de las yslas de Canaria e de las Yndias, yslas e tierra firme del mar oçéano, condes de Barçelona, señores de Vizcaya e de Molina, duques de Atenas e de Neopatria, condes de Ruysellón e de Çardanya, marqueses de Oristán e de Goçiano, archiduques de Abstria, duques de Borgoña e de Bravante, condes de Flandes e de Tirol, etc. A vos, el que es o fuere nuestro corregidor o juez de residençia de la çibdad de Granada o a vuestro lugarteniente en el dicho ofiçio e otras justiçias de la dicha çibdad e a cada uno de vos, salud e graçia. Sepades que entre las condiçiones con que nos mandamos arrendar e se arrendó las rentas de la hagüela desa dicha çibdad para este presente año de la data desta nuestra carta e para otros çiertos años venideros, se contienen çiertas condiçiones fechas en esta guisa: e con condiçión que todas las personas que hizieren tinajas e tinajones y otras cosas de ollería e vedriado para vender no abran los hornos de las dichas cosas sin que sea requerido el dicho Gonçalo de Palma para que sea presente si quisiere al desfornar o quien su poder oviere, con tanto que el dicho recabdador vea los dichos hornos que estovieren en la dicha çibdad una vez cada día e los que estovieren fuera de la dicha çibdad de terçero en terçero día. E que cada e quando que el dueño e señor de la dicha obra requiriere al dicho recabdador, o a quien su poder oviere, que vaya a ver abrir el dicho horno, que sea obligado a yr luego con él a lo ver abrir si quisiere, e si no fuere, que el señor de la dicha obra pueda abrir el dicho horno ~~syn las dichas diligençias~~ e que en tal caso sea creído por su juramento. Otrosí, es condiçión que si el dicho señor del dicho horno abriere el dicho horno sin las dichas diligençias, que sea obligado de pagar e pague al[3] //fol. 23v recabdador de la dicha renta el alcauala de lo que montare la obra del dicho horno con el doblo. E agora, por parte de los nuestros arrendadores e recabdadores mayores de las dichas rentas de la hagüela desa dicha çibdad e su partido deste presente año de la data desta nuestra carta, nos fue fecha relaçión diziendo que las personas que hasían el dicho barro no quieren que los dichos recabdadores, al tiempo que están presentes al desfornar del dicho barro, escrivan por cuenta las vasijas que salen del dicho horno. E que si las escriven, diz que dexa de sacar el dicho barro porque no aya cuenta ni rasón por donde les puedan demandar el alcavala de lo que las vasijas que salen del dicho horno, e que si las escriven diz que dexan de sacar el dicho barro porque no aya cuenta ni rasón por donde les puedan demandar el alcavala (*sic*) de lo que vendieren. Por ende, que nos suplicava mandásemos declarar la dicha condiçión de manera que pudiese aver cuenta e rasón por donde les pagase la dicha alcavala, o como la nuestra merçed fuese. Lo qual, visto por los nuestros contadores mayores, fue acordado que devíamos mandar dar esta nuestra carta en la dicha rasón. Por la qual vos mandamos que veades las dichas condiçiones que de suso van encorporadas e las guardedes e cumplades y executedes e las fagades guardar e conplir y executar en todo e por todo como en ellas se contiene e declara. E en guardándolas e cumpliéndolas, por la presente declaramos e mandamos que si los dichos recabdadores, o quien su poder oviere, quisieren escrevir al tienpo que estovieren presentes al sacar las vasijas de los dichos hornos los que hizieren el dicho barro, porque los dichos nuestros recabdadores puedan tener cuenta e rasón dello para cobrar el alcavala que se les deviere e dello ovieren de aver. E así lo guardad e conplid y executad, e contra ello no vayáis ni paséis ni cosintáis yr ni pasar, e los unos ni los otros no fagades ni

---

[3] *Al pie*: va testado o diz sin las dichas diligençias, no le empezca.

fagan ende al por alguna manera, so pena de la nuestra merçed e de diez mill maravedís para la nuestra cámara. Dada en la villa de Madrid, a quinze días del mes de junio, año del nasçimiento de nuestro saluador Jhesuchristo de mill e quinientos e diez e siete años. Yo Álvaro de Caruajal, escrivano de cámara de la reyna //fol. 24r e del rey, su hijo, nuestros señores, la fiz escrevir por su mandado con acuerdo de los sus contadores mayores. E en las espaldas de la dicha carta están los nonbres siguientes: Mayordomo Ortún Velasco, Rodrigo de la Rúa, el bachiller Salmerón. Registrada, Chançillería. Testigos Ximénez, Castañeda Chançiller.

Fecho e sacado fue este dicho traslado de la dicha carta original de sus altezas, en la çibdad de Granada, estando en ella la corte e chançillería de sus altezas que en ella reside, a veinte e seis días del mes de junio, año del nasçimiento de nuestro saluador Jhesuchristo de mill e quinientos e diez e siete años. Testigos que fueron presentes e vieron corregir e conçertar este dicho traslado con el original. Rodrigo Ortún, el liçençiado de Burgos, abogado en esta corte, e Juan de Barzana, criado del lugar de Alcabde[te], estantes en esta dicha çibdad. E yo, Miguel Carrillo, escrivano de cámara de sus altesas e su notario público, presente fuy al corregir e conçertar deste dicho traslado con el dicho oreginal, en uno con los dichos testigos, el qual va çierto e bien conçertado, y en testimonio de verdad fiz aquí este mi sig (*signo*) no a tal. Miguel Carrillo (*rubricado*).

Fecho y sacado fue este dicho traslado por mí, Fernán Pérez Gallego, escrivano del abdiençia de sus altesas, de la original, por mandado de los señores presidente e oidores de la dicha su abdiençia en la çibdad de Granada, a quatro días del mes de jullio de mill e quinientos e dies e siete años. Testigos que fueron presentes a lo corregir deste dicho traslado con el original, Alonso Gómes de la Cruz, vesino de la çibdad de Córdoba y Alonso Moyano, criado de mí, dicho escrivano. Fernand Pérez Gallego (*firmado*)

//fol. 24v

(*En el margen*): (*Cruz*) Carta de Juan Ximénes Valençiano contra los olleros desta çibdad.

Testigos que fueron presentes Alonso Gómez de la Cruz e Alonso Moyano.

En IIII de jullio.

//fol. 25r

(*Cruz*)

Muy poderosos señores

Johan de Medrano, en nonbre de Juan Ximénez Valençiano, en el pleito que trata con los olleros e cantareros desta çibdad, digo que las partes contrarias lleuaron término para desir o concluyr, y pues no disen cosa alguna, pido e suplico a vuestra altesa mande aver e aya este pleito por concluso.

Otrosý, pido e suplico a vuestra alteza, me mande dar ~~traslado~~ la carta e provisión de vuestra alteza, librada de sus contadores mayores, que yo presenté en esta cabsa la abdiençia pasada quedando el traslado en el proçeso. Medrano (*rubricado*)

En primero de jullio de DXVII años por concluso e en lo demás treslado.

//fol. 25v

(*Cruz*)

En la çibdad de Granada, martes, primero día del mes de jullio de mill y quinientos e diez e syete años. Estando los señores presydente e oydores en abdiençia pública, la presentó el dicho Juan de Medrano, en el dicho nonbre, estando presente Luis Tristán, procurador de las otras partes, e leýda, los dichos señores dixeron que en quanto al primer capítulo que avían el dicho pleito por concluso en forma, y en lo de segundo, que le mandavan y mandaron dar traslado e que para la primera abdiençia diga y alegue de su derecho.

(*En el margen*): (*Cruz*) De Valençiano contra los olleros.

//fol. 26r

(*Cruz*)

Muy poderosos señores

Johan de Medrano, en nonbre de Juan Ximénes Valençiano, en el pleito que trata con los olleros e cantareros desta çibdad, digo que las partes contrarias lleuaron término para desir como nos, e me a de dar una carta e provisión de vuestra alteza por mí presentada y pues no disen cosa alguna, pido e suplico a vuestra alteza me la mande dar. Medrano (*rubricado*)

Otrosý digo, que estando como este proçeso está concluso, lo tiene el procurador de la parte contraria, e no lo quiere dar. Pido e suplico a vuestra alteza so una pena le mande que luego lo dé. Medrano (*rubricado*)

Otrosý doy esta relación por conclusa y pido e suplico a vuestra alteza, mande a la parte contraria envíen término, e so una pena la conçierte. Medrano (*rubricado*)

En quatro de jullio de IUDXVII años, que se le dé esta escriptura, e que conçierte la relaçión para la provança, so pena de D [*maravedis*].

//fol. 26v

(*Cruz*)

En la çibdad de Granada, estando los señores presydente e oydores en avdiençia pública, sábado, quatro días del mes de jullio de mill e quinientos e diez e siete años, el dicho Juan de Medrano, en el dicho nonbre, presentó esta petiçión ante los dichos señores, estando presente Luis Tristán, procurador de la otra parte, e leýda, los dichos señores dixeron que se le dé esta escritura e que conçierte la relaçión para la primera abdiençia, so pena de quinientos maravedís.

//fol. 27r

(*Cruz*)

Muy poderosos señores

Luis Tristán, en nonbre de los olleros e horneros de varro desta çibdad, digo que, sin enbargo de la provisión que presenta Françisco de Baeça e Gonçalo de Palma, arrendadores del varro desta çibdad, se deve faser justiçia a mis partes por ~~quanto por derecho~~ las rasones siguientes: Lo uno porque al tiempo que las partes contrarias touieron la dicha renta, no pudieron poner la dicha condiçión en los contadores o otorgársela, porque es una nueva ynpusiçión y agravio, el qual solamente se puede ynponer por la real persona de vuestra alteza, e no por sus contadores ni por otra persona alguna. Lo otro, porque obliga a cosa ynposible porque es ynposible dar cuenta de las cosas de ollería por lo mucho que se quiebra, que no se puede saber qué es ni cómo, ni de qué vasijas. Lo otro, porque no ay ley que disponga que se descriva el dicho varro. Lo otro, porque avía de estar derogado la costumbre en que esta esta (*sic*) dicha çibdad de no lo registrar e descrevir. Lo otro, porque las partes contrarias pidieron la dicha condiçión no a otro fin e cavsa sino por rescatar a mis partes e faselles conçertar por lo que ellos quisiesen, a lo qual no se deve dar lugar. Por que pido e suplico a vuestra alteza mande haser conplimiento de justiçia segund está pedido, para lo qual su real ofiçio ynploro e las costas pido.

Lo otro porque la dicha provisión se ganó pendiente el dicho pleito, no faziendo relaçión dél. El liçençiado de Baeça.

En quatro de jullio de DXVII años traslado.

//fol. 27v

(*Cruz*)

En la çibdad de Granada, estando los señores presydente e oydores en avdiençia pública, sábado, quatro días del mes de jullio de mill e quinientos e diez e siete años, el dicho Luis Tristán, en el dicho nonbre, presentó esta petiçión ante los dichos señores, estando presente Juan de Medrano, procurador de la otra parte, e leýda, los dichos señores le mandaron dar traslado, e que para la primera abdiençia diga y alegue de su derecho.

//fol. 28r

(*Cruz*)

Muy poderosos señores

Johan de Medrano, en nonbre de Juan Ximénez Valençiano, en el pleito que trata con los olleros e cantareros desta çibdad de Granada, ~~en el pleito que trata con~~ digo que se mandó copia a Luis Tristán, procurador de la otra parte, con testimonio de se qonçertar la relaçión deste pleito, e no lo ha hecho. Pido e suplico a vuestra alteza mande proveer en lo suso dicho. Medrano (*rubricado*)

En VII de jullio de DXVII años, que la dé por conçedida para mañana, so pena de D [*maravedís*] e sy no que se haga el mandamiento.

//fol. 28v

(*Cruz*)

En la çibdad de Granada, estando los señores presidente e oydores en avdiençia pública, martes, a syete días del mes de jullio de mill e quinientos e diez e syete años, el dicho Juan de Medrano en el dicho nonbre, presentó esta petiçión ante los dichos señores, estando presente Luis Tristán, procurador de la otra parte, e leýda, los dichos señores mandaron que la dé por conçertada para mañana, sy no, que se haga el mandamiento.

//fol. 29r

(*Cruz*)

Muy poderosos señores

Johan de Medrano, en nonbre de Juan Ximénez Valençiano, en el pleito que trata con los olleros e cantareros, digo que se ha mandado con pena muchas veses a Luis Tristán, procurador de las partes contrarias, conçertar la relaçión deste pleito e la deqlarazión, e no lo ha hecho. Pido e suplico a vuestra alteza mande proveer en lo suso dicho. Medrano (*rubricado*)

En X de jullio de DXVII años que la dé por conçertada para mañana so pena de otros D. E que se haga el mandamiento si no lo conpliere.

//fol. 29v

(*Cruz*)

En la çibdad de Granada, viernes, dies días del mes de jullio de mill e quinientos e dies e siete años. Estando los señores presidente e oydores en abdiençia pública, la presentó el dicho Juan de Medrano en la dicha abdiençia, estando presente Luis Tristán, procurador de las otras partes, e leýda, los dichos señores dixeron que dé por conçertada la relaçión para mañana, so pena de otros quinientos.

//fol. 30r

(*Cruz*)

En la çibdad de Granada, viernes, çinco días del mes de setienbre de mill e quinientos e diez e siete años. Visto por los señores presidente e oydores de la abdiençia de sus altezas, el proçeso de pleito que ante ellos pende, entre Juan Ximénez Valençiano, arrendador de la renta del barro desta çibdad de Granada e su procurador en su nonbre de la una parte, e los olleros desta dicha çibdad e su procurador en su nonbre de la otra, dixeron que mandavan e mandaron que de aquí a mañana en todo el día, cada una de las partes nonbre vna persona, o ellos nonbrarán un terçero para que todos tres, sobre justiçia, que primeramente hagan, tasen e averigüen lo que cada horno meresçe o puede meresçer de alcavala conforme a la ley del quaderno, e lo que todos tres o los dos dellos que se conçertaren, tasaren e declararen, aquello, mandamos que se guarde e cunpla e asiente, e no hizieron condenaçión de costas contra ninguna de las partes. Lo qual mandaron e proveyeron, estando presentes Juan de Medrano e Luis Tristán, procuradores de las dichas partes.

(*Tres rúbricas*)

Yo Juan Vázquez fui presente.

//fol. 30v

(*Cruz*)

Abto de los olleros contra Juan Ximénes Valençiano

//fol. 31r

(*Cruz*)

Muy poderosos señores

Johan de Medrano, en nonbre de Juan Ximénez Valençiano, en el pleito que trata con los olleros e cantareros desta çibdad, digo que por abto del presydente e oydores desta su real abdiençia, se mandó a las partes contrarias e a mi parte, nonbrasen sendos apreçiadores de la lavor e fornos que las partes contrarias han hecho en el tiempo del arrendamiento de mi parte. Yo, por mi parte, nonbro a Fernando de Toledo, que es onbre que ha tenido la dicha renta, y pido e suplico a vuestra altesa, mande a la parte contraria nonbre luego apreçiador conforme al dicho abto porque ~~si apres~~ mandando que si no lo nonbrare, el dicho apreçio se haga por el apreçiador nonbrado por mi parte, para lo qual le ynploro vuestro real ofiçio.

Medrano (*rubricado*)

En XI de setienbre de DXVII años, que se haga como se pyde e Luis Tristán, procurador de la otra parte, presente, dixo que no avía lugar porque el término en que podía suplicar del abto le durava.

//fol. 31v

(*Cruz*)

En la çibdad de Granada, viernes, a honze días del mes de setienbre de mill e quinientos e diez y siete años, estando los señores presidente e oydores en abdiençia pública, la presentó Juan de Medrano en el dicho nonbre.

(*En el margen*): (*Cruz*) Juan Ximénes Valençiano contra los holleros y caleros desta çibdad.

//fol. 32r

(*Cruz*)

Muy poderosos señores

Luis Tristán, en nonbre de los olleros desta çibdad, en el pleito que tratan con Juan Ximénez, suplico de la sentençia que dieron e pronunçiaron algunos de los oydores desta real avdiençia, en que mandaron que se apreçiasen los hornos e que aquellos se executasen segund más largamente en la sentençia se contiene, cuyo thenor e avido aquí por repetido. Digo, hablando con el acatamiento que devo, que la dicha sentençia es ninguna, injusta e de enmendar por lo siguiente: Lo uno, porque después que esta çibdad se ganó nunca se apreçiaron los dichos hornos e barro ni para ello se pusieron apreçiadores, la qual dicha costunbre vale e se deve guardar, pues que no ay ley de quaderno que disponga lo contrario, porque las leyes del quaderno que dizen que las cosas que se vendieren por menudo se apreçien, hablan en cosas que se puede guardar e no pereçer, así como espeçias e calçado e otras cosas en que después de apreçiadas pueden aver qüenta, pero no en cosas de barro ni otras cosas semejantes que se pierden e quiebran e después de quebradas no se puede dar qüenta dellas, y las dichas leyes no hablan en esta cabsa. Así se a de entender por razón, la qual tiene fuerça de ley, porque sería cosa contra toda razón que se hiziese el dicho apreçio de cosas que entre las más se quiebran, e que así pues, las dichas leyes específicamente no hablan en el dicho barro, y tienen diversas la razón que en las otras cosas no pueden ni deven sentençiar por ellas. Lo otro, porque en todas las çibdades y villas e lugares destos reynos se a tenido de no tasar ni registrar el dicho barro por la ynposibilidad que tiene de dar qüenta dello por lo mucho que se quiebra. Lo otro, que mandan que lo tasado se execute, lo qual es contra //fol. 32v toda razón y justiçia, porque se pagaría alcavala de lo que no se deve, porque mucho del dicho barro se da y otro se quiebra y otro se gasta en sus casas y todo esto entraría en la dicha tasaçión y si se pagase de lo tasado alcavala, pagarse ya de todo lo susodicho sin deverse. Lo otro, porque en caso que se deva hazer la dicha tasaçión se deviera mandar oviera consideraçión a lo que se puede quebrar e dar e gastar en casa. Lo otro, porque aunque esto no oviera lugar se devía mandar que en caso que la dicha tasaçión oviera lugar, que conforme a ella se diera qüenta e se tomara por descargo lo que se oviera quebrado, dado e gastado sin venderse. Lo otro, porque la parte contraria, por conçierto tomava menos la quarta parte de lo que se tasase, puesto tasadores, lo otro por quitarse mis partes de pleito, le quieren dar todo lo que más le dieron por cada horno desde el año de quinze atrás. Por las quales razones, e cada una, pido e suplico a vuestra alteza mande dar por ninguna la dicha sentençia y enmendarla y hazer conplimiento de justiçia a mis partes segund e como tienen pedido, para lo qual su real ofiçio ynploro y las costas pido y ofréscome a provar en forma.

En Granada, trese días del mes de setienbre de mill e quinientos e dies e siete años la presentó Luis Tristán, fuera de avdiençia con protestaçión de la representar en abdiençia pública. El liçençiado de Baeça (*firmado*)

//fol. 33r

(*Cruz*)

Muy poderosos señores

Johan Medrano, en nonbre de Juan Ximénez Valençiano, en el pleito que trata con los olleros e cantareros desta çibdad, digo por los oydores de vuestra real abdiençia fue pronunçiado en esta cabsa un abto por el qual sentençiava dar que las partes nonbren tasadores de valor de las formas de barro que han enfornado, el qual proçeso es cosa judgada. Pido e suplico a vuestra altesa me mande dar mandamiento executorio dél. Medrano (*rubricado*)

En XV de setienbre de IUDXVII años. La otra parte petiçión.

//fol. 33v (*blanca*)

//fol. 34r

(*Cruz*)

En la çibdad de Granada, viernes, diez e ocho días del mes de setienbre de mill e quinientos e diez e siete años. Estando los señores de la audiençia de sus altesas haziendo audiençia pública y, aviendo visto el proçesso de pleito que es entre Juan Ximénez Valençiano, arrendador de la renta del barro desta çibdad e su procurador en su nonbre de la una parte, e los olleros de la dicha çibdad e su procurador en su nonbre de la otra, dixieron que el auto e mandamiento por los dichos señores en este negoçio dado e pronunçiado de que por parte de los dichos olleros fue suplicado, hera y es justo e derechamente dado e pronunçiado. Por ende, que le devían confirmar e confirmaron en grado de revista con este aditamento e declaraçión: que devían mandar e mandavan que las personas que las dichas partes han nonbrado o nonbraren para averiguar lo contenido en el dicho auto y el terçero que por los dichos señores fuere nonbrado, juren en forma devida de derecho de hazer bien e fielmente que lo que deven, so pena de Dios e sus conçiençias çerca de lo suso dicho, que les es cometido e ayan ynformaçión <e consideraçión> en su arvitramiento de las bassijas que se han podido e pueden quebrar a los dichos olleros al enhornar e deshornar la dicha bassija, o en otra manera porque no se pudiese vender. E con el dicho aditamento e declaraçión, mandaron que el dicho auto fuese llevado a devida execuçión con efetto, syn enbargo de las razones a manera de agravios contra él por parte de los dichos olleros dichos e alegados en el dicho grado de suplicaçión. E no hizieron condenapçión de costas contra ninguna de las dichas partes. Lo qual proveyeron e mandaron, estando presentes Luis Tristán e Juan de Medrano, procuradores de amas las dichas partes. Va entre renglones o diz e consideraçión.

(*Tres rúbricas*)

Yo Fernand Pérez Gallego fui presente.

//fol. 34v

(*Cruz*)

Abto

Juan Ximénes Valençiano contra los olleros.

//fol. 35r

(*Cruz*)

Muy poderosos señores

Luis Tristán, en nonbre de los olleros desta çibdad, en el pleito que tratan con Alonso (*sic*) Ximénes Valençiano, digo que el sábado pasado se mandó que nonbrase por mi parte una persona para tasar los hornos y como mis partes son muchos y en lo faser no pude aver hasta oi y quedaron de sus justiçias, de oy a mañana que nonbrase la tal persona para mis partes. Tristán (*rubricado*)

En XXII de setienbre de DXVII años, que se haga como se pyde.

//fol. 35v

(*Cruz*)

En la çibdad de Granada ~~viernes~~ martes a veynte y dos de setienbre de mill e quinientos e diez y syete años, estando los señores presidente e oydores en abdiençia pública la presentó el dicho Luis Tristán en el dicho nonbre.

(*En el margen*): (*Cruz*) Los olleros contra Alonso Ximénes Valençiano.

//fol. 36r

(*Cruz*)

Muy poderosos señores

Luis Tristán, en nonbre de los olleros, de quien tengo poder en el pleito que tratan con Juan Ximénes, arrendador, digo que por mis partes nonbro para lo contenido en los abtos y mandamientos dados y pasados en esta cabsa a Andrés Alafy, vesino desta çibdad.

Otrosí, digo que la parte contraria nonbró por su parte a Fernando de Toledo, <arrendador> el qual no es esperto en lo que toca a los ofiçios de mis partes y lo que declarase será por voluntad y afiçión que tiene a la parte contraria e a Françisco de Baeça, recabdador, por que pido e suplico a vuestra alteza, mande que la parte contraria nonbre persona que sepa de lo suso dicho y con buena conçiençia diga e disponga la verdad para lo qual vuestro real ofiçio ynploro. Tristán (*rubricado*)

En Granada, XXIII de setienbre de IUDXVII años, la presentó Luis Tristán, fuera de abdiençia, en protestaçión de la representar en día de abdiençia pública.

En XXV de setienbre de DXVII años. Testimonio.

//fol. 36v

(*Cruz*)

En la çibdad de Granada, viernes, a veynte y çinco días del mes de setienbre de mill e quinientos e diez y syete años, estando los señores presidente e oydores en abdiençia pública la presentó el dicho Luis Tristán en el dicho nonbre.

(*En el margen*): (*Cruz*) Los olleros contra Juan Ximénes

//fol. 37r

(*Cruz*)

Muy poderosos señores

Luis Tristán, en nonbre de los olleros desta çibdad, de quien tengo poder en el pleito que tratan con Juan Ximénes, arrendador, digo que ya vuestra alteza sabe cómo está mandado que se tase los hornos de la labor e obra que mis partes labran, y que aquello que se tase sepan las personas que se nonbraren para lo desir e pagar mis partes para el alcauala dello, y si mis partes lo ouiesen de pagar antes que lo vendiesen, resçibirán mucho agravio e daño, y pues las leyes de quaderno del ramo disponen que quando se vendiese la cosa se pague el alcavala, y no antes que se venda. Por que pido y suplico a vuestra alteza que, echa la tasaçión justa, mande que mis partes no lo cunplan hasta que ayan vendido las labores dellos de los hornos que se tasaren, para ello su real ofiçio ynploro e pido cunplimiento de justiçia y las costas.

El Liçençiado de Baeça (*rubricado*)

en XXV de setienbre de DXVII años. Testimonio

En XXVI de setienbre de IUDXVII años Juan Ximénes Valençiano. Concluso, sin enbargo desta petiçión.

//fol. 37v

(*En el margen*): (*Cruz*) Los olleros contra Juan Ximénes Valençiano

//fol. 38r

(*Cruz*)

Muy poderosos señores

Johan Ximénes Valençiano, arrendador de la renta del varro desta çibdad, digo que ya vuestra alteza sabe la cabsa e pleito que yo he tratado con los maestros que labran varro en esta dicha çibdad sobre el pagar del alcauala del dicho varro, en el qual se dieron sentençias en vista e grado de revista en que mandaron que se tassasen por terçeros nonbrados por las partes los hornos que se coziesen, e los que están cozidos en çierta forma. Y porque las partes contrarias, por substraerse de pagar la dicha alcauala o la mayor parte della, hazen muchos fraudes e engaños, e porque por la condiçión de mi arrendamiento está que las partes contrarias no puedan abrir ni desenfornar ningund horno cozido sin que el arrendador esté presente para lo ver desenhornar, por ende, a vuestra alteza pido e suplico que por que çese todo fraude e el alcauala de vuestra alteza se cobre, mande que los dichos terçeros tasen los dichos hornos conforme a las dichas sentençias al tiempo que se deseenhornen e abren, e mande a las partes contrarias, so vna grand pena, que lo consientan e permitan, e que no abran ni desenfornen en otra manera los dichos hornos. Para lo qual vuestro real ofiçio ynploro e pido justiçia e costas.

Yten, pido e suplico a vuesta alteza mande al escribano de la cabsa que resçiba juramento en forma de los tasadores e terçero que bien e fielmente harán la dicha tasaçión, porque el escribano no quiere reçibir el dicho juramento sin mandamiento de vuestra alteza, para lo qual ynploro vuestro real ofiçio. El Dotor de la Torre (*rubricado*)

En XXV de setienbre de DXVII años, testimonio a Tristán e que diga para mañana.

En este día lo notifiqué.

//fol. 38v (*blanca*)

//fol. 39r

(*Cruz*)

Muy poderosos señores

Johan de Medrano, en nonbre de Juan Ximénez Valençiano, en el pleito que trata con los olleros e cantareros, digo que Luis Tristán tiene en su poder çiertas petiçiones y el proçeso deste pleito y no lo quiere dar. Pido e suplico a vuestra alteza, so una pena, le mande que luego lo dé. Medrano (*rubricado*)

En XXX de setienbre de XVII años, que lo dé so pena de D (*maravedís*)

//fol. 39v (*blanca*)

//fol. 40r

(*Cruz*)

Muy poderosos señores

Luis Tristán, en nonbre de los olleros desta çibdad, de quien tengo poder, respondiendo a la petición presentada por Juan Ximénes, arrendador del barro, el thenor de la qual he avido aquí por repetido, digo que no se puede ni debe hazer lo que pide y demanda por lo que sigue: lo uno, porque no se pide a pedimiento de parte. Lo otro, porque mis partes no son obligados a esperar a la parte contraria que esté presente al abril (*sic*) de los hornos, que envíen ellos persona que esté allí quando se abriere sy quisyeren. Lo otro, porque ~~ser~~ podría ser que mandándose a mis partes que esperasen a la parte contraria para que viese abrir los dichos hornos, que se perdiese toda la obra que en ellos está, porque estar vn poco çerrada de lo que debe se pierde y quiebra toda. Lo otro, porque si mis partes oviesen de esperar petiçión contraria sería ocasión que rescatase e cohechase a mis partes por que le diese liçençia y no les detuviese el abril de los dichos hornos por que no se les quebrase la dicha obra. Lo otro, porque deve bastar a la parte contraria lo que está mandado que se tase, sin que pida que mis partes no abran sin pedir la liçençia, pues que no ay ley de quaderno que tal diga ni disponga. Lo otro, porque está dada sentençia en vista y en grado de revista y pedido lo que agora pide e sin enbargo dello, sentençie lo que esta sentençiado. Por ende, pido y suplico a vuestra alteza mande denegar a la parte contraria lo que pide, para lo qual su real ofiçio ynploro e las costas pido. El liçençiado de Baeça (*rubricado*)

En Granada, treinta días del mes de setienbre de IUDXVII años, la presentó Luis Tristán, procurador, fuera de abdiençia, con protestaçión de la representar en abdiençia pública.

//fol. 40v

En Granada, a primero de otubre de IVDXVII años, los señores presidente e oydores, estando viendo pleitos por relaçión, mandaron que las personas que en este negoçio están nonbradas por las partes, e las que nonbraren para averiguaçión de lo sobre que es este pleito, juren en forma de derecho conforme al mandamiento e abto dado por los dichos señores.

E este dicho día, en ese año suso dicho, de pedimiento del dicho Juan Ximénes Valençiano, resçibí juramento en forma de derecho de Fernando de Toledo, vesino desta çibdad, so cargo del qual prometió haser e conplir bien e fielmente todo lo que por los dichos señores oydores es mandado por los abtos en este negoçio dados, e a la confesión e conclusión del dicho juramento dixo sí juro e amén, estando presentes por testigos Luis de Vargas e Juan Ginés de Estúniga, estantes en Granada.

En Granada, dose de otubre de IUDXVII años, juró en forma de derecho, segund que está el juramento de suso, Alonso Ruis, tinajero e prometió de haser este negoçio bien e fielmente.

Tasaçión LIII

       LIII

       XXX

     [ilegible]

       XXX

//fol. 41r

(*Cruz*)

Muy poderosos señores

Françisco de Baeça, recabdador del partido de la hagüela en que entra la renta del barro, digo que los años pasados en esta vuestra real abdiençia se trató çierto pleito con los maestros de dicho barro, por algunos de los oydores de vuestra alteza, fue pronunçiado çierto abto en la dicha cabsa y pleyto, y porque yo hagora tengo neçeçidad de dicho abto para la cobrança de la dicha renta deste año, suplico a vuestra alteza mande a Fernand Pérez Gallego, que fue el escribano de la cabsa me dé un treslado del abto en manera que faga fee, e yo estoy presto de le pagar su jus[tiçia] e dando salario, para lo qual su real ofiçio ynploro. [ilegible] (*rubricado*)

En X de henero de IUDXXII años que le den un traslado en manera que haga fee.

//fol. 41v

(*blanca*)

//fol. 42r

Granada

VI título

~~de los olleros~~

Entre los olleros desta çibdad de Granada de la una parte contra el arrendador del barro desta dicha çibdad de la otra

Sobre la alcauala del barro

No tiene título

Escribano Fernand Pérez Gallego

Relator el liçençiado Vázques

Feneçido

//fol. 42v

(*blanca*)

//fol. 43r

Los olleros

(*Cruz*)

En la muy noble, nonbrada e gran çibdad de Granada, veynte e tres días del mes de henero, año del nasçimiento de nuestro saluador Jhesuchristo de mill e quinientos e diez e syete años. Ante el señor bachiller Juan Couo teniente de corregidor desta dicha çibdad por el muy magnífico señor don Antonio de la Cueva, señor de la villa de la Adrada, corregidor desta dicha çibdad e su tierra, por la reyna e rey nuestros señores. En presençia de mí, el escrivano público yuso escripto, paresçió presente Juan Ximénez Valençiano, vesino desta dicha çibdad, arrendador de la renta del varro e vidrio e alcohol de vedriado e tinajeros, con todo lo que en ello entra, desta dicha çibdad deste presente año de quinientos e diez e siete años, e presentó una carta de fieldad firmada de çiertos nonbres e de Juan Moreno, es-criuano, e dos testimonios signados de escriuanos de çiertos requerimientos e respuestas, e un traslado de una condiçión segund que por todo ello paresçía su tenor de lo qual, uno en pos de otro es esto que se sigue:

Yo, Ruy López de Toledo, tesorero de las rentas de la reina doña Juana e del rey don Carlos, su hijo, nuestros señores desta noble, nonbrada e grand çibdad de Granada, hago saber a todas e qualesquier personas a quien lo de yuso contenido toca e atañe e atañer puede en qualquier manera, que por defeto de no se aver traýdo ni presentado hasta agora recudimientos desenbargados ni cartas de fieldades de las dichas rentas, yo las hize poner e puse en pública almoneda para las arrendar por menor e poner cobro e //fol. 43v recabdo en ellas para este presente año de quinientos e diez e siete años, ante el escriuano de rentas de yuso escripto, conforme a las leyes del quaderno de alcaualas de sus altesas que sobre este caso disponen. E andando en la dicha almoneda, el mayor ponedor que se halló para la renta del barro e vidrio e alcohol e vedriado e tinajeros con todas las otras cosas que entran en la dicha renta segund e de la forma e manera que se an dado en renta los años passados fue Juan Ximenez Valençiano, vesino desta çibdad, que la puso en çierto presçio de maravedís e con çiertas condiçiones segund más largamente se contiene en la postura que de la dicha renta se hizo por ante dicho escriuano de rentas. E me pidió que entre tanto que la dicha renta se remataua en él, de todo e postrimero remate, le mandase dar e diese mi carta de fieldad para resçibir e cobrar los maravedís della, e la arrendar e ygualar por menor e poner cobro e recavdo en ella. E porque al presente yo estoy contento de fianças e por lo que está puesta la dicha renta, el dicho Juan Ximénez Valençiano, mercader, hizo çierto recavdo e obligaçión, yo mandé dar e di la presente. Por la qual, de parte de sus altezas vos requiero e de la mýa ruego que ayades e tengades al dicho Juan Ximénez Valençiano por arrendador menor e ponedor de mayor contía de la dicha renta del varro e vidrio e alcohol e tinajeros este presente año de quinientos e diez e siete, e le dexedes e consintades a él o a quien su poder oviese fazer por menor la dicha renta de suso declarada para este dicho presente //fol. 44r año entre tanto que se remata de todo e postrimero remate, o veáys otra carta e provisión en contrario, e hazer ygualas e conveniençias con qualesquier personas e pedir e demandar los maravedís della así en juisio como fuera dél, con las condiçiones del dicho quaderno de alcavalas de sus altezas e con las costituçiones e otras condiçiones en que se mandaron arrendar las dichas rentas e que recudades e fagades recudir al dicho Juan Ximénez Valençiano e a quien su poder oviere con todos los maravedís e otras cosas que la dicha renta de suso declarada montaren e rendieren e valieren este dicho presente año de quinientos e diez e siete, dende primero día del mes de henero dél en adelante hasta tanto que veáis otra carta o provisión en contrario, segund dicho es. E de la qual dieredes e pagaredes e hazieredes dar e pagar tomando sus cartas de pago e de quien el dicho su poder oviere con que vos sean resçibidos en qüenta e a otra persona alguna non acudades ni fagades acudir con maravedís ni otra cosa alguna de la dicha renta, si no ser çiertos que quanto de otra guisa dieredes e pagaredes, lo avréis perdido e tornaréis a pagar otra vez. De lo qual doy la presente, firmada de mi nonbre e del dicho escriuano de rentas de yuso escripto.

(*En el margen*): Fecho.
Que es fecha en Granada, a primero día del mes de henero de mill e quinientos e dies e siete años, la qual dicha fieldad se entienda que vala por término de quarenta días no más. El tesorero Ruy López, Françisco de Baeça, Juan Moreno, escrivano de rentas.

//fol. 44v

En la nonbrada e grand çibdad de Granada, ocho días del mes de henero año del nasçimiento de nuestro saluador Jhesuchristo de mill e quinientos e diez e siete años, en presençia de mí, Françisco de Xeres, escrivano de sus altesas, e de los testigos de yuso escriptos paresçió Juan Ximénez Valençiano, arrendador que se dixo de la renta del varro desta dicha çibdad este presente año, e pidió e requirió a Gonçalo Algorry, ollero, presente, que le registre e qüente toda la lavor que tiene cozida de barro conforme a la ley del quaderno çiento e treze, e so las penas en ella contenidas. E pidiólo por testimonio, a lo qual fueron presentes por testigos Diego de Sevilla e Françisco de Ribera, e asymismo le requirió que de oy en adelante el dicho Gonçalo Algorry no desforne ni saque obra ninguna de los fornos que cozieren en este año sin su liçençia, asý como su altesa lo manda so la dicha pena. Testigos los susodichos.

(*En el margen*): Otro. Registro. E luego yncontinente el dicho Gonçalo Elgorry respondiendo al dicho requerimiento dixo que él no tiene obra de barro ninguna al presente que registrar, e que en lo demás del abrir de los hornos que es presto de lo conplir así como lo pide el dicho Juan Ximénez, lo qual respondió por su propia lengua en aljamía. Testigos los susodichos.

(*En el margen*): Otro. Este dicho día, mes e año susodichos, el dicho Juan Ximénez hizo otro tal requerimiento como el susodicho a Juan Alcarrá, ollero, presente, el qual dixo que hasta agora nunca se a usado en esta çibdad //fol. 45r contiar ninguna obra de varro cozido, e que agora no se puede hazer lo que pide el dicho Juan Ximénez, que vengan maestros e lo vean e tasen todo lo que tiene en su ollería. A lo qual fueron presentes por testigos Diego de Seuilla, Gonçalo Algori ollero, vesinos de Granada.

(*En el margen*): A otro. Este dicho día, mes e año susodichos, el dicho Juan Ximénez hizo otro tal requerimiento como el primero a Alonso Delubdary, ollero, presente, el qual dixo que no tiene obra ninguna que registrar, sino un forno que tiene cozido que agora le registran al dicho Juan Ximénez. Testigos los susodichos.

(*En el margen*): A otro. Este dicho día, mes e año susodichos, el dicho Juan Ximénez hizo otro tal requerimiento como el primero a Fernando Alcarrán, ollero presente, el qual dixo que está presto de registrar. Testigos que fueron presentes, el dicho Diego de Seuilla e Bartolomé El Begeri, vesinos de Granada.

(*En el margen*): Registro. E luego, el dicho Fernando Alcarrán registró lo siguiente: diez carriles de jarros e candiles e escudillas grandes.
Más registró el susodicho quarenta e dos cántaros chicos, el qual dixo que al presente no tiene otra cosa que registrar. Testigos los susodichos.
Este dicho día, mes e año susodichos, el dicho Juan Ximénez hizo otro tal requerimiento como el primero a Gonçalo el Lorquí, ollero, presente, el qual dixo que estava presto de registrar. Testigos Diego de Seuilla e Fernando Alcarrán, vesinos de Granada.

//fol. 45v

Este dicho día, mes e año susodichos, el dicho Juan Ximénez hizo otro tal requerimiento como el primero a Alonso Çeli, ollero, presente, el qual dixo que estava presto de registrar, e que él sacó un forno que tiene registrado al dicho Juan Ximénez que agora de nuevo lo registra. Testigos que fueron presentes, los susodichos.

Este dicho día, mes e año susodichos, el dicho Juan Ximénez hizo otro tal requerimiento como el primero a Martín de Valençia, ollero, presente, el qual dixo que no tiene qué registrar. Testigos que fueron presentes, los susodichos.

Este dicho día, mes e año susodichos, el dicho Juan Ximénez hizo otro tal requerimiento como el primero a Juan de Valençia, ollero, presente, el qual dixo que no tiene obra ninguna para registrar, e que él está presto de sin su liçençia no abrir el forno ninguno. Testigos el dicho Diego de Seuilla e Fernando el Ubedí.

Este dicho día, mes e año susodichos, el dicho Juan Ximénez hizo otro tal requerimiento como el primero a Fernando el Ubedí, ollero, presente, el qual dixo que respondía lo mismo que respondió el dicho Juan el Valençí. Testigos el dicho Diego de Seuilla e Fernando Alcarrán, vesinos de Granada.

Este dicho día, mes e año susodichos, el dicho Juan Ximénez hizo otro tal requerimiento como el primero a Françisco de Málaga, ollero, presente, el qual dixo que no tiene cosa ninguna que registrar. Testigos que fueron presentes el dicho Diego de Seuilla e Juan el Minjo, vesinos de Granada.

//fol. 46r

Este dicho día, mes e año susodichos, el dicho Juan Ximénez hizo otro tal requerimiento como el primero a Bartolomé el Haguarý, ollero, presente, el qual dixo que no tiene cosa ninguna que registrar. Testigos Diego de Seuilla e Diego de Oviedo, vesinos de Granada.

(*En el margen*): Ojo

Este dicho día, mes e año susodichos, el dicho Juan Ximénez hizo otro tal requerimiento como el primero a Françisco Soto, ollero, presente, el qual dixo que no se usa contiar ni registrar, mas que los maestros que saben dello lo tasen e moderen, e que de otra manera irá a la justiçia para que lo mande moderar para que lo pueda vender, e que de otra manera no lo quiere registrar. Testigos que fueron presentes los dichos Diego de Seuilla e Diego de Oviedo, vesinos de Granada.

Este dicho día, mes e año susodichos, el dicho Juan Ximénez hizo otro tal requerimiento como el primero a García Çodi, <ollero>, presente, a lo qual fueron presentes por testigos Andrés Alafya e Christoual Rubisquí, olleros, vesinos de Granada.

Este dicho día, mes e año susodichos, el dicho Juan Ximénez hizo otro tal requerimiento como el primero a Juan Xelbý, ollero, presente, el qual dixo que no tiene al presente qué registrar. Testigos Gonçalo de Chillón e Andrés Alafya, vesinos de Granada.

Este dicho día, mes e año susodichos, el dicho Juan Ximénez hizo otro tal requerimiento como el primero a Andrés Alafya, ollero, presente,[4] //fol. 46v el qual dixo que lo que tiene haze muestra luego, que es lo siguiente. Testigos Gonçalo de Chillón e Diego Álvarez, vesinos de Granada.

Primeramente registró el dicho Andrés Alafya seys tariqs de ollas e caçuelas cozidas.

Yten, registró dos carryles de obra verde, dello bueno e dello mavbe.

---

[4] *Al pie*: Va entre renglones o diz ollero.

Yten, registró medio tariq de almaude, yten dos tariqs de cántaros.

Yten, tres tariqs de toda lavor de dun e más quarenta alnafes chicos.

Yten, un tariq de ollas e caçuelas bueno e malo.

Yten, en otro palaçio medio taryq de toda obra bueno. E que no tiene más de otros çinquenta alnafes quebrados. Testigos que fueron presentes Françisco de Ribera e Juan el Valençí, olleros, vesinos de Granada.

Este dicho día, mes e año susodichos, el dicho Juan Ximénez hizo otro tal requerimiento como el primero a Juan Yayx, ollero, presente, el qual dixo que al presente no tiene cosa ninguna que registrar. Testigos Andrés Alafya e Juan el Valençí, olleros, vesinos de Granada.

Este dicho día, mes e año susodichos, el dicho Juan Ximénez hizo otro tal requerimiento como el primero a Françisco Yayx, ollero, presente, el qual dixo que no tiene qué registrar, sino unas ollas quebradas. Testigos Andrés Alafya e Juan Axaqbí, olleros, vesinos de Granada[5].

//fol. 47r

Este dicho día, mes e año susodichos, el dicho Juan Ximénez hizo otro tal requerimiento como el primero a Fernando el Maxgol, ollero, presente, el qual dixo que está presto de registrar. Testigos Juan el Gazi e Lorenço el Maxgol, sus hijos.

E luego yncontinente el dicho Fernando el Maxgol registró tres cargas de obra de barro cozido de ollas e caçuelas, dello sano e dello quebrado.

Yten, registró treynta e ocho tinajuelas e orças, que no tiene al presente más, sino obra cruda. Testigos los susodichos.

Este dicho día, mes e año susodichos, el dicho Juan Ximénez hizo otro tal requerimiento como el primero a Françisco el Guadixí, ollero, el qual dixo que está presto de registrar. Testigos Françisco de Ribera e Juan Alcarrán, olleros, vesinos de Granada.

E después de lo susodicho, en la dicha çibdad de Granada, nueve días del dicho mes de henero, año susodicho, en presençia de mí, el dicho Françisco de Xeres, escrivano susodicho, el dicho Juan Ximénez, arrendador susodicho, requirió e hizo otro tal requerimiento como el primero a Françisco Çoad, ollero, presente, el qual dixo que está presto de registrar. Testigos que fueron presentes, Françisco de Ribera e García Çoad, olleros, vesinos de Granada.

E luego el susodicho registró tres arrobas de alcohol poco más o menos.

Yten registró seys carriles de jarros //fol. 47v e candiles.

Yten un carril de servidores chicos verdes.

Yten registró quatro carriles de platos y escudillas verdes, e que no tiene más que registrar.

Este dicho día, mes e año susodichos, el dicho Juan Ximénez hizo otro tal requerimiento como el primero a Alonso el Laconí, ollero, presente, el qual dixo que no tiene cosa ninguna que registrar sino un forno que está coziendo. Testigos que fueron presentes Gonçalo Lorquí e Lope Canayní, vesinos de Granada.

E todos los quales dichos requerimientos en la manera que dicha es, yo el dicho Françisco de Xerés presente fui en uno con los dichos testigos. E de pedimiento del dicho Juan Ximénez di ende este testimonio segund que ante mí passó e lo escreví, e por ende fize aquí este mi signo (*signo*) a tal en testimonio de verdad. Françisco de Xerés, escrivano e notario público.

En la çibdad de Granada, diez e nueve días del mes de henero año del nasçimiento de nuestro saluador Jhesuchristo de mill e quinientos e diez e siete años, en presençia de mí, Françisco Gutierres, escrivano de sus altesas e de los testigos de yuso escriptos paresçió Juan Ximenes,

---

[5] *Al pie*: Va entre renglones o diz dos, vala.

fiel que se dixo ser de la renta del varro desta çibdad de Granada este presente año de quinientos e diez e siete.

(*En el margen*): Requerimiento a uno que registre.

E dixo que pedía e requería, e pidió e requirió, a Sevastián de Málaga, ollero, vesino desta çibdad en la collaçión de san Grigorio, que presente estava, que conforme a la ley del quaderno çiento //fol. 48r e treze de alcavalas de sus altesas, e dentro del término en ella contenido, le registre toda e qualquier obra que tenga en su tienda e fuera della de que deve pagar alcavala a la dicha renta e de lo a ella tocante, con protestaçión que hizo que si no lo hiçiese hará lo que deve e es obligado. Donde non, que cobrará de su persona e bienes veynte mill maravedís, en que estima que piensa que le podía dar de alcavala, con las penas e achaques que por la ley le puede pedir e demandar e segund que en ella se contiene. E de como lo dixo e requirió pidió testimonio a mí, el dicho escrivano e a los presentes rogó que dello le fuesen testigos, e fueron presentes a todo lo que dicho es Françisco de Ribera e Bartolmé el Haguary e Gyrónimo Gutierres, vesinos de Granada.

Otrosý dixo que pide e requiere, so la dicha protestaçión, al dicho Sevastián de Málaga que luego dé quenta por libro de lo que en qualquier manera a vendido o vendiere de lo tocante a la dicha renta, dende el día de año nuevo que agora pasó deste presente año al término presente.

(*En el margen*): Ojo

Este dicho Sevastián de Málaga dixo que él quiere aver su acuerdo para responder, e pide traslado de todo lo susodicho. Testigos los dichos.

E luego yncontinente, el dicho Juan Ximénez, fiel susodicho, dixo que fasía e hizo otro tal requerimiento como el dicho de suso contenido a Pedro de León, ollero, con protestaçión de cobrar de su persona e bienes que si no lo hiçiese diez mill maravedís en que estima el valor de la obra //fol. 48v que le puede dar de alcauala con los otros yntereses, penas e achaques que por la dicha ley del quaderno çiento e treze de alcavalas le puede pedir e demandar e asimismo le dé quenta por libro de lo que a vendido e vendiere este presente año. E fueron testigos presentes los dichos Françisco de Ribera e Gerónimo Gutierres.

E después de lo susodicho, en diez e nueve días del mes de henero de mill e quinientos e diez e siete años, en presençia de mí, el dicho escrivano e testigos de yuso escriptos, el dicho Juan Ximénez hizo otro tal requerimiento como el de suso a Françisco el Guadixý, christiano nuevo, e vesino en la collaçión de sant Niculás desta çibdad, lo qual se le ynterpretó e declaró por lengua de Antonio de Aguilar, yntérprete público. E por la misma lengua le hizo protestaçión que sy conforme a la dicha ley del quaderno no le registrare toda la obra de lo tocante a la dicha renta que al presente paresçe que tiene en una tienda que es en las Herrerýas, fuera de la puerta Bib Rambla, la qual yo el dicho escrivano vide que cobrara de su persona e bienes diez mill maravedís, en lo que estima e las otras penas e achaques que por la dicha ley le puede pedir e demandar e pidiólo por testimonio. El dicho Françisco el Guadixí dixo e respondió por la dicha lengua que cada e quando que los otros tenderos e olleros registraren él está presto de registrar.

//fol. 49r

Fuele preguntado por parte de Juan Ximénez al dicho Françisco el Guadixí si este presente año de su arrendamiento a vendido alguna cosa de lo tocante a su renta, e dixo que no cosa alguna, ni blanca ni conprado. De todo pidió testimonio el dicho Juan Ximénez. E fueron testigos presentes Françisco de Ayala e Antón Abiz e el dicho Antonio de Aguilar, yntérpetre (*sic*).

(*En el margen*): Otro requerimiento
E luego este dicho día, estando en la plaçuela de Bib Rambla, el dicho Juan Ximénez hizo otro tal requerimiento como el de suso a Gonçalo de Cárdenas, tendero, e le fue declarado el término de la ley del quaderno, so la dicha protestaçión, el qual dixo que está malo e que por esto no puede registrar. Testigos Fernán Garçía e Girónimo Gutierres, vesinos de Granada.
E después de lo susodicho en veinte e un días de henero e año dicho, en presençia de mí el dicho escrivano, el dicho Juan Ximénez hizo otro tal requerimiento como los de suso a Françisco de Peñafiel, ollero, estando en la plaça de Bib Rambla e abierta su tienda, el qual dio en respuesta que luego e cada e quando quisiere, está presto de registrar e que venga luego a ello, e pidiólo por testimonio. Testigos Lucas Serrano e Luis Fernández e Gonçalo de Cárdenas, vesinos de Granada. E yo, Françisco Gutierres, escrivano de sus altesas e su notario público en la su corte e en todos los //fol. 49v sus reinos e señoríos presente fuy a los dichos requerimientos e por ende lo escreví e fize aquí este mío signo a tal en testimonio de verdad. Françisco Gutierres.
En la çibdad de Granada, doze días del mes de henero de mill e quinientos e diez e siete años, yo Gonçalo Quixada, escrivano público de Granada saqué de çiertos pliegos de con-diçiones prac[ti]cados, firmados de Martín Sanches, escrivano mayor de rentas, segund por la firma paresçía, una condiçión que estava en los dichos pliegos, entre otras condiçiones su tenor de la qual dicha condiçión segund por de ella paresçía es esta que se sigue:
Para la hagüela

(*En el margen*): La condiçión de la renta
Con condiçión que todas las personas que hisieren tinajas o tinajones o otras cosas de ollería e vedriado para vender no abran los hornos de las dichas cosas sin que sea requerido el arrendador para que esté presente si quisiere al deshornar, o quien su poder oviere, con tanto que el tal arrendador vea los hornos que estuvieren en la dicha çibdad de Granada una vez cada día, e los que estuvieren fuera de la dicha çibdad, de terçero en terçero día. E que cada e quando que el dueño e señor de la dicha obra requiera al dicho arrendador, o al que su poder oviere, que vayan ver abrir el dicho horno que sea obligado a yr luego con él a lo ver[6] //fol. 50r abrir si quisiere, e si no fuere, que el señor de la dicha obra pueda hazer abrir el dicho horno, e en tal caso sea creído por juramento.
Testigos que fueron presentes a lo corregir e conçertar deste dicho traslado con la dicha condiçión orygynal que estava en los dichos plyegos Garçía de Barrionuevo, criado de Juan Álvarez Çapata e Françisco de Baeça, vesinos de Granada.

(*En el margen*): Pidió el nonbrar mandamiento de enbargos
E así presentadas las dichas escripturas en la manera que dicho es, el dicho Juan Ximénez pidió al dicho señor alcalde mayor que por quanto él ovo requerido a las personas contenidas en los dichos testimonios que le registrasen toda la lavor de barro que tenían cozida e fecha conforme a la ley del quaderno çiento e treze, e algunas de las personas no quisieron registrar poniendo escusas yndevidas, segund por los dichos testimonios paresçe, pidió al dicho señor alcalde mayor le mande dar su mandamiento para que las dichas personas que no quisieron registrar, segund por los dichos testimonios paresçe, les sea enbargada toda la obra de barro que les hallaren e se pongan en depósito hasta tanto que por el dicho señor alcalde mayor sea visto e haga sobre ello lo que sea justiçia, a lo qual fueron testigos Juan de Alcoçer e Juan de Córdoba, escrivanos.

---

[6] *Al pie:* va enmendado o diz firmados.

E luego por el dicho señor alcalde mayor visto el dicho pedimiento e escripturas dixo que mandava e mandó dar su mandamiento para hazer//fol. 50v enbargo su tenor del qual es este que se sigue:

(*En el margen*): Mandamiento para enbargar con condiçión

Alguasil mayor de Granada o vuestro lugarteniente, sabed que ante mí paresçió Juan Ximénez Valençiano, arrendador de la renta del barro desta dicha çibdad este presente año de quinientos e diez e siete años e presentó ante mí çiertos requerimientos firmados e signados de escrivanos, por los quales paresçe que él requirió a las personas de yuso contenidas que le registrasen toda la lavor que tenían cozida de barro conforme a la ley del quaderno çiento e treze, e con çiertas protestaçiones que protestó. E paresçe que las dichas personas no quisieron registrar, e otros dixeron que no tenían que registrar, segund todo por los dichos testimonios paresçe, e así presentados me pidió le mandase dar e diese mi mandamiento para que toda la obra de barro cozido que fuese hallado se lo secrestasen e pusiesen en depósito hasta tanto que sobre ello estuviesen con su derecho ante mí. E por mí visto el dicho su pedimiento e los dichos requerimientos le mandé dar e di este mi mandamiento para vos en la dicha razón. Por el qual vos mando que vayáis a las casas e tiendas de las personas de yuso contenidas e les secrestéis e pongáis en depósito toda la obra de barro cozido que les halláredes para que esté en el dicho depósito hasta tanto que sobre ellos estén a derecho ante mí, e por mí sea fecho lo que sea justiçia e las //fol. 51r personas son las siguientes:

Gonçalo el Gorý, ollero
Juan Alcarrá, ollero
Juan el Valençí, ollero
Fernando el Ubedí,
Françisco de Málaga
Bartolomé el Haguary
Françisco Soto
Garçía Çoad, ollero
Juan Xelbý, ollero
Juan Yayx
Françisco Yayx
Alonso Alaconí
Sebastián de Málaga
Pedro de León, ollero
Françisco el Guadixí
Gonçalo de Cárdenas, tendero.

E si las dichas personas se sintieren por agraviadas deste mi mandamiento parescan ante mí, que yo les oiré e guardaré su justiçia. Fecho en Granada a veinte e tres días del mes de henero de mill e quinientos e diez e siete años. El bachiller Covo e Gonçalo Quixada, escrivano público.

E después de lo susodicho, en la dicha çibdad de Granada, veinte e siete días del mes de henero de mill e quinientos e diez e siete años //fol. 51v Pero Garçía de Navarrete, alguasil, cunpliendo este mandamiento pidió a Sevastián de Málaga que le dé un depositario en quien ponga a depósito la obra de varro que tiene en su tienda, el qual dixo que él lo trayrá, e entretanto çerró su tienda el dicho Sevastián de Málaga e dio la llave a mí, el dicho escrivano yusoescripto. Testigos Pedro de Toledo, procurador, e Juan de Villasana, escriviente.

E después de lo susodicho, en la dicha çibdad de Granada, el dicho día, paresçió ante mí el dicho escrivano Antón de Çevallos, procurador, en nonbre del dicho Sevastián de Málaga e de los otros olleros de quien tiene poder e presentó dos cartas de poderes, su tenor de las quales es este que se sigue:

(*En el margen*): Poder de los olleros

Sepan quantos esta carta de poder vieren como nos, Françisco Soto, e Fernando Morales, e Juan Alcarrán, e Juan el Valençí, e Juan Açalil, e Alonso Tarbenaxí, e Martín Alhaguar, e Juan de Andújar, e Diego Al Aquil, e Juan Homeyra, e Gonçalo Lorquí, e Martín Adubary, e Juan Xelbí, e Juan Zaguar, todos olleros, vesinos desta çibdad de Granada, otorgamos e conoçemos que damos e otorgamos todo nuestro poder conplido, libre e llenero bastante segund que lo nos avemos e tenemos, e segund que mejor e más conplidamente lo podemos e devemos dar e otorgar de derecho a vos, Antón de Çevallos, procurador de causas e negoçios movidos e por mover que nosotros avemos e esperamos aver e tener e mover contra todas e qualesquier personas de qualquier ley, estado o condiçión que sean, e las tales dichas personas o //fol. 52r qualesquier dellas, an o tienen, o esperan aver e tener e mover contra nos en qualquier manera. E para que así en demandando como en defendiendo podades paresçer e parezcades ante todos e qualesquier alcaldes e juezes e justiçias de la reyna nuestra señora, así desta dicha çibdad de Granada como de todas las otras çibdades e villas e lugares de los reynos e señoríos de su altesa, así eclesiásticos como seglares, ante los quales e ante qualquier dellos podades poner todas las demandas e hazer todos los pedimientos e requerimientos, çitaçiones e enplaçamientos e protestaçiones e dar e presentar testigos e provanças, escripturas e toda otra manera de prueva, e ver presentar los testigos e provanças que contra nos fueren traýdos e presentados, e aquellos tachar e contradezir, así en dichos como en personas, e pedir publicaçión, e hazer en nuestras ánimas qualquier juramento o juramentos, así de calunnia como deçisorio e de verdad desir, e aquellos pedir sean fechos por las otras partes, e concluir e çerrar rasones, e pedir e oír autos o sentençias así ynterlocutorias como difinitibas, e consentir en las que por nos se dieren, e apelar de las que contra nos fueren dadas e pronunçiadas, e seguir la tal apelaçión, vista e suplicaçión allí e donde con derecho devades. E para que podades hazer e fagades todos los otros abtos e diligençias, así judiçiales como estrajudiçiales que a lo susodicho convengan e menester sean de se hazer, e que nos mismos haríamos e fazer podríamos, presentes seyendo, e que sean tales e de tal //fol. 52v calidad que en sí según derecho se requiera, e deva aver otro mi más espeçial poder e mandado e presençia personal, e para que en vuestro lugar e en nuestro nonbre podades sostituyr e sostituyades un procurador o dos o más los que quisiéredes e por bien toviéredes en gelos revocar cada que a vos bien visto sea. E quan conplido e bastante poder como nos avemos e tenemos para todo lo que dicho es, e para cada una cosa e parte dello otro tal e tan conplido e ese mismo lo deis, e otorgado e çedido e traspasado en vos, e a vos el dicho nuestro procurador e en los por vos sustitutos con todas sus ynçidençias e dependençias, emergençias, anexidades e conexidades e si neçesario es relevaçión vos relevamos a vos e a ellos de toda carga de satisdaçión, fiança e caución, so la cláusula del derecho que es dicha en latín *judiçium systi judicatum solui*, con todas sus cláusulas acostunbradas e para lo aver por firme todo lo que en el dicho nuestro nonbre hisiéredes, obligamos nuestras personas e bienes muebles e rayzes, avidos e por aver, en fee e testimonio de lo qual otorgamos esta carta ante el escrivano público e testigos de yuso escriptos. Que es fecha e otorgada en la dicha çibdad de Granada, a treze días del mes de henero año del nasçimiento de nuestro saluador Jhesuchristo de mill e quinientos e diez e siete años. Testigos que fueron presentes a todo lo susodicho: Fernando de Talavera, que fue lengua e yntérprete desta carta e firmó en el registro a ruego de los susodichos porque dixeron que no sabían escrevir, e Pedro de Baena e Juan de Villasana escriviente, vesinos desta çibdad de Granada, Fernando de Talavera. E yo //fol. 53r Gonçalo Quixada, escrivano de la reyna e rey, su hijo, nuestros señores e escrivano público del número desta dicha çibdad de Granada e su tierra, presente fuy al otorgamiento desta carta en uno con los dichos testigos, presente fuy, e por ende en testimonio de verdad fize aquí este mío signo a tal. Gonçalo Quixada, escrivano público.

Sepan quantos esta carta de poder vieren como nos, Andrés Alafia, e Pedro el Berguí, e Françisco Alazmeq, e Sevastián de Málaga, e Pedro de León, e Juan Muçafa, e Miguel Aydí, todos olleros <tenderos>, vesinos desta çibdad de Granada, otorgamos e conosçemos que damos e otorgamos todo nuestro poder conplido, libre e llenero, bastante, segund que lo nos habemos e tenemos, e segund que mejor e más conplidamente lo podemos e devemos dar e otorgar, e para mejor e más valer de derecho a vos, Antón de Çevallos, procurador de causas, vesino de esta çibdad, que soys presente, generalmente para en todos nuestros pleitos e causas e negoçios movidos e por mover, que nosotros avemos e tenemos e esperamos aver contra todas las qualesquier personas de qualquier ley, estado o condiçión que sean e tales dichas personas e qualesquier dellas an e tienen e esperan aver e tener e mover contra mí en qualquier manera. E para que así, en demandando como en defendiendo, podades paresçer e parezcades ante todos los qualesquier alcaldes e juezes e justiçias de la reyna nuestra señora, así desta çibdad de Granada como de todas las çibdades e villas e lugares de los reynos e señoríos de su alteza, así eclesiásticos como seglares, ante los quales[7] //fol. 53v e ante qualquier dellos, podades poner todas las demandas e hazer todos los pedimientos e requerimientos, çitaçiones e emplasamientos e protestaçiones, e dar e presentar testigos e provanças e escripturas e toda otra manera de prueva, e ver presentar, jurar e conosçer los testigos e provanças e escripturas que contra nos fueren presentadas, e aquellos tachar e contradesir, así en dichos como en personas, e pedir publicaçión e hazer en nuestras ánimas qualesquier juramento o juramentos, así de calunia como deçisorio e de verdad desir, e aquellos pedir sean fechos por las otras partes, e concluir e çerrar rasones e pedir e oír sentençia o sentençias, así ynterlocutorias como definitibas, e consentir en las que por nos se dieren e apelar e suplicar de las que contra nos se dieren e pronunçiaren, e seguir la tal apelaçión, vista e suplicaçión allí e donde con derecho devades. E para que podades hazer e fagades todos los otros abtos e diligençias así judiçiales como estrajudiçiales que a lo susodicho convengan e menester sean de se hazer, e que nos mismos haríamos e hazer podríamos, presentes seyendo, con que sean tales e de tal calidad que en sí, segund derecho requieran e devan aver otro nuestro más espeçial poder e presençia personal. E para que podades en vuestro lugar e en nuestros nonbres podades sostituyr e sostituyades un procurador o dos o más, los que vos quisiéredes e por bien tuviéredes, e aquellos revocar cada que a vos bien visto sea e quan conplido e bastante poder como nos avemos e //fol. 54r tenemos para todo lo que dicho es, e para cada una cosa e parte dello otro tal e tan conplido. E ese mismo lo damos e otorgamos, çedemos e traspasamos en vos e a vos, el dicho nuestro procurador, e en los por vos sostitutos, con todas sus ynçidençias e dependençias, anexidades e conexidades, e si neçesario es

---

[7] *Al pie*: Va escripto entre renglones o diz tenderos.

relevaçión, vos relevamos a vos e a ellos de toda carga de satisdaçión, fiança e cauçión, so la cláusula del derecho que es dicha en latín *judiçium systi judicatum solvi*, con todas sus cláusulas acostunbradas e para aver por firme todo lo que en el dicho nuestro nonbre hisiéredes, obligamos nuestras personas e bienes muebles e raízes, avidos e por aver, en fee e testimonio de lo qual otorgamos esta nuestra carta ante el escrivano público e testigos de yuso escriptos. Que es fecha e otorgada en la dicha çibdad de Granada, veinte e siete días del mes de henero, año del nasçimiento de nuestro saluador Jhesuchristo de mill e quinientos e diez e siete años. Testigos que fueron presente a todo lo susodicho, Fernando de la Coruña, que fue lengua e yntérprete desta carta e firmó en el registro a ruego de los susodichos porque dixeron que no sabían escrevir, e Fernando Ordoñes, procurador e Juan de Villasana, escriviente, vesinos desta çibdad de Granada, e Fernando de la Coruña, por testigo. E yo Gonçalo Quixada, escrivano de la reyna e rey, nuestros señores, e escribano público del número desta dicha çibdad de Granada e su tierra, presente fuy en uno con los dichos testigos al o- //fol. 54v torgamiento desta carta, e por ende fize aquí este mi signo <a tal> en testimonio de verdad. Gonçalo Quixada, escrivano público.

(*En el margen*): Apelaçión
E así presentados los dichos poderes por el dicho Antón de Çevallos en el dicho nonbre, dixo que apela del mandamiento para ante quién e con derecho deva. Testigos Fernando de la Coruña e Juan de Villasana, escriviente, vesinos de Granada.

E después de lo susodicho en la dicha çibdad de Granada, veinte e siete días del mes de henero del dicho año, ante el dicho señor teniente paresçió el dicho Antón de Çevallos en el dicho nonbre e presentó una petiçión e al pie della çierto proveimiento de los señores oydores según por della paresçía, su tenor de la qual es este que se sigue:

Muy poderosos señores
Los olleros desta çibdad besamos las manos de vuestra alteza e dezimos que Françisco de Baeça, arrendador de la hagüela a pedido registremos el barro ante el liçençiado León, alcalde desta corte, el qual mandó que lo registrasemos. E apelamos de su mandamiento e si neçesario es, de nuevo apelamos, e oy abrimos nuestras tiendas para vender el dicho barro. E el dicho Françisco de Baeça sacó mandamiento del alcalde mayor para que çerrasemos las dichas tiendas hasta que registrásemos el dicho barro, del qual mandamiento apelamos ante vuestra alteza, e de fecho el dicho alcalde mayor lo mandó executar. Pedimos e suplicamos a vuestra alteza que, pues que esta no es mercaduría que se pueda registrar, ni la ley del quaderno manda que se registre, ni nunca se registró[8] //fol. 55r después que esta çibdad se ganó, e es cosa que cada ora e cada rato se quiebra e no avemos de tener el barro quebrado para dar qüenta dello, mande al dicho alcalde que libremente nos dexe vender el dicho barro sin hazer registro, e ponga la parte contraria persona que lo vea vender si quisiere, e mande traer los abtos que sobre esto an passado para lo qual su real ofiçio ynploró el liçençiado de Baeça.

(*En el margen*): Ojo. VIII días lo probeído por los oydores.
En veinte e siete de henero de quinientos e diez e siete años, que traigan el proçeso, e que por ocho días, sin enbargo de lo mandado por el alcalde León, vendan estos como suelen vender su barro.

E así presentada la dicha petiçión, en la manera que dicho es, el dicho Antón de Çevallos pidió al dicho señor alcalde mayor mande bolber al dicho Diego de Málaga, su parte, la llave

---

[8] *Al pie*: Escripto va entre renglones o diz a tal.

de la dicha su tienda que así le fue tomada, y el dicho señor alcalde mayor se la mandó bolber, la qual le fue buelta luego, a lo que fueron presentes por testigos Gonçalo de Soria e Juan de Villasana, vesinos de Granada.

E yo, Gonçalo Quixada, escrivano de la reyna e del rey, nuestros señores, e su escrivano público del número de la dicha çibdad de Granada e su tierra, a todo lo que dicho es en uno con el dicho señor teniente e testigos, presente fuy e lo fize escrevir en estas treze hojas de pliego de papel entero con esta carta que va mi signo que por ende fize aquí este mío signo a tal (*signo*) en testimonio de verdad. Gonçalo Quixada, escrivano público (*rubricado*) //fol. 55v

En tres de febrero de mill e quinientos e dies e siete años me entregó este proçeso Gonçalo de Quixada, escrivano público.

Pagó Sevastián de Málaga en nonbre de los olleros de las vistas y presentaçiones de tres proçesos y poderes çinco reales.

//fol. 56r

En la muy nonbrada e gran çibdad de Granada, treinta e un días del mes de henero año del nasçimiento de nuestro saluador Jhesuchristo de mill e quinientos e diez e siete años, ante mí, Hernando de Soria, escrivano de sus altezas e su escrivano público del número desta çibdad e su[9] tierra, pareçió Antón de Çavallos, procurador de cabsas en nonbre de çiertos olleros desta çibdad e presentó una petiçión con çierta provisión al pie della su tenor de la qual es este que se sigue:

Muy poderosos señores

Los olleros desta çibdad de Granada besan las manos de vuestra alteza, e dizen que estando ynterpuesta por su parte çierta apelaçión de una pesquisa que sin ser oídos mandaron hazer contra ellos el bachiller Cobo, alcalde mayor que fue en esta çibdad a pedimiento de Françisco de Baeça, arrendador que se dize de la renta del barro e Hernando de Soria, escrivano público, ante quien se haze e apelé, no me quiso dar el proçeso hasta tanto que me quexé en esta vuestra real abdiençia, e no enbargante que con pena le fue mandado por el vuestro muy reverendo presidente e oidores lo diese, no lo quiere dar, poniendo a ello yndevidas escusas. Piden e suplican a vuestra alteza manden executar la pena que le fue puesta e si otra mayor todavía le manden, lo dé, porque otra manera ellos resçibirán mucho más agravio de lo //fol. 56v que han resçebido, para lo qual su real ofiçio ynploran e piden cunplimiento de justiçia e costas.

En treynta y uno de henero de mill e quinientos e diez e siete años que, sin enbargo de la respuesta dada por el escrivano de oír este proçeso, como le está mandado, so pena de dos mill maravedís, e si no lo diere, que se dé luego mandamiento por la pena. Juan Vázquez.

Por virtud de lo qual yo, el dicho escrivano público, hize sacar un traslado del dicho proçeso que ante mí a pasado, que es de un pedimiento que presentó Françisco de Baeça ante el señor bachiller Juan Cobo, teniente de corregidor desta dicha çibdad, con çiertas preguntas en él encorporadas e çiertos testigos que por virtud dello se tomaron por mandado del dicho señor teniente, su tenor de lo qual uno en pos de otro es este que se sigue:

En la muy noble e nonbrada e gran çibdad de Granada, veinte e tres días del mes de henero año del nasçimiento de nuestro saluador Jhesuchristo de mill e quinientos e diez e siete años, ante el señor bachiller Juan Cobo, teniente de corregidor desta dicha çibdad por el manífico cavallero, el señor don Antonio de la Cueva, señor de la villa del Adrada, capitán de la reyna e rey, su hijo, nuestros señores e su corregidor desta dicha çibdad de Granada e su tierra,

---

9 *Al pie:* Va testado o diz a ti.

término e juredición, e en presençia de mí el escriuano público e testigos de yuso escritos, pareçió Françisco de Baeça, vesino //fol. 57r desta dicha çibdad e presentó un escrito de pedimiento con çiertas pregmáticas firmado del dotor de la Torre, su tenor de lo qual es este que se sigue:

Muy virtuoso señor bachiller Cobo, alcalde mayor en esta çibdad de Granada etc. Françisco de Baeça, fiel del partido de la hagüela desta dicha çibdad en que entra la renta del barro della, digo que Juan Alcarrá, e Martín el Haguarí, y Soto, e Sabastián el Malaquí, olleros, en gran fraude e deminuçión de la renta y derechos de sus altezas se an juntado, e con engaños e ynduçimientos han atraýdo a todos los otros maestros de hazer el dicho barro desta dicha çibdad y a los tenderos que lo venden, a los maestros que no lo hagan ni labren e que çierren las casas en que lo labran y a los tenderos que çierren las tiendas en que lo vendían por que no paguen el alcavala devida a sus altezas. Y ansí de fecho lo an fecho, que dende el primer día deste año tienen çerradas las casas donde labravan el dicho varro y no lo labran, y las tiendas donde se vende y no lo venden, y porque las partes contrarias en aver fecho esto han cometido graves delitos e han yncurrido en grandes penas criminales y çiviles por aver fecho liga e frabde contra las rentas de sus altezas y en daño y diminuçión dellas. Y la reparaçión desto, e la puniçión e castigo de las partes contrarias, la han de mandar hazer sus altezas por que a otros sea exemplo e porque en otra manera sus rentas se perderían e porque yo, como[10] //fol. 57v fiel de las dichas rentas, soy obligado e quiero hazello saber a sus altezas para que lo manden proveer e castigar a las partes contrarias. Por ende, en la mejor forma que puedo e de derecho aya logar, pido e requiero a vuestra merçed mande reçebir la presentaçión de los testigos que hiziere e examinalle sus dichos por las preguntas deste ynterrogatorio que presento, e lo que los dichos testigos depusieren me lo mande dar por testimonio en pública forma, en manera que haga fee, para que yo lo presente ante sus altezas, para lo qual ynploro <el> su ofiçio de vuestra merçed e pido cunplimiento de justiçia e las costas. De lo qual e de lo que vuestra merçed sobre ello hiziere e respondiere pido al presente escrivano en testimonio.

Yten, digo que porque la dicha ynformaçión haga entera fee e prejudique a las partes contrarias, pido e requiero a vuestra merçed mande que se notifique este pedimiento a las partes contrarias, e los enplaze para ver, jurar e conosçer los dichos testigos, para lo qual ynploro el ofiçio de vuestra merçed e pido cunplimiento de justiçia e las costas.

Por las preguntas siguientes han de ser preguntados los testigos que por parte de Françisco de Baeça, fiel del partido de la hagüela desta çibdad de Granada, son o fueren presentados sobre lo contenido en este pedimiento.

Lo primero, si conosçen al dicho Françisco de Baeça e si conoçen a los dichos[11] //fol. 58r Juan Alcarrá e Martín el Haguarí, Soto e Sabastián Malaquí.

(*En el margen*): II Yten, si saben, creen, vieron e oyeron dezir que la renta del barro entra en el partido de la hagüela de que el dicho Françisco de Baeça es fiel.

(*En el margen*): III Yten, si saben, etc. que los dichos Juan Alcarrá, e Martín el Haguarí, e Soto, e Sabastián Malaquí son olleros e maestros del dicho ofiçio, e que de muchos años usan el dicho ofiçio de olleros e biven dél e digan lo que çerca desto saben.

---

[10] *Al pie:* va testado do dezía por e do dezía poner.

[11] *Al pie:* va testado do dezía su e do dezia ra e entre renglones o diz el.

(*En el margen*): IIII Yten, si saben, etc. que demás de los dichos olleros contenidos en la pregunta antes desta ay otros muchos olleros e maestros del dicho barro, y que de mucho tienpo acá usan y exerçitan el dicho ofiçio e biven dél en esta dicha çibdad, e que los dichos maestros e ofiçiales son en mucho número e digan lo que çerca desto saben.

(*En el margen*): V Yten, si saben, etc. que en esta dicha çibdad ay mucho número de personas que tienen tiendas públicas en que venden las vasijas que del dicho barro se hazen, e que no tienen otro ofiçio ni viven de otra cosa si no de vender el dicho barro en esta manera, que lo conpran en grueso e por junto de los dichos maestros que lo hazen, e lo venden por menudo en las dichas tiendas.

//fol. 58v

(*En el margen*): VI Yten, si saben, etc. que los dichos Juan Alcarrá, e Soto, Malaquí, e Al Haguarí e otros olleros e tenderos, el primer día deste año de quinientos e diez e siete, e otros días antes después, se juntaron e con muchas personas y omes e fraudes atruxeron a todos los otros maestros de hazer e labrar el dicho barro, y a los tenderos que lo vendían, e se ligaron contra la renta de sus altezas en tal manera que todos los maestros de hazer e labrar el dicho barro no lo labrasen ni hiziesen, e que çerrasen las casas donde lo acostunbran labrar, e que los dichos tenderos no lo vendiesen e que çerrasen las tiendas donde lo vendían, e digan los testigos lo que çerca desto saben.

(*En el margen*): VII Yten, si saben, etc. que todos los maestros de hazer e labrar el dicho barro, e los dichos tenderos que lo venden en las dichas tiendas, ynduçidos e atraýdos por los dichos fraudes e liga, e por metimientos e obligaçiones que les tomaron los dichos Juan Alcarrá e sus consortes, desde primer día deste año tienen çerradas las casas donde acostunbran hazer e labrar el dicho barro, e no lo hazen ni labran ni quieren hazer ni labrar ni cozer el dicho barro, y los dichos tenderos tienen çerradas las dichas tiendas e no quieren abrillas ni vender ningunas vasijas de las que tienen del dicho barro, e digan lo que çerca desto saben.

(*En el margen*): VIII Yten, si saben, etc. que a cabsa que la dicha liga e fraude //fol. 59r que el dicho Juan Alcarrá e sus consortes han fecho con todos los otros ofiçiales e tenderos del dicho barro, la dicha renta del alcavala del barro se pierde toda, porque no se coge un solo maravedí della, ni ay de quien se coja, e digan lo que çerca desto saben.
Yten, si saben, etc. que de todo lo susodicho es pública voz e fama.
Yten, pido e requiero que vuestra merçed mande reçebir juramento de calunia o de verdad dezir, de los dichos Juan Alcarrá e sus consortes, so cargo del qual le mande que declaren la verdad de lo contenido en estas preguntas e para ello ynploro el ofiçio de vuestra merçed.
<El dotor de la Torre>.
E asý presentado el dicho escrito de pedimiento en la manera que dicho es, el dicho señor teniente mandó notificar el dicho pedimiento a los dichos Juan Alcarrá, e Martín al Haguarí, e Soto, e Sabastián el Malaquí, e a cada uno dellos, e que vengan a estar presentes al ver, presentar, jurar e conosçer los testigos que por parte del dicho Françisco de Baeça fueren presentados con aperçebimiento que en su absençia e rebeldía se tomarán, e que notificado, mandava e mandó al dicho Françisco de Baeça que traiga e presente los testigos de que en esta cabsa se entiende aprovechar e que él está presto de los reçebir e en todo fazer justiçia. A lo qual fueron presentes por testigos Gonçalo de Vaena, e Juan de Morales, escrivanos públicos de Granada, e mandó que notifique a los susodichos. E luego juré e declaré las dichas pusiçiones, so pena de confisco. Testigos los susodichos.

E después de lo susodicho en la dicha çibdad de Granada, veinte e seis días del dicho mes de henero del dicho año, yo el dicho escrivano público[12] //fol. 59v notifiqué el dicho pedimiento e lo mandado por el dicho señor teniente a Sabastián el Malaquí e a Martín Alhaguarí e al Berjí e a cada uno dellos, por lengua de Alonso Fernández Foçay aljamiado. A lo qual fueron presentes por testigos Luis de Burgos e el dicho Alonso Fernández Foçay, vezinos de Granada.

E después desto, este dicho día mes e año sobredicho, yo el dicho escrivano público, notifiqué lo susodicho al dicho Juan Alcarrá Ozmín en su persona. Testigos que fueron presentes, Pedro de Valençia e Juan de Portillo, escriviente, vezino e estante en Granada.

E después desto, este dicho día, yo el dicho escrivano público, por lengua de Gutierre Domono notifiqué a Martín Alfaguarí, e Albergí, e Almalaquí, que juren e declaren las dichas pusiçiones so pena de confisco, e pidieron traslado. <Testigos> el dicho Gutierre Domono e Alonso de Escobar, vezinos de Granada.

E después desto, este dicho día, mes e año sobredicho, el dicho Françisco de Baeça presentó por testigos a Françisco de Ribera y a Françisco de Peñafiel e a Juan de Jahén, espeçiero, e a Alonso Fernández Foçay, vezinos desta dicha çibdad, de los quales e de cada uno dellos fue tomado e resçebido juramento en forma de derecho so cargo del qual prometieron de dezir verdad.

E después desto, veinte e siete días del dicho mes de henero del dicho año, ante mí, el dicho escrivano público, paresçió Antón de Çavallos, procurador en nonbre de çiertos olleros e presentó una fee de un poder firmada de Gonçalo Quixada, escrivano público, e un escrito de razones firmado de letrado, su thenor de lo qual uno en pos de otro es este que se sigue: Yo Gonçalo Quixada, escrivano público de Granada, doy fee como en la çibdad de Granada, treze días del mes de henero de mill e quinientos e diez e siete años, en mi presençia e de los testigos de yuso escriptos, Françisco Soto, e Fernando Morales, e Juan Alcarrá, e Juan el Valençí, e Juan Açalíl, e Alonso Tabernaxí, e Martín Alhaguarí, e Juan de Andújar, e Diego Alaquil, e Juan Fomeyra, e Gonçalo Lorquí, e Martín Adabarí, e Juan Axelbí, e Juan Cazaguar, todos olleros, vezinos desta çibdad de Granada otorgaron su poder conplido a Antón de Çavallos, procurador, vesino de Granada, general para en todos sus pleitos e causas movidos e //fol. 60r por mover, con poder de jurar e sostituir e obligaron sus personas e bienes de aver por firme, lo que en su nonbre fiziesen. E rogaron a Fernando de Talavera <que fue lengua e intérprete, lo firmasen por ellos a lo que fueron testigos los dichos Fernando de Talavera> e Pedro de Vaena e Juan de Villasana, escriviente, vezinos de Granada. Fernando de Talavera. El qual poder daré en forma, seyendo nesçesario, pagándome mi salario. Gonçalo Quixada. Muy virtuoso señor bachiller Cobo, alcalde mayor en esta çibdad de Granada. Antón de Çavallos, en nonbre de los olleros desta çibdad, digo que a notiçia de mis partes es venido que vuestra merçed hase pesquisa contra ellos, diziendo que hizieron liga e monipodio en no labrar e vender barros en esta çibdad, a pedimiento de Françisco de Baeça, arrendador de la ahuela, e que sobrello toma juramento de calupnia mis partes, diziendo que es en perjuizio de la renta de su alteza, lo qual vuestra merçed no puede ni deve haser por lo siguiente: Lo uno, porque la verdad es que la parte contraria quería llevar a mis partes mucho más de lo que pertenesçía de alcavala, e mis partes no se podían conçertar con él, e a esta causa acordaron de çerrar sus tiendas e hornos e llevar a vender su barro fuera desta çibdad, lo qual es líçito e permetido de derecho, e no es delito porque no se hizo en perjuizio de la

---

[12] *Al pie:* Va entre renglones o diz dotor de la torre e testado do dezía el.

çibdad ni de los vezinos e moradores della, sino por redimir las vexaçiones e líçitas estorsiones de la parte contraria. No lo fizieron por vender el barro más caro, ni por defraudar la renta de su alteza, porque do quiera que lo llevaran a vender han de pagar su alcavala, lo qual no es cosa inlíçita, e sobre ello no se puede haser pesquisa, porque es dar ocasión a que se hagan costas e gastos e presiones indevidas e que se finja delito donde no lo ay, e poder prender a mis partes e presos, tengan nesçesidad de conçertarse con la parte contraria de la manera que quisieren. Lo otro, porque no aviendo pleito ni demanda ni acusaçión ni información, no se puede pedir juramento de calupnia, ni otro juramento de mis partes. Por ende pido e suplico a vuestra merçed mande çesar la dicha pesquisa, ni dar testimonio de lo que está fecho a la dicha[13] //fol. 60v parte contraria, e así lo pido e requiero a vuestra merçed. Donde no, digo que apelo de la dicha pesquisa e de vuestra merçed por ante el muy reverendo señor presidente e oidores desta real audiençia, e pido los apóstolos con las instançias que puedo e darse devo. El liçençiado de Baeça.

E lo que dixeron e depusieron los dichos testigos presentados por parte del dicho Françisco de Baeça, siendo presentados, por las preguntas del dicho interrogatorio es lo que sigue:

Testigo. El dicho Françisco de Ribera, so cargo del dicho juramento que hizo dixo lo siguiente:
A la primera pregunta dixo que conoze a los contenidos en esta pregunta e a cada uno dellos e que no es parte e amigo ni enemigo de ninguno dellos, e que no a sido dadivado ni temorizado, e que este testigo es de hedad de treinta e çinco años.
A la segunda pregunta dixo que lo sabe porque es notorio e público en esta çibdad.
A la terçera pregunta dixo que lo sabe como en ellas se contiene, preguntado cómo lo sabe dixo que porque de diez e seis años a esta parte los conoçe usar el dicho ofiçio e bivir dél.
A la quarta pregunta dixo que lo sabe como en ella se contiene, preguntado cómo lo sabe dixo que porque conoçe a todos los maestros olleros que ay en esta çibdad del dicho tienpo a esta parte, e este testigo es del mismo ofiçio e los trata, los quales son mucho número dellos que usan del //fol. 61r dicho ofiçio e biven por él.
A la quinta pregunta dixo que lo sabe como en ella se contiene, preguntado cómo lo sabe dixo que porque conoçe a todos <los> tenderos que venden por menudo el vedriado e lo conpran algunas vezes deste testigo e de los otros maestros olleros por junto, e lo venden por menudo en sus tiendas.
A la sesta pregunta dixo que lo que desta pregunta sabe es que el año pasado de mill e quinientos e diez e seis años, al prençipio dél, vido este testigo que los maestros que todos çerrasen las tiendas e no vendiesen e los olleros no trabajasen ni hiziesen nada hasta tanto que se ygualasen con el arrendador del barro. E este año de quinientos e diez e siete años, luego que entró el año, todos tanbién çerraron sus tiendas en que solían vender, e los olleros no trabajan ni hazen nada, e cree este testigo que lo hizieron este año de la misma manera que el año pasado e que está así conçertado porque así lo hizieron el año pasado, e aún este testigo los a visto juntar algunos dellos e se escusan deste testigo porque es amigo del arrendador, e que esto sabe desta pregunta e no más.
A la setena pregunta dixo que sabe e a bisto que los dichos olleros no trabajan ni hazen nada segund dicho tiene e los tenderos no lo venden, segund que tiene dicho[14].

---

[13] *Al pie:* va entre renglones que sale a la marjen o diz que fue lengua e yntérprete e lo firmase por ellos a lo que fueron testigos el dicho Fernando de Talavera.

[14] *Al pie:* Va entre renglones o diz los.

//fol. 61v

A la otava pregunta dixo que sabe e ~~a visto que los dichos olleros~~ es verdad que a cabsa de estar çerrados los dichos tenderos e no trabajar los olleros se pyerde la renta e no se cobra nada della ni ay de qué se coja porque no venden ni quieren vender.

A la novena pregunta dixo que dize lo que dicho tiene de suso, lo qual dixo que es la verdad para el juramento que hizo, e porque dixo que no sabía escrevir no lo firmó.

(*En el margen*): Testigo. El dicho Françisco de Peñafiel, tendero de ollería, so cargo del dicho juramento que hizo dixo lo siguiente:

A la primera pregunta dixo que conoçe a los contenidos en esta pregunta e que no es pariente, amigo ni enemigo de ninguna de las partes, ni a sido dadivado ni temorizado por ninguna dellas, e que este testigo es de hedad de treynta e çinco años poco más o menos.

A la segunda pregunta dixo que a oýdo dezir que la renta del barro entra en el partido de la hagüela e así lo cree este testigo porque vido que el dicho Françisco de Baeça, e otros por él, cojió la dicha renta el año pasado, e hera el arrendador de la hagüela, e este año la arrendó al Valençiano.

A la terçera pregunta dixo que de doze años a esta parte que ha que este testigo está en esta tierra a visto a los contenidos en esta pregunta usar el dicho ofiçio de olleros e ser maestro dello, e no de otra cosa.

A la quarta pregunta dixo que sabe e es verdad que demás de los susodichos ay en esta çibdad otros[15] //fol. 62r más de quarenta maestros e ofiçiales del dicho ofiçio, e que lo sabe porque los conoçe e los a visto usar del dicho ofiçio de los doze años a esta parte e bivir dél.

A la quinta pregunta dixo que lo sabe como en ella se contiene. Preguntado cómo lo sabe dixo que porque este testigo es del dicho ofiçio e sabe que ay en esta çibdad muchos tenderos que no tienen otro ofiçio sino vender el vedriado por menudo en sus tiendas, e lo conpran en grueso de los maestros olleros que lo hazen, e los dichos tenderos lo venden por menudo, segund dicho tiene.

A la sesta pregunta dixo que este testigo vee como desde çinco o seis días entrado este presente año hasta agora están~~do~~ todos los maestros olleros e todos los tenderos çerrados sus ollerías e tiendas. Que los maestros no trabajan ni labran, e los tenderos no venden, e que no a visto ninguna cosa porque este testigo estuvo en la muerte de un tío suyo. Más de quanto porque este testigo abrió su tienda para vender, vinieron a su tienda el Berjí, que es tendero deste ofiçio, e otro que se dize Sabastián que es asimismo tendero, e le dixeron a este testigo que lo avía hecho muy mal porque avía avierto a vender, porque ellos lo tenían conçertado de otra manera, e este testigo les dixo este testigo (*sic*) que bien sabían ellos que por el alcavala no avía de dexar[16]//fol. 62v de vender e abrir su tienda, e que sabe que es verdad que los dichos olleros e tenderos an çerrado sus ollerías e tiendas por amor del alcavala, e que lo demás no sabe.

A la setena pregunta dixo que dize lo que dicho tiene de suso, e que es verdad que todos están çerrados e no venden ninguno ningund vedriado ni vasija.

A la otava pregunta dixo que es verdad que no se coje blanca de alcavala del barro por estar çerrados como están.

---

[15] *Al pie:* Va testado do dezía a visto que los dichos olleros e sobre raýdo o diz quieren.

[16] *Al pie:* Va testado do dezía do.

A la novena pregunta dixo que dize lo que dicho tiene de suso, e que esta es la verdad para el juramento que hizo. E porque dixo que no sabía escrevir no lo firmó.

El dicho Juan de Jaén, espeçiero, so cargo del juramento que hizo dixo lo siguiente:

A la primera pregunta dixo que conoçe a los contenidos en esta pregunta e a cada uno dellos, e que no es pariente, amigo ni enemigo de ninguna de las partes, ni ha sido dadivado ni temorizado por ninguna dellas, e que desea que vença este pleito la parte que tuviere justiçia, e que este testigo es de hedad de treynta e ocho años e más.

A la segunda pregunta dixo que lo sabe como en ella se contiene porque lo a visto así de mucho tienpo a esta parte. //fol. 63r

A la terçera pregunta dixo que lo sabe como en ella contiene porque los conoçe de mucho tienpo a esta parte usar el dicho ofiçio e bivir dél.

A la quarta pregunta dixo que sabe e es verdad que de más de los dichos olleros ay en esta çibdad otros muchos olleros que usan el dicho ofiçio.

A la quinta pregunta dixo que vee muchas tiendas de muchas personas que venden por menudo las vasijas, e que algunos lo hazen ellos e otros lo conpran de los maestros olleros que lo hazen.

A la sesta pregunta dixo que después que entró este año, los a visto este testigo a todos los tenderos e olleros e los más dellos juntos en la plaça hablando, e les a visto que tienen çerradas sus tiendas, e este testigo les ha hablado e les a dicho que abran sus tiendas e trabajen, e ellos le an dicho que no quieren, e que lo demás no sabe.

A la setena pregunta dixo que a visto estar çerradas las tiendas donde se vende por menudo el barro e oýdo dezir que los maestros que lo hazen no trabajan ni hazen nada, aunque este testigo no lo a visto más de quanto es público que no trabajan, e que lo demás no sabe.

A la otava pregunta dixo que harto daño a venido a la renta e se le a seguido al dicho arrendador porque no coje ningún alcavala.

A la novena pregunta dixo que dize lo que dicho tiene de suso, lo qual dixo que es la verdad para el juramento que hizo e firmólo de su nonbre. Juan de Jaén.

//fol. 63v

E yo, el dicho Fernando de Soria, escrivano público sobredicho, fuy presente en uno con el dicho señor teniente, partes e testigos a todo lo que dicho es. E este proçeso hize escrevir e sacar en estas ocho hojas por mandamiento de los señores presidentes e oydores e por ende, en testimonio de verdad, hize aquí este mi sig (*signo*) no a tal.

Fernando de Soria

escrivano público (*rubricado*)

En VIII de hebrero de XVII años e lo enbió Fernando de Soria.

//fol. 64r

Provança de Juan Ximénez Valençiano, arrendador del barro, vesino desta çibdad de la una parte contra los olleros desta dicha çibdad de la otra.

Escrivano Fernánd Pérez Gallego.

//fol. 64v (*blanca*)

//fol. 65r (*blanca*)

//fol. 65v

(*En el margen*): Olleros

//fol. 66r

Provança Juan Ximénez, arrendador del barro contra los olleros.
Presentaçión testigos.
Álvaro de Jahén
Juan de Morales, escrivano público
Fernando de Soria, escrivano público
Fernando de Toledo
Françisco de Xerés
Alonso de Córdova
Fernando Axarif
Miguel Ayd, cantarero
a Sebastián de Málaga
a Françisco el Bergí
Jorge Ruys
Juan de Madrid, alamín
Pedro Fernández
Garçipreto, acarreador
Juan de Jahén, mercader
Diego Fernández, mayordomo del Antequeruela

____

XV testigos

____

Los que presentó para que jurasen de calunia, olleros
Christóval Nuñes Portogués
Martín Alhaguarí
Fernando Al Maxgol
Alonso Al Vdarí
Gonçalo El Gorí

(*En el margen*): Ojo. Juan Alcarrá

Françisco el Guadixí

VII

XV fojas e media

//fol. 66v

El alamín sea preguntado de XXI

//fol. 67r

Por las preguntas siguientes an de ser preguntados los testigos que por parte de Juan Ximénez Valençiano, arrendador de la renta del barro, son o fueren presentados en la cabsa y pleito que trata con los olleros desta çibdad sobre las cabsas y razones en el proçeso del dicho pleito contenidas:

(*En el margen*): I Lo primero, si conosçen al dicho Juan Ximénez Valençiano y si conosçen a los olleros desta çibdad de Granada.

(*En el margen*): II Yten, si saben, creen e vieron oyeron dezir que después acá que esta çibdad se ganó de los moros, los dichos olleros continuamente en cada un año se an ygualado con los arrendadores de la renta del barro de les pagar çierta contía de maravedís por cada horno que fiziesen, y que a esta cabsa no an registrado ni tenido nesçesidad de registrar.

(*En el margen*): III Yten, si saben que si alguno no se quería ygualar con los dichos arrendadores les escrevían toda la labor que cozían en el tal horno y traýan personas que tasasen el valor de las vasijas que se cozían en el tal horno y conforme a la dicha tasaçión pagavan el alcavala. Y digan los testigos lo que çerca desto saben.

(*En el margen*): IIII Yten, si saben que todos los tinajeros y todos los otros christianos viejos que labran el dicho barro en esta dicha çibdad del dicho tienpo acá, todos los años que no están ygualados con los dichos arrendadores, registran y an registrado todas las tinajas y tinajones y cántaros y otras vasijas que hazen del dicho barro. Y digan los testigos lo que çerca desto saben.

(*En el margen*): V Yten, si saben y conosçen que todos los maestros que labran el dicho barro en esta çibdad lo venden por grueso, algunas vezes por hornos enteros a seis y a ocho ducados y más cada horno, y ordinariamente por tariqs, que es çierto número de vasijas que valen ordinariamente a çinco reales, y este año lo han subido los dichos olleros hasta seys reales. Y digan y declaren los testigos lo que çerca desto saben.

(*En el margen*): VI Yten, si saben y conosçen que los dichos maestros que labran el dicho barro venden como dicho es, por junto a los tenderos desta çibdad y a otras personas que lo llevan a vender a muchas partes deste reyno de Granada y del Andaluzía. Y digan los testigos lo que çerca desto saben.

//fol. 67v

(*En el margen*): VII Yten, si saben y conosçen que muchas personas desta çibdad tienen por ofiçio de conprar en grueso, como dicho es, el dicho barro de los dichos olleros maestros, espeçialmente muchos christianos nuevos y van ello a revender, así en esta çibdad, en muchas tiendas que ay en ella, do se vende el dicho barro de reventa, como fuera della, en lugares deste reyno y del Andaluzía. Y digan los testigos lo que çerca desto saben.

(*En el margen*): VIII Yten, si saben y conosçen que si no se escrive la labor de los dichos hornos al tienpo que se desforna, para que dello oviese cuenta y razón los dichos maestros y los otros que lo conpran para revender, podría hazer muchos fraudes y engaños de manera que casi toda la dicha renta se perdería. Y digan los testigos lo que çerca desto saben.

(*En el margen*): IX Yten, si saben y conosçen que ordinariamente en esta dicha çibdad se hazen, cuezen y venden quatroçientos y hasta quatroçientos y çincuenta hornos, los quales uno con otro valen a ocho ducados y ay en ellos muchos hornos que valen más de veinte ducados de primera venta y mucha más cantidad, en más del terçio más, de reventa. Y digan los testigos lo que çerca desto saben.

(*En el margen*): X Yten, si saben y conosçen que de todo lo suso dicho es pública voz y fama en esta dicha çibdad. El dotor de la Corte (*rubricado*)

//fol. 68r (*blanca*)

//fol. 68v

IUD VI ducados

IUCXXV I ducado

En primero de abril de IUDXVII años, que lo tome Peña

//fol. 69r

En Granada, en primero de avril

(*En el margen*): Comisión e Ynterrogatorio
En la çibdad de Granada, en primero día de abril de mill e quinientos e dies e siete años, ante mí, Diego de la Peña, escrivano e resebtor nonbrado, paresçió Juan Ximénez Valençiano e me presentó un ynterrogatorio e una comisión que los señores oidores me cometieron para tomar çiertos testigos del dicho Juan Ximénez, su fe del qual va cosido en el principio desta provança.

(*En el margen*): Presentaçión. Testigo I
E luego troxo e presentó el dicho Juan Ximénez a Áluaro de Jahén, vesino desta çibdad de Granada, del qual resçibí juramento en forma, por Dios todopoderoso e por santa María e por la escritura de los santos evangelios, en forma e señal de un crus e dixo sí juro e amén. Testigos Jorge de Almança.

(*En el margen*): Presentaçión. Testigo I
E después de lo susodicho, en la dicha çibdad de Granada en dos días del dicho mes de abril, presentó el dicho Juan Ximénez a Juan de Jahén, escrivano público desta dicha çibdad, del qual resibí yo el dicho reçebtor, juramento en forma devida de derecho. Testigos Diego Lopes de Vaena e Gonçalo de Vaena, vesinos de Granada.

(*En el margen*): Presentaçión. Testigo I
E luego dende a poco rato presentó por su parte a Fernando de Soria, escrivano público e vesino desta dicha çibdad, del qual yo el dicho reçebtor reçebí juramento en forma etc. Testigos Andrés de Benavente, vesino de Granada.

(*En el margen*): Presentaçión. Testigo I
E después de lo susodicho en la dicha çibdad de Granada en el dicho día, el dicho Juan Ximénez presentó por testigo a Fernando de Toledo, vesino de Granada, juró en forma segund de suso. Testigos Juan de Vaena, yntérprete de la çibdad.

(*En el margen*): Presentaçión. Testigo I
E después de lo susodicho, en la dicha çibdad de Granada, en el dicho día, el dicho Juan Ximenes presentó por testigo a Françisco de Xerés, vesino desta çibdad, del qual yo, el dicho reçebtor, resçebí juramento en forma, segund de suso.

(*En el margen*): Presentaçión. Testigo I
E después de lo susodicho, en la dicha çibdad de Granada, en tres días del mes de abril, el dicho Juan Ximenes presentó por testigo a Alonso de Córdova, vesino desta çibdad, del qual resçibí juramento en forma, etc. Testigos Martín, vesino desta çibdad //fol. 69v

(*En el margen*): Presentaçión. Testigo
E después de lo susodicho, en la dicha çibdad de Granada, en siete días del mes de abril, año susodicho, el dicho Juan Ximenes presentó por testigos a Fernando Axarif, tendero de hortalisa, juró en forma. Pidió que le sea preguntado por la primera, quinta e sesta e setena e ocho dellas e de su parte.

(*En el margen*): Presentaçión. Testigo
E después de lo suso dicho, en el dicho día, presentó por testigo el dicho Juan Ximenes a Miguel Cyd, cantarero, juró en forma.

(*En el margen*): Presentaçión. Testigo
E así, presentó en dicho día Sebastián de Málaga, cantarero, juró en forma.

(*En el margen*): Presentaçión. Testigo
E así, presentó por testigo a Françisco el Bergí, juró en forma.

(*En el margen*): Presentaçión. Testigo
E después de lo susodicho en la dicha çibdad de Granada, en ocho días del dicho mes de abril e del dicho año, Françisco de Baeça presentó por testigo a Jorje Ruys, vesino desta çibdad, juró en forma, etc.

(*En el margen*): Presentaçión. Testigo
E después de lo susodicho, en la dicha çibdad de Granada, en quinse días del dicho mes de abril e del dicho año, el dicho Juan Ximenes Valençiano presentó por testigos a Juan de Madrid, alamín, espeçiero a la collaçion de Santiago, del qual resceví juramento en forma. Testigos Niculás de Siles. Pidió que le fuese preguntado por la primera e por la quinta e sesta e setena.

(*En el margen*): Presentaçión. Testigo
E después de lo susodicho en la dicha çibdad de Granada, en veinte e tres días del dicho mes de abril e del dicho año, el dicho Juan Ximenes presentó por testigo a Pedro Fernandes Garçipreto, vesino desta çibdad, acarreador del vedriado que bive a la collaçión de Sant Niculás, juró etc. Testigos Niculás de Siles.

(*En el margen*): Presentaçión. Testigo
E después de los susodicho, en la dicha çibdad de Granada, en el dicho día e mes, el dicho Juan Ximenes Valençiano presentó por testigo a Juan de Jahén, mercader, juró en forma etc. Testigos Áluaro Cauallero e Juan Martínez.

(*En el margen*): Presentaçión. Testigos
E después de los susodicho, en la dicha çibdad de Granada, en el dicho día presentó el dicho Juan Ximenes Valençiano presentó a Diego Fernandes mayordomo del Antequeruela, juró en forma etc.

E los quales dichos testigos e cada uno dellos dixeron e depusieron por sus dichos e deposiçiones secreta e apartadamente e cada uno sobre sý seyendo tomados del thenor del dicho ynterrogatorio dixo lo siguiente.

//fol. 70r

Muy poderosos señores

Johan de Medrano en nonbre del Valençiano, arrendador del barro, en el pleito que trata con los cantareros desta çibdad digo que las partes fuimos reçibidos a probar con çierto término, el qual es pasado, pido e suplico a vuestra alteza mande hazer publicaçión de las provanças en esta cabsa fechas. Medrano (*rubricado*)

Otrosí, pido e suplico a vuestra altesa, mande a las partes contrarias e a qualquiera dellos que juren de calunia. Medrano (*rubricado*)

En XXI de abril de IUDXVII años, en lo de la publicaçión la otra parte presentó petiçión en lo desir e que juren las partes de calupnia.

[roto] de la ley e so la pena della, e que los tome el reçebtor. Fernand Pérez (*rubricado*)

//fol. 70v (*blanca*)

//fol. 71r

(*Cruz*)

I testigo

El dicho Françisco de Xerés, testigo presentado por el dicho Juan Ximenes Valençiano, aviendo jurado en forma segund de suso dixo:

Primeramente que es de hedad de más de veinte e çinco años, e que no es pariente de ninguna de las partes en ningund grado e que amigo es de las partes, e que venía en no temer justiçia e que no fue sobornado, ni le tocan las preguntas generales. E aviendo visto el dicho ynterrogatorio dixo que lo que deste negoçio sabe es que este testigo, como escrivano yva muchas veses así el año pasado de quinientos e catorse <como el> de quinse por ruego de los arrendadores del barro a registrar algunas de las tinajerías desta çibdad, para que diesen testimonio de las tinajas e otras cosas que de los hornos donde se cozían se sacavan, e que sabe que algunos hornos tasavan muchas personas que se hallavan presentes al tienpo de los dichos registros en seteçientas e çinquenta e en ochoçientos e hasta nueveçientas arrovas de vasos de cada horno. E que lo susodicho se fasía e registrava a cabsa que los dichos tinajeros no estavan ygualados con los arrendadores porque los arrendadores les pedían mucha alcauala y que los dichos arrendadores lo fasían porque podían faserlo conforme al quaderno de las leyes de su altessa que mandan que registren todas las mercaderías, e que después que se ygualavan, los dichos tinajeros no se fasían los dichos registros. E que esto sabe deste negoçio para el juramento que fase.

Diego de la Peña, escrivano. (*rubricado*) Françisco de Xerés (*rubricado*)

II Testigo.

El dicho Juan de Morales, escrivano público de la dicha çibdad de Granada, testigo jurado e presentado por la parte del dicho Juan Ximenes dixo lo siguiente: Fue preguntado por las preguntas generales dixo que es de hedad de treynta e tres años, e que no es pariente de ninguna de las partes e que amigo //fol. 71v es dellas, e no enemigo, e que vença quien toviere, e que no fue sobornado e que no concurren en él ninguna de las calidades de la pramática de sus altesas.

(*En el margen*): I A la primera pregunta dixo que conosçe al dicho Juan Ximénez Valençiano e a muchos de los ofiçiales de los olleros desta çibdad, de vista y de conversaçión que con ellos ha tenido de çinco años a esta parte.

(*En el margen*): II A la segunda pregunta, dixo que lo que della sabe es que de dies años a esta parte este testigo ha visto e vee que los ofiçiales de los olleros se han ygualado con los arrendadores que han sido en los años pasados, çebto este presente año que no se han querido ygualar, e esto que lo sabe porque algunas veses los dichos olleros se han ygualado ante él como escrivano.

(*En el margen*): III A la terçera pregunta dixo que la sabe como en ella se contiene, porque ante este testigo, algunas veses, algund ollero que no se quería ygualar le fasýa registrar todo el barro que tenía, así lo cozido que tenía o le había quedado del año pasado como lo que en los hornos cozía, y que en lo de la tasaçión solamente lo vido una ves faser, y luego dende a dos o tres días se yguiló y no fue menester seguir la tasaçión, e que por esto lo sabe.

(*En el margen*): IIII A la quarta pregunta dixo que la sabe como en ella se contiene porque ante este testigo como escrivano que ha sido de la renta del barro algunos años desde seys años a esta parte, ha registrado los tinajeros e las tinajas e vasijas que fasían e les quedauan del año pasado al dicho arrendador para darle cuenta después dello, e que por esto lo sabe.

(*En el margen*): V A la quinta pregunta dixo que lo que della sabe es que algunas veses vido este testigo vender enteramente ~~el forno e las~~ //fol. 72r todas las vasijas que en el horno se cozían todas juntas a tantos maravedís el çiento o la dosena o como se conçertauan. E que lo demás contenido en la dicha quinta pregunta que lo no sabe.

(*En el margen*): VI A la sesta pregunta dixo que ha visto muchas veses lo contenido en la dicha pregunta.

(*en el margen:*) VII A la setena pregunta dixo que la no sabe.

(*En el margen*): VIII A la otaua pregunta dixo que sabe este testigo que si no registrasen la lauor que cuezen en los hornos que después de deshornados que podían faser fraude y faltar dello al arrendador.

(*En el margen*): IX A la novena pregunta dixo que muchas veses ha oído desir este testigo a Álvaro de Jahén e a Juan de Córdova e a otros, arrendadores que han sido de la renta del barro desta dicha çibdad, que se cozían fasta quatroçientos hornos, veynte más, veynte menos, en cada un año en esta dicha çibdad. E que lo demás contenido en la dicha nouena pregunta que lo no sabe.

(*En el margen*): X A la désima pregunta dixo que todo lo contenido en este su dicho es así verdad, e público e notorio, e lo firmó de su nonbre. Diego de la Peña, escrivano (rubricado). Juan de Morales, escrivano público (rubricado)

(*En el margen*): III Testigo. El dicho Fernando de Soria, escrivano público e vesino de la dicha çibdad de Granada, testigo presentado por parte del dicho Juan Ximenes para en el dicho pleito e cabsa, aviendo jurado, dixo lo siguiente:

(*En el margen*): I A la primera pregunta dixo que conosçe al dicho Juan Ximenes e algunos olleros desta çibdad, e a los más dellos de vista e alguna conversaçión que con ellos a tenido. //fol. 72v

Fue preguntado por las preguntas generales, dixo que su hedad de veynte e seys años poco más o menos, e que no es pariente de ninguna de las partes en ninguno de los grados, e que amigo es de las partes, e que vença el que tenga la justiçia, e que no concurren en él las otras cosas contenidas en la premática.

(*En el margen*): II A la segunda pregunta dixo que lo que della sabe es que el año pasado de mill e quinientos e dies e seys años, los olleros desta çibdad o la mayor parte dellos, se ygualaron por ante este testigo, como escrivano, con Françisco de Baeça, arrendador de la renta de la hagüela, en que entra la renta del barro, cada uno dellos por çierta contía de maravedís por cada forno que coziesen, segund más largo se contiene en las ygualas que se otorgaron ante este testigo ~~e que lo demás~~ a que se refiere e que los demás contenido en esta pregunta no lo sabe más de quanto es çierto e claro que ya que están ygualados no ay nesçesidad de registrar.

(*En el margen*): III A la terçera pregunta dixo que la no sabe.

(*En el margen*): IIII A la quarta pregunta dixo que algunas vezes no estando ygualados algunos tinajeros han registrado ante este testigo las tinajas e tinajones e cántaros y las otras vasijas que tenían de barro, segund que más largo se declara en los registros que han pasado ante este testigo a que se refiere, los quales dichos registros ha fecho siendo requerido por parte del dicho recabdador. E que esto es lo que sabe desta pregunta.

(*En el margen*): V A la quinta pregunta dixo que la no sabe.

(*En el margen*): VI A la sesta pregunta dixo que la no sabe.

(*En el margen*): VII A la sétima pregunta dixo que la no sabe.

(*En el margen*): VIII A la otaua pregunta dixo que es çierto e claro que si los olleros no están ygualados y no se les registra e escrive la lauor //fol. 73r que fisieren al tienpo que desfornan en los hornos, para que el arrendador tenga cuenta e rasón dello, e para que pueda cobrar su alcauala, que los dichos olleros podían e pueden defraudar el alcauala al dicho arrendador mucha parte dello, de manera que el dicho arrendador resçibiese mucho daño, e que esto a todos es notorio.

(*En el margen*): IX A la nouena pregunta dixo que la no sabe.

(*En el margen*): X A la désima pregunta dixo que dize lo que dicho es aquí de suso e que se refiere lo qual es pública e notoria fama entre las personas que dello han notiçia ver a la verdad por el juramento que fiso. Françisco de Soria, escriuano público (rubricado)

(*En el margen*): IIII Testigo.
El dicho Áluaro de Jahén, vesino desta çibdad de Granada, testigo presentado por parte del dicho Juan Ximenes en el dicho pleito que trata con los dichos olleros, aviendo jurado dixo lo siguiente:

(*En el margen*): I A la primera pregunta dixo que conosçía al dicho Juan Ximenes e mucha parte de los dichos olleros, de vista, fabla e conversaçión que con ellos ha tenido, e porque este testigo touo la renta del barro desta çibdad çiertos años.

Fue preguntado por las preguntas generales, dixo que es de hedad este testigo de çinquenta e çinco años, e que no es pariente de ninguno de las partes, e que amigo dellas, e que vença quien toviere justiçia, e que en él no concurren las calidades de la premátyca.

(*En el margen*): II A la segunda pregunta dixo que este testigo tovo el año de quinientos e dies e honse e dose e trese la dicha renta del barro, e todos los dichos quatro años se ygualó con los dichos olleros por çierta contía de maravedís segund era cada forno, e que ha sido que así lo fasían todos los que antes deste testigo arrendaron la dicha renta, e que a esta cabsa no registravan.

//fol. 73v

(*En el margen*): III A la terçera pregunta dixo que ciertas personas que no se querían ygualar por la lauor que fasían en el tienpo que este testigo tovo dicha renta, que la justiçia le daua mandamiento para dos ofiçiales del ofiçio para que el tal horno se tasase su valor, para que del dicho valor este testigo cobrase el alcauala, y esto se fasía antes que se abriese el horno, y que si alguna ves algund ollero abría qualquier horno de los que cosían sin estar presente el arrendador, pagauan dos alcaualas conforme a una condiçión fecha para la dicha renta, y este testigo lleuó las dichas dos alcaualas a otros maestros e conforme a la tasaçión lleuaua este testigo el alcavala dello.

(*En el margen*): IIII A la quarta pregunta dixo que él, como arrendador, registró los hornos de las tinajas e tinajones, y se tasaron por mandamiento de justiçia por otros ofiçiales del ofiçio, e conforme a la dicha tasaçión pagavan el alcavala o se ygualavan con este testigo.

(*En el margen*): V A la quinta pregunta dixo que los dichos olleros muchas veses venden la lauor que fasen a los tenderos, e a otras personas para lleuar afuera, por tariqs que son çient vasijas chicas e grandes comúnmente, a quatro reales e medio e çinco, segund su lauor, y asymismo vende por menudo en sus casas e en las plaças.

(*En el margen*): VI A la sesta pregunta dixo que dize lo que dicho ha en la pregunta antes desta.

(*En el margen*): VII A la setena pregunta dixo que dize lo que dicho ha en la quinta pregunta.

(*En el margen*): VIII A la otava pregunta dixo que si la dicha lauor no se escriviese o los dichos hornos no se tasasen vernía de daño a la dicha renta en más de la mitad.

//fol. 74r

(*En el margen*): IX A la novena pregunta dixo que no sabe los fornos que se puede haser, porque este testigo no se acuerda de los que en su tienpo se fasían pero que cree que se hasían más de tresientos hornos por año, e que lo cree porque fue arrendador y los años que ay demanda de la lauor y años que no sabe, ny supone que se pueden faser tresientos e çinquenta. E que en el valor unos ay grandes e otros pequeños, que no podía este testigo tasar qué valdría cada uno porque ay fornos de mucho valor e otros de poco.

(*En el margen*): X A la désima pregunta dixo que lo que dicho tiene es verdad e público e notorio en esta çibdad, e firmólo de su nonbre. Áluaro de Jahén (*rubricado*)

(*En el margen*): V Testigo
El dicho Fernando de Toledo, testigo jurado e presentado de este caso por el dicho Juan Ximenes dixo lo siguente:

(*En el margen*): I A la primera pregunta dixo que conosçe al dicho Juan Ximenes de vista e habla e conversaçión que con él ha tenido e que conosçe a muchos olleros desta çibdad. Fue preguntado por las preguntas generales, dixo que ha hedad de quarenta años, e que no es pariente de ninguna de las partes, ni es enemigo de ninguna dellas, e que vença quien tenga justiçia e que no concurren en él las otras preguntas generales.

(*En el margen*): II A la segunda pregunta dixo que la sabe como en ella se qontiene e que la sabe desde ocho años a esta parte porque este testigo tovo la renta de los dicho olleros, se ygualaron con este testigo por hornos de le pagar çierta cantidad por cada forno, e así mismo antes e después ha visto este testigo que con todos se han ygualado por hornos, y así es público después que esta çibdad se ganó. E que los que no se querían ygualar, si este testigo e los otros arrendadores que han sido les requerían que registrasen, e que no esperauan a registrar si no que avían por bien de ygualarse e no ponerse en registrar [roto] la lauor.

//fol. 74v

(*En el margen*): III A la terçera pregunta dixo que este testigo no truxo pleito con ninguno mientras tovo la renta porque viniese a efeto de tasarse los hornos <ni dar qüenta en ello> porque otros arrendadores vido este testigo que traxeron pleito con algunos tinajeros e olleros que les pedían que confiscasen lo que cabía cada horno y que tanto como valía, e que algunos de los tinajeros no desían la verdad e que él juró mandó tasar los hornos lo que cabía. E por lo que mandó tasar sentençiaron a Suares tinajero, e a Pedro Ruys e a Jorje Ruys e a otros en Fernando de Pelegrín, que a la saçón tenía la renta de los tinajeros, la qual sentençia dieron los notarios de su altesa, e le pagaron por esta manera todos los maravedís que montó el alcauala de las arrouas que cabían los hornos tasados al preçio que se vendían e que esto de la sentençia que lo oyó y que fue muy público.

(*En el margen*): IIII A la quarta pregunta que la no sabe.

(*En el margen*): V A la quinta pregunta dixo que ha visto este testigo que en el año que tovo la renta e después ha visto que los que labran el dicho barro lo venden en junto por tariqs e en hornos enteros a los que tienen tiendas públicas de vender las dichas vasijas de barro. E que esto sabe desta pregunta.

(*En el margen*): VI A la sesta pregunta dixo que dize lo que dicho tiene en la quinta pregunta e dize más, que sabe que lo venden a cargar a forasteros que lo llevan a revender por el reyno de Granada e que lo sabe porque lo ha visto a estos.

(*En el margen*): VII A la setena pregunta dixo que todos los que tienen tiendas públicas en Bib Rambla e en otras partes desta çibdad son regatones, e lo tienen por bivienda de conprar la dicha lauor de los que la fasen, eçebto dos o tres, e en lo demás que ya tiene dicho que otros los sacan fuera de la çibdad.

(*En el margen*): VIII A la otava pregunta dixo que la sabe como en ella se qontiene, e que lo sabe porque ha tenido la dicha renta e es notorio que si los maestros no se quisiesen ygualar e el arrendador no les escriviese las vasijas que cabía cada forno, así grandes como pequeñas que le podían encobrir al arrendador las tres partes del alcauala que deverían e faser gelo todo cosa debida. E que lo sabe porque en dicho tienpo fasía de arrendador e ha visto que ninguno de los //fol. 75r dichos maestros del dicho barro averiguan de desir verdad lo que cabe cada horno si el arrendador no está presente e un escriuano para que ge lo cuente, porque a este testigo le ha acaesçido con los dichos ofiçiales del dicho barro negar la mitad de lo que cabía el horno e jurar sobre ello, e después provarle la maldad e verse por justiçia que avían encubierto más de la mitad, e no esperar sentençia si no averiguaçión e este testigo ovo veses que lo quería por conoser ansí mismo la maldad del juramento que avían fecho.

(*En el margen*): IX A la nouena pregunta dixo que en el año que este testigo tovo la renta se cozieron más de quatroçientos e veynte fornos de lauor menudos, estos y los hornos de las tinajas, e que sienpre, antes e después, oyó desir este testigo a los arrendadores e a los ofiçiales del dicho barro que no ay diferençia un año con otro en la lauor menuda que fasen los moriscos, de veynte fornos más o veynte menos. E que los dexan de coser quando ay de menos, e que lo tienen fecho en lavor por coser para el año que entra, porque acaesçe algunos años estorvarles las aguas quando cargan mucho y las umidades. E que sabe este testigo que en los hornos mayores en que se cueze la lauor menuda ay forno que vale de ve-driado a dose ducados, e algo más e algo menos, como la sanidad saca la lavor, e los más de los pequeños valen a más de dos mill maravedís. E porque este testigo en el año que tobo la renta del dicho barro, después de ygualados los maestros se ynformó dellos, e muchos dellos le desían que la lauor vedriada que ponían en la capilla de los hornos, e en la lavor tosca que ponían en lo baxo del horno donde andaua la candela, que valía lo que dicho aquí, en espeçial ~~un~~ el horno grande de la casa de Matrán, ollero y de Alaquí se vendía con-tinuamente por más de quatro mill maravedís porque una ves que lo vido dehornar en el año que este testigo tovo la renta, vido que la lauor de vedriado verde que cabía en la capilla <se vendió> por quatro mill e quinientos maravedís e esto lo supo de los mismos maestros que estauan en la casa, e en lo de las reventas que sabe este testigo que venden <los regatones>

por más del quarto que les cuesta de los ofiçiales, e esto conosçidamente porque sabe del presçio que lo conpran e de lo que lo venden, porque compró un cántaro grande de los de agua por quatro maravedís, e por algo menos e lo venden por seys notoriamente a todos los del pueblo e así mismo en todas las otras vasijas notoriamente ganan el dicho y en cosas ay que más. E en lo de los hornos de los tinajeros, que no ay horno que no reçibe más de ochoçientas arrobas de tinajas e algo más si la lauor menuda que meten en medio.

(*En el margen*): X A la désima pregunta dixo que público e notorio es en esta çibdad e lo que ha dicho e es la verdad por el juramento que fiso.

//fol. 75v

(*En el margen*): VI Testigo
El dicho Jorje Ruys, vesino desta çibdad de Granada, testigo presentado en la dicha cabsa por Françisco de Baeça e aviendo jurado dixo los siguiente:

(*En el margen*): I A la primera pregunta dixo que no conosçía al dicho Françisco Ximenes, e que conosçe al dicho Françisco de Baeça de vista e fabla e conversaçión que con él ha tenido en esta çibdad de Granada, e que conosçe a todos los más olleros desta çibdad de Granada.

Fue preguntado por las preguntas generales. Dixo que ha hedad de quarenta e çinco años poco más o menos e que no es pariente de ninguna de las partes e que no es pariente de ninguna de las partes (*sic*) e que no es enemigo de ninguna dellas, e que vença quien aya justiçia, e que no fue sobornado ni concurren en él las otras preguntas.

(*En el margen*): II A la segunda pregunta dixo que desde que esta çibdad se ganó siempre ha visto aver alguna diferençia entre los arrendadores de los olleros con los dichos olleros, porque en fin todos los años ha visto que se han ygualado. E que se ha ygualado por çierta cantidad de maravedís por cada forno que se cuese, e que en esta cabsa de se ygualar nunca este testigo los vido registrar, e esto que lo sabe de las dichas ygualas porque lo vido muchas veses haser las dichas ygualas de los dichos olleros con los dichos arrendadores, e que los primeros años que la çibdad se ganó, no sabe quántos años fueron, no pagauan alcauala ni avía arrendador, pero que mientras ovo arriendo de la dicha renta dise lo que dicho tiene.

(*En el margen*): III A la terçera pregunta dixo que la oyó muchas veses en las ollerías como en la dicha pregunta se contiene a muchos olleros que dixeron, e que pocos fueron segund le dixeron si no alguno quando quería ser rebelde de no se ygualar le escrevían la lauor, según lo oyó como dicho tiene.

(*En el margen*): IIII A la quarta pregunta dixo que la como en ella se qontiene e que lo sabe porque ha muchos años que lo ha visto faser como en la pregunta se qontiene a los tinajeros e asy mismo lo ha hecho este testigo como persona que en su casa se hase lo del ofiçio.

(*En el margen*): V A la quinta pregunta dixo que es verdad que este testigo ha visto vender a los dichos olleros desta çibdad la obra del barro que fasen por taricas, pero que por hornos conjunto que este testigo no lo ha visto. E que las dichas taricas vende en las ollerías, e por menudo venden en las mismas ollerías, e que no ha mentido en el presio e que esto sabe desta pregunta.

(*En el margen*): VI A la sesta pregunta dixo que por taricas que sabe este testigo que los dichos maestros que labran el dicho barro lo venden a los tenderos desta çibdad e a otras personas que lo llevan a vender a muchas partes deste reyno de Granada e del Andalusýa, e que esto que lo sabe porque lo ha visto.

//fol. 76r

(*En el margen*): VII A la sétima pregunta dixo que la sabe como en ella se qontiene porque lo ha visto e vee que lo tiene por ofiçio segund e de la manera que en la pregunta se contiene.

(*En el margen*): VIII A la otava pregunta dixo que en quanto toca a lo de los tinajeros que así lo hase este testigo, e ha visto que lo hasen los otros tinajeros que lo escriuen como en la pregunta se qontiene al tienpo que se sacan de los hornos, e que en lo de los olleros sý lo fasen como en la dicha otaba pregunta se qontiene, que este testigo no lo ha visto.

(*En el margen*): IX A la novena pregunta dixo que muchos hornos ay en esta, pero que no a qontado qué tantos son los que se pueden haser e coser, e que lo demás qontenido en esta pregunta no lo sabe.

(*En el margen*): X A la désima pregunta dixo que lo que este testigo ha dicho es verdad e público e notorio a muchas personas desta çibdad.

Jorge Ruys Escudero (*firmado*)

(*En el margen*): VII Testigo
El dicho Juan de Madrid, espeçiero alamín, vesino de la dicha çibdad de Granada, testigo jurado e presentado en el dicho pleito e cabsa dixo lo siguiente:

(*En el margen*): A la primera pregunta dixo que conosçe a todos los en ella qontenidos de vista e habla e conversaçión que con ellos ha tenido, e porque ha sido alamín de los dichos olleros e los conosçe a todos.

Fue preguntado por las preguntas generales, dixo este testigo que es de hedad de çinquenta e çinco años poco más o menos e que no es pariente de ninguna de las partes, porque este testigo es mudéjar e los dichos olleros son moriscos, finalmente que no tiene pretensión con ellos ni con el dicho Juan Ximenes.

(*En el margen*): V Fue preguntado por la quinta pregunta, dixo que es verdad que este testigo ha usado del ofiçio de ollero mucho tienpo e ha vendido muchos hornos, pero que después de asý vendido el dicho horno lo venden después de cocho por taricas, que es çierta cantidad de vasyjas, e que a quatro reales se ha vendido por taricas, que es esto continuamente e asý lo ha vendido este testigo e a más e a menos pero que pocas veses ha visto venderlo a çinco reales, pero que aún más ha visto vender las taricas a quatro reales ~~e lo demás que este testigo no lo sabe~~ e a este presio de quatro reales lo ha visto vender e lo demás [roto].

//fol. 76v

(*En el margen*): VI A la sesta pregunta dixo que la sabe como en ella se qontiene, y que lo sabe porque este testigo e todos los olleros desta çibdad han vendido e venden el dicho barro que asý labran por junto a tenderos desta çibdad, e a otras personas de fuera que lo lleuan a vender fuera desta çibdad e esto es muy general que asý se ha usado e usa.

(*En el margen*): VII A la sétima pregunta dixo que la sabe como en ella se qontiene, e que lo sabe porque muchos christianos nueuos que tienen tiendas en la plaça de Bib Rambla ha visto este testigo que conpran la dicha obra de barro en grueso e lo tornan a revender en sus tiendas por menudo. E muchos forasteros que traen trigo e otras cosas conpran de los dichos olleros obra del dicho barro para lleuar fuera parte. E quando este testigo tenía el ofiçio asý lo fasía, que lo vendía a los dichos tenderos para lo tornar a revender e tanbién para fuera parte y en esto no ay contradiçión.

(*En el margen*): IX A la novena pregunta dixo que la no sabe.

(*En el margen*): X A la désima pregunta dixo que lo que este testigo ha dicho es verdad e público e notorio en esta çibdad, e esto es lo que sabe deste fecho por el juramento que hiso.

Juan de Madrid (*firmado*)

(*En el margen*): VIII Testigo
El dicho Fernando Alarif, tendero de hortalisa, vesino desta çibdad a la collaçión de Sant Niculás, testigo jurado e presentado çerca desta cabsa por parte del dicho Juan Ximenes dixo lo siguiente:

(*En el margen*): I A la primera pregunta dixo que conosçe al dicho Juan Ximenes Valençiano e que conosçe a todos los olleros desta çibdad, e que los conosçe a todos ~~asy~~ de vista, e habla, e trato, e conversaçión que con ellos ha tenido, porque este testigo ha sido ollero e a cabsa de las alcaualas dexó el ofiçio, e tiene al presente tienda de ortalisa.

Fue preguntado por las preguntas generales, dixo que ha hedad este testigo de quarenta años poco más o menos e que no es pariente de ninguna de las partes en ningún grado, e que amigo es de las partes, e que vença este pleito el que tuviere justiçia, e que no fue sobornado ni le tocan las otras preguntas generales.

//fol. 77r

(*En el margen*): V A la quinta pregunta dixo que sabe que todos los maestros que labran el dicho barro en esta dicha çibdad de Granada, ha visto este testigo que los dichos maestros lo han vendido por taricas, a las veses a quatro reales e medio e a las veses a çinco reales quando mucho, e que asý lo ha vendido este testigo teniendo el ofiçio de ollero, e en lo que dise en la dicha pregunta de los fornos tinajeros que se venden a syete e a ocho ducados, que este testigo no lo ha visto sino por tariques como dicho tiene, e lo demás qontenido en la pregunta que dise en ella que lo ha sabido a seys reales por tarica, que este testigo no lo sabe.

(*En el margen*): VI A la sesta pregunta dixo que la sabe como en ella se contiene, y que lo sabe porque los dichos maestros que labran el dicho barro los ha visto vender lo que asý obran por junto a los tenderos desta çibdad que están en Bib Rambla e en otras partes. Que lo conpran para ganar tornándolo a revender y que tanbién ha visto como muchos forasteros lo conpran de los dichos olleros para lo ~~tornar~~ sacar fuera, e lo vender fuera desta çibdad e que asý desta manera lo ha vendido este testigo a los dichos regatones desta çibdad e forasteros toda la lauor que ha fecho del dicho barro.

(*En el margen*): VII A la sétima pregunta dixo que muchos christianos nuevos desta çibdad que venden la dicha obra de barro en Bib Rambla e en otras partes desta çibdad, tienen por ofiçio de conprar la dicha mercadería de barro por junto, e tornarlo a revender en sus tiendas en esta çibdad en donde se vende el dicho barro de reventa como fuera della segund dicho tiene en la seis pregunta.

(*En el margen*): VIII A la otava pregunta dixo que sienpre ha visto este testigo que no esperan ni han esperado los dichos olleros a que se aya de escrivir la lauor de los dichos hornos, porque por quitarse de todo esto syenpre se ha ygualado los dichos cantareros con los arrendadores que han sido, ora por venta de lo suyo, ora por venta de los suyo (*sic*) e de la renta que otros venden, e que asý se ha ygualado muchos años y este testigo lo ha fecho asý mismo ygualándose con los arrendadores, e que syenpre se ygualauan por venta de lo que vendían e por la reventa de lo que los otros vendiesen o que lo conprasen.

//fol. 77v

(*En el margen*): IX A la novena pregunta dixo que lo que desta pregunta sabe como persona que sabe el ofiçio es que ha avido horno que ha valido la obra dél ocho ducados, e algunos hornos pequeños un ducado, y que la cantidad de los hornos que cuesen este testigo no lo sabe determinar, e lo demás qontenido en esta pregunta no lo sabe.

(*En el margen*): X A la désima pregunta dixo que lo que este testigo ha dicho es público en esta çibdad entre las personas que dello han notiçia e conosçimiento, e esta es la verdad para el juramento que fiso e porque no supo firmar no lo firmó.

Diego de la Peña (*firmado*)

(*En el margen*): IX Testigo
El dicho Pedro Fernandes Garçipreto, acarreador de vedriado e vesino desta çibdad de Granada, testigo jurado e presentado por el dicho Juan Ximenes, dixo lo siguiente:

Pidió que fuese preguntado por la quinta, e sesta, e sétima, e otava, e novena, e désima pregunta.

(*En el margen*): I A la primera pregunta dixo que conosçe a los qontenidos en la dicha pregunta, porque los conosçe a todos de vista, e trato, e conversaçión que con ellos ha tenido, en espeçial con los olleros, acarreando de mucho tiempo, e al dicho Juan Ximenes lo conosçe ogaño por arrendador.

Fue preguntado por las preguntas generales, dixo que ha hedad este testigo de quarenta e quatro años poco más o menos, e que no es pariente de ninguna de las partes en ninguno de los grados, e que amigo es de las partes, e que vença el que tiene justiçia, e que no fue sobornado ni le toca las otras preguntas generales.

(*En el margen*): V A la quinta pregunta dixo que es verdad que este testigo ha çinco o seys años que entiende en el ofiçio de acarrear el dicho barro, e que ha visto que los maestros que labran el dicho barro lo venden en grueso por cargas. E que este año presente ha visto vender un horno que dauan syete ducados por él, e no lo quiso dar porque valiera más. E que otros dos hornos, por qontrario, vido que se querían vender que dauan a syete ducados este año e no los quisieron dar. E que las cargas e tariqs todo es uno, e que suele valer la tariqa veses a çinco reales e veses a quatro, e veses a tres segund sale lauor, e que ogaño ha visto que se vende la tariqa a medio ducado.

(*En el margen*): VI A la sesta pregunta dixo que la sabe como en ella se contiene, e que lo sabe porque ha visto que los dichos maestros que labran el dicho barro lo venden por junto a los tenderos desta çibdad e a otras personas que lo lleuan a vender fuera desta çibdad.

//fol. 78r

(*En el margen*): VII A la sétima pregunta dixo que la sabe como en ella se contiene, porque este testigo ha visto que muchas personas desta çibdad tienen por ofiçio de conprar en grueso la dicha obra de barro e venderlo en esta çibdad, e fuera parte segund lo tiene dicho en la sesta pregunta.

(*En el margen*): VIII A la otaua pregunta dixo que es verdad que este testigo ha visto como el dicho arrendador requirió a los dichos ofiçiales del barro que no deshornasen ningún horno hasta que viniese a lo ver e escrivir o que se ygualasen, e que asý dixeron que lo harán e que si al tienpo del deshornar no se escriviese la lauor de los hornos al tienpo que se deshornan, que claro está que avrían fraude no estando allí el arrendador para lo escribir. E sy estoviese ygualado, escusado sería estar allí el arrendador ni requerir a ninguno dellos, pero no estando ygualado que si deshornan los dichos hornos si se estima que avría fraude.

(*En el margen*): IX A la nouena pregunta dixo que en esto del vender de los hornos que vnos años hasían muchos e otros años poco, e que en esto no sabría determinar quántos hornos se cuesen e que comúnmente vale cada horno a syete ducados e a ocho, e que los hornos que es de cántaros vale a quatro ducados e a tres, pero los hornos prinçipales valen a syete e a ocho e a dies ducados.

(*En el margen*): X A la désima pregunta dixo que lo que tiene dicho sabe que es público en esta çibdad, e esta es la verdad para el juramento que fiso.

(*En el margen*): X Testigo
El dicho Juan de Jahén, mercader, vesino desta çibdad de Granada, testigo jurado e presentado por el dicho Juan Ximenes en el dicho pleito e cabsa que trata con los dichos olleros desta çibdad dixo lo siguiente:

(*En el margen*): I A la primera pregunta dixo que conosçe al dicho Juan Ximenes Valençiano e a los dichos olleros, a muchos dellos de vista, habla e conversaçión e vesindad que con ellos ha tenido.

Fue preguntado por las preguntas generales, dixo que ha hedad este testigo de treynta e ocho años poco más o menos, e que no es pariente de ninguna de las partes en ningund grado, e que amigo es de las partes, e que vença este pleito el que [tenga justiçia], e que le no le tocan las otras preguntas generales.

//fol. 78v

(*En el margen*): II A la segunda pregunta dixo que la sabe como en ella se contiene. Preguntado cómo lo sabe, dixo que porque desde ~~qesta~~ dies e syete años a esta parte syenpre les ha oýdo a los arrendadores que han sido de la renta de los dichos olleros que se han ygualado. E lo mismo ha oýdo este testigo a los regatones que están en Bib Rambla, que venden el vedriado e cosas del dicho barro, de cómo allá se ygualauan los dichos olleros por sus hornos. E que también les oyó desir a los dichos regatones cómo ellos pagauan e ayudauan al arrendador con alguna cosa para ayuda de la renta unos años más que otros, e que nunca les ha visto en este tienpo registrar. E que los arrendadores sienpre le han dicho a este testigo que ha prouado para que oviesen de registrar los dichos olleros, e ellos se defienden que no ha querido si no ygualarse, asý lo supo de los olleros como de los arrendadores que por quitarse de cargos que no querían registrar.

(*En el margen*): III A la terçera pregunta dixo que no sabe, saluo que lo oýa debatyr a los arrendadores e a otras personas como algunos no se querían ygualar, y desir que les tenía de escrivir la lauor e poner apreçiados, e que en esto sienpre oýa como por se quitar desto se ygualavan.

(*En el margen*): IV A la quarta pregunta dixo que sabe que puede aver dos años poco más o menos tienpo que este testigo se halló en casa de un tinajero christiano viejo, e que vido cómo el arrendador de aquel año señaló e registró con escrivano e testigos todas las tinajas e tinajones, e otras cosas que en su casa tenía pertenesçientes a la renta. E supo este testigo, después de fecho este registro, que se ygualó este christiano viejo con el arrendador, e que lo supo del mismo e del mismo tinajero que se ygualó en çierta cantidad.

(*En el margen*): V A la quinta pregunta dixo que lo que della sabe es que los regatones que venden en la plaça el dicho barro labrado ha sabido que lo conpran de los olleros en grueso, e lo venden en sus tiendas que es por de la tyenda deste testigo. E que ha visto e vee este testigo vender todas las cosas de vedriado más caro e más subido que todos los años pasados, e que lo demás qontenido en esta pregunta que lo no sabe porque este testigo va pocas veses a las ollerías, porque más tiene vesindad con los regatones que venden el dicho vedriado que está por de su tienda, que no con los de las ollerías.

(*En el margen*): VI A la sesta pregunta dixo que ya tiene dicho cómo los dichos regatones, sus vesinos,//fol. 79r conpran el dicho barro labrado para lo tornar a revender en sus tiendas, e que tanbién ha oýdo desto a los mismos olleros como de más de vender a los regatones que venden en Bib Rambla lo enbían fuera parte por cargas a vender. E aún los ha oýdo este testigo a los dichos olleros desyr que sy este arrendador no se yguala con ellos, que lo enbiarían lo más que pudieren fuera parte pues que no se yguala con ellos.

(*En el margen*): VII A la sétima pregunta dixo que sabe este testigo que muchos vesinos dél en Bib Rambla que tienen por ofiçio de conprar el dicho barro labrado e tornarlo a revender. E en lo demás, que dise lo que ay en la sesta pregunta.

(*En el margen*): VIII A la otava pregunta dixo que lo que este testigo puede alcançar es que lo qontenido en la dicha pregunta hasiéndose en prouecho del arrendador que valdría más la renta.

(*En el margen*): IX A la nouena pregunta dixo que no sabe más de quanto ha oýdo este testigo, que se cueze mucha cantidad de hornos en el año, e que segund ha visto este año venden en Bib Rambla las cosas a sus vesinos los regatones del dicho barro, que cree todo lo contenido en la dicha pregunta.

(*En el margen*): X A la désima pregunta dixo que dize lo que dicho tiene e que esto es público e notorio en esta çibdad, e que esta es la verdad para el juramento que fiso, e firmólo de su nonbre. Juan de Jahén (*firmado*)

(*En el margen*): XI Testigo
El dicho Diego Fernandes, mayordomo del Antequeruela e vesino desta çibdad, testigo jurado e presentado por parte del dicho Juan Ximenes Valençiano en el pleito e cabsa que trata con los dichos olleros dixo lo siguiente:

(*En el margen*): I A la primera pregunta dixo que conosçe al dicho Juan Ximenes Valençiano e que conosçe a los dichos olleros desta çibdad de mucho tienpo acá, porque este testigo ha sido ollero e ha tenido mucho conosçimiento con ellos, e al Juan Ximenes le conosçe de un año a esta parte.

//fol. 79v

Fue preguntado por las preguntas generales, dixo que ha hedad este testigo de çinquenta años e más, e que no es pariente de ninguna de las partes, e que amigo es de las partes, e que vença este pleito quien tenga rasón, e que no fue sobornado ni le tocan las otras preguntas generales.

(*En el margen*): II A la segunda pregunta dixo que la sabe como en ella se contiene, preguntado cómo lo sabe, dixo que porque este testigo, teniendo el ofiçio de ollero en esta çibdad, se ygualó con los arrendadores de la dicha renta, desde que está en esta çibdad en que se ygualó más de dos años a reo con los arrendadores por toda la obra de barro que fisiese de les pagar çierta contía de maravedís. E que vido este testigo que todos se ygualavan con los arrendadores por çierta contía de maravedís por cada horno. E que nunca este testigo registró ni vido que los otros olleros registrasen porque todos se ygualavan como dicho tiene.

(*En el margen*): III A la terçera pregunta dixo que lo que sabe es que este testigo vido quando alguno no se quería ygualar que era rebelde, que vido este testigo que los arrendadores le escrevían su horno pero que no le escrevían por cuenta las vasijas sino el horno entero. E lo demás contenido en la dicha pregunta dixo que lo no sabe sino que sienpre vido este testigo muchos años que luego se ygualauan los dichos olleros.

(*En el margen*): IIII A la quarta pregunta dixo que en lo que toca a lo deste testigo e de los otros christianos nuevos, que es verdad que quando venía el arrendador que registravan, pero en lo que toca a lo de los christianos viejos que no lo sabe, y que registrauan sus hornos pero no por vasijas.

(*En el margen*): V A la quinta pregunta dixo que sabe que los dichos olleros han vendido e venden de cada día segund que este testigo lo ha visto ~~el dicho~~ la dicha lauor de barro por tariqas que es çierto número de vasijas, e que este año vale cada tarica a çinco reales, e algunos años a menos, e que lo demás qontenido en esta pregunta que no lo sabe.

//fol. 80r

(*En el margen*): VI A la sesta pregunta dixo que la sabe como en ella se qontiene, e que lo sabe porque este testigo ha visto vender el dicho barro labrado a muchas personas, dello para los regatones desta çibdad que están en Bib Rambla e dello para fuera parte, e esto es muy público e notorio.

(*En el margen*): VII A la sétima pregunta dixo que es verdad que este testigo conosçe muchas personas que tienen por ofiçio de conprar e vender por grueso la dicha lauor de barro, espeçialmente algunos que son maestros que tienen tiendas, e otros que lo tienen por ofiçio de lo conprar en las cantarerías e tornarlo a revender. E que en lo demás ya tiene dicho en la sesta pregunta como venden asymismo para fuera parte.

(*En el margen*): VIII A la otaua pregunta dixo que este testigo no lo ha visto escrivir al tienpo del deshornar, pero que a este testigo le paresçe que es buena diligençia que escrivir quando deshornan para los que son rebeldes que no se quieren ygualar.

(*En el margen*): IX A la nouena pregunta dixo que sabe que ay muchos hornos e que unos años cuezen muchos hornos e otros años pocos, e que no sabe determinar esta pregunta más de saber que cuesen en esta çibdad muchos hornos. E syenpre ha visto este testigo que quando viene el arrendador escrivir su horno cada ollero, e que lo demás qontenido en la pregunta que la no sabe.

(*En el margen*): X A la désima pregunta dixo que lo que este testigo ha dicho es público en esta çibdad de Granada, e esta es la verdad para el juramento que fiso. Diego Fernandes (*firmado*)

//fol. 80v *en blanco*)

//fol. 81r

(*Cruz*)

Juramento de calunya. Posiçiones

(*En el margen*): XII Testigo. Juramento de calunya.

En la çibdad de Granada, en veynte e quatro días del mes de abril, año del nasçimiento de nuestro saluador Jhesuchristo de mill e quinientos e dies e syete años, ante mí, el dicho escribano e testigos de yuso escriptos, paresçió el dicho Juan Ximenes Valençiano e pidió juramento de calunya de Xristóual Nuñes Portugués, so cargo del qual declarasen las partes del dicho ynterrogatorio por posiciones, el qual juró de calunya en forma. Testigos Niculás de Siles e Françisco de Herrera. E lo que declaró a cada pregunta es lo syguiente:

(*En el margen*): I A la primera pregunta dixo que conosçe a los en ella contenidos de vista e habla e mucha conversaçión que ha tenido con las partes, espeçialmente con los dichos olleros.

(*En el margen*): II A la segunda pregunta dixo que la sabe como en ella se contiene. Preguntado cómo lo sabe dixo que porque todos los olleros e este testigo con ellos syenpre se han ygualado con los arrendadores por hornos por çierta cantidad de maravedís. E que lo demás a la cabsa que se fasýa que no lo sabe más de quanto se ygualauan con los arrendadores, e así se ha hecho desde dies e seys años a esta parte que este testigo ha tenido el ofiçio.

(*En el margen*): III A la terçera pregunta dixo que es verdad que a este testigo confesante nunca le escriuieron su horno, e que se ygualava después por quitarse de pleitos, e que oyó desir a algunos del ofiçio e a los arrendadores en los años pasados que el que no se ygualaua le escriuían el horno. E que lo demás contenido en la pregunta que lo no sabe.

(*En el margen*): IIII A la quarta pregunta dixo que es verdad que la oyó como en ella se qontiene, e que no se acuerda a quien lo oyó que desían que contauan e registrauan las tinajas e tinajones.

(*En el margen*): V A la quinta pregunta dixo que es verdad que este testigo vido vender desde el dicho tienpo acá a los dichos olleros la obra que fasían por taricas e por carriles, dellos a seys reales la tarica, e dellos a çinco reales, e otras veses a quatro reales, e ogaño lo ha visto vender a çinco reales cada tarica segund ge lo ha dicho [roto] algunos de los dichos cantareros. E que lo demás qontenido en la pregunta de vender [roto] no lo ha visto este testigo confesante.

//fol. 81v

(*En el margen*): VI A la sesta pregunta dixo que la sabe como en ella se contiene y que la sabe porque ha visto que los maestros que labran el dicho barro lo han vendido como dicho es por taricas e carriles a los tenderos desta çibdad e a otras personas para lleuar a vender a otras partes, e asý lo ha visto este confesante como en la pregunta lo dise.

(*En el margen*): VII A la sétima pregunta dixo que la sabe como en ella se qontiene, e que lo sabe porque ha visto que muchas personas desta çibdad tienen por ofiçio de conprar en grueso por sus taricas e carriles la dicha obra de barro, espeçialmente los dichos christianos nuevos que lo conpran e lo tornan a revender en las tiendas de Bib Rambla e en otras partes como es muy notorio, e en lo demás que es verdad que se conpran de los dichos olleros el dicho barro labrado e lo sacan para fuera desta çibdad como lo tiene dicho en la sesta pregunta.

(*En el margen*): VIII A la otaua pregunta dixo que es verdad, que oyó a algunos maestros del dicho ofiçio e a los arrendadores que desían que escriuían lo que salía quando deshornauan la dicha lauor de barro, e que lo demás no lo sabe.

(*En el margen*): IX A la nouena pregunta dixo que muchos hornos del dicho barro ay en la çibdad pero que no sabe determinar los hornos que se cuesen en cada año, que esto mejor los arrendadores que han sydo.

(*En el margen*): X A la désima pregunta dixo que dize lo que dicho tiene e esta es la verdad por el juramento que hiso.

(*En el margen*): XIII Testigo.

(*En el margen*): Juramento de calunya.
Este dicho día pidió el dicho Juan Ximenes a mí, el dicho escrivano, resçibiese juramento de Martín Alfaguarí e a Juan Alcarrá, olleros, vesinos desta çibdad. Juraron de calunia en forma, siendo yntérprete ~~Françisco de Santillana para ver e presentar como yntérprete~~ Gutierre Domingo, yntérprete de la çibdad e de la Chançillería.

El dicho Martín Alfaguarí aviendo jurado de calunya declaró las preguntas del ynterrogatorio en la forma siguiente, por lengua del dicho Gutierre Domingo.

//fol. 82r

(*En el margen*): I A la primera pregunta dixo que conosçe al dicho Juan Ximenes, arrendador de los olleros deste año e asymismo conosçe a los olleros desta çibdad de vista, e habla, e trato, e conversaçión porque este testigo es del ofiçio ollero.

(*En el margen*): II A la segunda pregunta dixo que la sabe como en ella se contiene, e que la sabe porque desde que esta çibdad se ganó syenpre ha visto este confesante que los dichos olleros se han ygualado con los arrendadores por lo que podían, e que nunca los vido registrar a esta cabsa ni en pleito hasta agora. E que se ygualauan por todo el año por todo lo que fisiesen e no por hornos si no por todo el año, e que en esto se tenía esta forma en que el primer día del año el primer horno que se cozía yva el arrendador, e por aquel horno a las vistas se yguala<van por todos los otros hornos que cosiesen al preçio de aquel>.

(*En el margen*): III A la terçera pregunta dixo que este testigo no vido escrivir al que se quería ygualar, saluo que el arrendador los dexaua haser dos o tres hornos syn registrar, e que en esto se ygualauan con él <por la horden del primer horno>, y que si alguno se escrivía que no se quería ygualar que este confesante no lo ha visto.

(*En el margen*): IIII A la quarta pregunta que la no sabe.

(*En el margen*): V A la quinta pregunta dixo que quando en esta çibdad estauan sus altesas, que estén en gloria, vido que vendían este confesante e los otros cantareros el dicho barro labrado en grueso por hornos, no se acuerda a qué presçio los vendían este confesante ni menos los otros cantareros, pero que comúnmente se vende por taricas, después que sus altesas no estouieron en esta çibdad a çinco e quatro pesantes, e si más vale este año que este confesante no lo ha mentado.

(*En el margen*): VI A la sesta pregunta dixo que la sabe como en ella se qontiene, porque esto es muy notorio que los dichos maestros del dicho barro e este confesante con ellos tienen por costunbre de venderlo a los tenderos de Bib Rambla, los quales lo tornan a revender, e que asymismo lo venden por junto e por menudo para lleuar a las alcarías e a otras partes.

(*En el margen*): VII A la sétima pregunta dixo que es verdad como en ella se contiene, porque lo ha [visto] e vee coserse así de mucho tienpo acá como en la pregunta lo dize.

(*En el margen*): VIII A la otava dixo que la no sabe. //fol. 82v

(*En el margen*): IX A la nouena pregunta dixo que la no sabe.

(*En el margen*): X A la désima pregunta dixo que público es lo que tiene dicho. Umono (*firmado*)

(*En el margen*): Juramento de Calunia.

(*En el margen*): XIV Testigo

E después de lo suso dicho, en la dicha çibdad de Granada en veinte e ocho días del dicho mes de abril e del dicho año, el dicho Juan Valençiano pidió que Fernando el Maxgol, ollero, que antes se desía Mafar, vesino que es de Huétor, jurase de calunia, el qual juró e por lengua de Antonio de Aguilar, yntérprete desta çibdad dixo lo siguiente:

(*En el margen*): I A la primera pregunta dixo que conosçe al dicho Juan Valençiano desde Nauidad antes que arrendó esta renta de los olleros, e asymismo conosçe a los olleros desta çibdad de vista e habla e trato e conversaçión que con ellos ha tenido.

(*En el margen*): II A la segunda pregunta dixo que la sabe como en ella se contiene, e que la sabe porque ha treynta años que tiene el ofiçio de ollero, e que después que ella se ganó, sienpre ha visto que los dichos olleros se han ygualado con los arrendadores por cada horno çierta cantidad e a esta cabsa nunca ha registrado ni este testigo se registró ni ha visto registrar.

(*En el margen*): III A la terçera pregunta dixo que nunca vido escrivir la lauor a ninguno ni a este testigo porque sienpre se ygualaua.

(*En el margen*): IIII A la quarta pregunta que la no sabe más de quánto oyó desir a los tinajeros que desían que quando vendían pagauan su alcauala.

(*En el margen*): V A la quinta pregunta dixo que muchas veses ha oýdo desir que los hornos grandes se han vendido dellos a ocho ducados, e dellos a siete, e dellos a seys, e dellos a çinco, e a quatro cada uno, segund qué es, e segund la obra es, e ~~que tanbién~~ tanbién a tres ducados, e por taricas a çinco pesantes, e dellos venden a çinco reales la tarica en grueso.

//fol. 83r

(*En el margen*): VI A la sesta pregunta dixo que la sabe como en ella se qontiene porque es notorio la dicha pregunta en esta çibdad e que antes de ganarse.

(*En el margen*): VII A la sétima pregunta dixo que la sabe como en ella se contiene, porque lo ha visto e vee cada día que muchos lo tienen por ofiçio e lo demás de la dicha pregunta lo ha visto e vee como en ella se qontiene.

(*En el margen*): VIII A la otava pregunta dixo que la no sabe ni tal ha visto.

(*En el margen*): IX A la nouena pregunta dixo que la no sabe.

(*En el margen*): X A la désima pregunta dixo que lo que este testigo ha dicho público es en esta çibdad. Antonio (*firmado*)

(*En el margen*): Juramento de calunya. XV Testigo.

E después de lo suso dicho en el dicho día en las cantarerías, el dicho Juan Valençiano presentó para las posisiones para que jure de calunia a Alonso Alabdarí, ollero, vesino desta çibdad, vesino desta çibdad (*sic*) a la collaçión de san Josep. Juró en forma, dixo que diría verdad.

(*En el margen*): I A la primera pregunta sy conosçía a Juan Valençiano, arrendador de la dicha renta, dixo que sí conosçía a todos los olleros desta çibdad, e a Juan Valençiano desde Nauidad antes, e a los dichos olleros de mucho tienpo atrás.

(*En el margen*): II A la segunda pregunta dixo que la sabe como en ella se qontiene, e que lo sabe como en ella se qontiene (*sic*) e que lo sabe porque desde que esta çibdad se ganó lo ha visto usar e guardar, e que este confesante se ha ygualado todos los dichos años por çierta cantidad de maravedís, e los otros por fornos como se ygualauan por lo que podían.

(*En el margen*): III A la terçera pregunta dixo que nunca lo ha visto, porque todos se han ygualado con los arrendadores que han sido sin pleito e sin rebuelta.

(*En el margen*): IIII A la quarta pregunta dixo que la sabe como en ella se qontiene, e que lo sabe porque lo ha visto que los que no se querían ygualar les registravan todas las tinajas e tinajones e las otras vasijas.

(*En el margen*): V A la quinta pregunta dixo que lo de los hornos ~~no sabe desde~~ [roto] que unos años venden por seys ducados e otros por ~~syete~~ çinco [roto] e ....[roto] //fol. 83v a quatro reales e dello a quatro reales e medio e ~~desde personas antes~~ e que algunas veses se ha vendido a çinco reales.

(*En el margen*): VI A la sesta pregunta dixo que la sabe como en ella se qontiene, e que lo sabe porque lo ha visto e vee que se venden para los tenderos de Bib Rambla e para fuera parte, e este testigo asymismo lo ha fecho.

(*En el margen*): VII A la sétima pregunta dixo que muchos lo tienen por ofiçio de conprar el dicho barro labrado e de lo vender, e en lo desta que dize lo que dicho tiene en la sesta pregunta, que es que lo sacan tanbién para fuera parte.

(*En el margen*): VIII A la otava pregunta dixo que quando comiença a salir el humo llaman al arrendador, e le hasen saber de aquel horno, e escrívelo e va syn más, que contar que nunca se ha usado ni usa.

(*En el margen*): IX A la novena pregunta dixo que no la sabe.

(*En el margen*): X A la désima pregunta dixo que lo que este testigo ha dicho público es en esta çibdad entre las personas que dello tienen notiçia. Antonio (*firmado*)

(*En el margen*): Juramento de calunya.

(*En el margen*): XV Testigo.
E después de lo suso dicho en la dicha çibdad de Granada en el dicho día veynte e ocho de abril del dicho año, el dicho Juan Valençiano presentó ~~por testigo~~ para las dichas posiciones para que jurase de calunya a Gonzalo el Gorí, ollero, que antes se desýa Hamete el Gorí, juró en forma.

(*En el margen*): I A la primera pregunta dixo que él conosçía al dicho Juan Valençiano desde este año que tomó esta renta, e a los olleros desta çibdad que los conosçía desta çibdad desde que era niño, e que los conosçe de vista, e habla, e trato, e conversaçión que con ellos ha tenido.

(*En el margen*): II A la segunda pregunta dixo que la sabe como en ella se qontiene, e que la sabe porque lo ha visto muchas veses como la dicha pregunta dise.

(*En el margen*): III [A la] terçera pregunta dixo que la no sa [be más de que] ha visto [roto] se escrivían [roto]

//fol. 83Ar

(*En el margen*): IIII A la quarta pregunta dixo que la sabe como en ella se qontiene porque lo ha visto.

(*En el margen*): V A la quinta pregunta dixo que ha visto vender por taricas muchas veses a quatro reales, e ~~çinco~~ a çinco reales, e a quatro e medio, en grueso, e la obra que no es muy buena que sale sarnosa va dos taricas por uno, e lo demás qontenido en la pregunta no lo sabe.

(*En el margen*): VI A la sesta pregunta dixo que la sabe como en ella se qontiene porque asý lo ha visto, e este confesante lo ha hecho como ofiçial del ofiçio en la pregunta siguiente.

(*En el margen*): VII A la sétima pregunta dixo que la sabe como en ella se qontiene porque como sabía del ofiçio, sabe e conosçía todo lo contenido en la dicha pregunta.

(*En el margen*): VIII A la otaua pregunta dixo que la forma que se tiene segund este ~~testigo~~ confesante lo ha visto e usado, es que quando querían deshornar, ningund osa deshornar hasta que llamen al arrendador, e no se cosentiese abrir porque no se escriue por menudo, syno por horno, e que a este confesante le ha acaesçido quando era arrendador Alonso de Jahén de escrevir veynte días después de cosido, que no daua licençia para deshornar porque andaua en pleito sobre el ygualarse.

(*En el margen*): IX A la nouena pregunta dixo que lo que este confesante hase cada año podría declarar, pero que los hornos que se cuesen en cada año este confesante no lo sabe declarar.

(*En el margen*): X A la désima pregunta dixo que lo que dicho tiene es muy público en esta çibdad. Antonio (*firmado*)

(*En el margen*): XVI Testigo

(*En el margen*): Juramento de calunia.
E después de lo suso dicho, el dicho Juan ~~Ximenes Valençiano~~ <Alcarrá> en el dicho día declaró lo syguiente por virtud del juramento que fiso.

(*En el margen*): I A la primera pregunta dixo que conosçe al dicho Juan Valençia[no] e a los olleros que los conosçe [roto] //fol. 83Av

(*En el margen*): II A la segunda pregunta dixo que la sabe como en ella se qontiene porque lo ha visto por muchas veses e a esta cabsa no ha avido lugar de se registrar como en la pregunta V lo dize.

(*En el margen*): III A la terçera pregunta dixo que la no sabe más de quanto que el que no se quiere ygualar le escrivían solamente su forno de cada uno, e que jamás ha visto este confesante que en ningund año quedase ninguno por se ygualar.

(*En el margen*): IIII A la quarta pregunta dixo que la sabe como en ella se contiene, e que la sabe por antaño lo vido registrar a veses de voluntad de los tinajeros.

(*En el margen*): V A la quinta pregunta dixo que por hornos no lo ha visto vender sino por taricas o por caminos unas veces por quatro reales, e otras por quatro reales e medio por cada tarica, e a las veses como se ygualan.

(*En el margen*): VI A la sesta pregunta dixo que la sabe como en ella se qontiene porque lo ha visto e vee de cada día, e este confesante lo ha vendido e vende de cada día, asý a los tenderos desta çibdad como a forasteros para fuera parte.

(*En el margen*): VII A la sétima pregunta dixo que la verdad es que muchos lo tyenen por ofiçio que la pregunta dize, y avrá dize más que muchos olleros se lo venden en Bib Rambla, que tiene allí tiendas, sy lo tornan a revender, se lo venden ellos, e en el Albaysín asymismo aqostumbran lo vender para fuera parte, como en la dicha sesta pregunta lo ha dicho, e que más se venden para fuera, que no lo quiere vender en la çibdad.

(*En el margen*): VIII A la otava pregunta dixo que nunca lo ha visto haser, porque nunca se ha contado la lauor, saluo solamente escrevir los hornos e que viendo [roto] el humo lo vienen a escrivir los arrendadores los dichos hornos //fol. 84r

(*En el margen*): IX A la novena pregunta dixo que la no sabe.

(*En el margen*): X A la désima pregunta dixo que lo que qontiene es verdad, e público e notorio. Antonio (*rubricado*)

~~Otrosý, presentó para que jurase de calunia a Fernando Alabedí, en el dicho día, que de antes se desía Caçán Alabedí, juró en forma, declaro por posisiones lo syguiente.~~
~~(*en el margen:*) I A la primera pregunta dixo que conosçe a los qontenidos en la dicha pregunta de vista, e habla e conversaçión que con ellos ha tenido.~~
~~(*en el margen:*) II A la segunda pregunta dixo que ha visto de quatro años a esta parte, que algunos se han ygualado e otros no.~~

(*En el margen*): XVIII Testigo

(*En el margen*): Juramento de calunya
Presentó para las dichas posiçiones a Françisco el Guadixí, ollero, que antes se desía Mafad. Juró en forma de derecho lo qontenido en las dichas posiçiones.

(*En el margen*): I A la primera pregunta dixo que conosçe a los en ella qontenidos de vista, e habla, e trato, e conversaçión que con ellos ha tenido.

(*En el margen*): II A la segunda pregunta dixo que la sabe como en ella se qontiene, porque syenpre se ygualauan, e él se ha ygualado por hornos.

(*En el margen*):III A la terçera pregunta dixo que contino se escrevían los hornos, e andavan en pleitos e que en fuer se han ygualado lo mejor que ha podido con los arrendadores, e esto sabe desta pregunta.

(*En el margen*): IV A la quarta pregunta dixo que este confesante no es tinajero, ni entiende en aquel ofiçio, e por eso no sabe lo de los tinajeros.

(*En el margen*): V A la quinta pregunta dixo que este testigo lo ha visto vender e lo ha [roto] por taricas a çinco reales e a menos, e que por fornos [roto] visto vender, e otras personas lo conpran por sartas [roto].

//fol. 84v

(*En el margen*): VI A la sesta pregunta dixo que la sabe como en ella se qontiene, porque este [testigo] ha vendido como en la pregunta lo dize, por taricas, por dosenas, por sartas e asý para la çibdad como para fuera parte.

(*En el margen*): VII A la sétima pregunta que dize lo que dicho tiene en la sesta pregunta, e que así lo tiene por ofiçio, e que algunos de los olleros ponen algund conpañero que lo venden por ellos.

(*En el margen*): VIII A la otava pregunta dixo que no se ha usado lo qontenido en la dicha pregunta saluo que los hornos quando los han de deshornar llaman al arrendador e escrive el horno, e no deshornan hasta que viene o da licencia, e que no lo abren syn su licencia, e que hartas veses se está el horno dies días por abrir, pero que la lauor no la ha visto este confesante escrivir, sino solamente los hornos.

(*En el margen*): IX A la nouena pregunta dixo que la no sabe.

(*En el margen*): X A la désima pregunta dixo que lo que ha dicho es verdad e público. Antonio (*firmado*)

Yo, Diego de la Peña doy fe, escribano e resebtor nonbrado doy fe desta prouança e destos juramentos de calunya aquí contenidos.

Diego de la Peña, escribano (*rubricado*)

Va testado onde dis del, e onde dis sacar, e onde dis el horno e las, e onde dis es, e onde dis que la sabe, e onde dis e a lo alo menos que de, e onde dis ygualar, e onde dize sus casas provar, e onde dis e lo demás que este testigo no lo sabe, e onde dis porque, e onde dis asý, e onde diz pero, e onde dis ha mucho, e onde diz en, e onde diz el, e onde diz escrevir, e onde diz//fol. 85r e onde dis testigo, e onde dis Françisco de Se [roto] e presente otro yntérprete, e onde dis Santillana para e el [roto], e onde dis que tanbién, e onde dis non sabe determinar, e onde dis [roto], e onde dis desde personas acá, e onde dis por testigo, e onde dis çinco, e onde dis [roto] e medio. E testados seys renglones. E va sobre raýdo onde dis e que, e onde dis que, e onde dis maravedís, e onde dis vido que la lauor, e onde dis que cabría en la, e onde dis segunda, e onde dis e. E entre renglones onde dis en dar sentençia en ello, e onde dis se vendió, e onde dis los regatones, e onde dis por la horden del primer horno, e onde dis la lauor. Vala no le enpesca.

Diego de la Peña, escribano (*rubricado*)

E va entre renglones onde dis Alcarrá, e testado onde dis Ximenes Valençiano, vala.

Tasaçión costas escriuano

De medio día que andouo por las ollerías e a Bib Rambla tomando las declaraçiones de los juramentos de calunya que se ocupó XXX

De presentaçión de quinse testigos XXXII

De presentaçión de siete olleros para que declarasen por posiçiones XIIII

De quinse hojas e media de escriptura desta prouança CLV

Preçio de todo CCXXXI

//fol. 85v

(*Cruz*)

[roto] çibdad de Granada a quatro días del mes de mayo de mill e quinientos e dies e siete años, me entregó esta prouança Diego de la Peña, reçeptor ante quien pasó.

//fol. 86r (*blanca*)

//fol. 86v (*En el margen*): Cantareros

//fol. 87r

(*Cruz*)

Provança
Los olleros desta çibdad de Granada de la una parte
contra
Juan Ximenes Valençiano, arrendador del barro desta dicha çibdad.
Escrivano Fernand Pérez
Relator Vásquez

//fol. 87v (*blanca*)

//fol. 88r (*blanca*)

//fol. 88v

Ramires
Fernando Xarif, tendero
Juan de Madrid
Garçipreto
Áluaro de Jahén
Juan Foçay
Christóual Nuñes
Diego de Santa Crus
VI testigos a XXV reales
CXX
XXX
____

CL reales

(*En el margen*): Prouança olleros contra el arrendador
Mandóse el proçeso
Fernando Xarif, tendero a Bib Rambla
Áluaro de Jahén, arrendador
Juan Ramires, arrendador

//fol. 89r

Por las preguntas syguientes an de ser preguntados e desaminados los testigos que por parte de los olleros desta çibdad fueren presentados para en el pleyto que tratan con Juan Ximenes Valençiano.

(*En el margen*): I Primeramente sean preguntados sy conosçen a los dichos olleros e sy conosçen al dicho Juan Ximenes

(*En el margen*): II Yten, sy saben, creen, vieron, oyeron dezir que después acá que esta çibdad se ganó, que los dichos olleros e ~~horneros~~ <los que tienen hornos> e vendedores del barro desta dicha çibdad <no han registrado> ni los arrendadores que an sydo les an pedido que hagan registro, e sy lo contrario fuera no podía ser, sino que los testigos lo supieran.

(*En el margen*): III Yten, sy saben que aunque se haga el dicho registro del dicho barro, es ynposible los dichos olleros e vendedores dar cuenta del dicho barro porque se quiebra muncho dello, e después de quebrado no se puede dar la dicha cuenta ~~dello~~ <ni saber> qué se quiebra, si es de jarros u ollas o de platos o de escudillas o sy es de ollas grandes o pequeñas y otras cosas semejantes.

(*En el margen*): IIII Yten sy saben que todo lo suso dicho es pública boz e fama.
El liçençiado de Baeça (*rubricado*)

DCLXXX
DCLXXX
XXXI

//fol. 89v (*blanca*)

//fol. 90r

(*Cruz*)

(*En el margen*): Presentaçión.
Testigo I

En la nonbrada e grand çibdad de Granada, estando en ella la abdiençia e chançillería de sus altesas, en veynte e un días del mes de abril, año del nasçimiento de nuestro saluador Jhesuchristo de mill e quinientos e dies e syete años, ante mí, Diego de la Peña, escribano e resebtor nonbrado por los señores presidente e oidores de la abdiençia e chançillería que reside en esta dicha çibdad de Granada, en el pleito que los olleros desta dicha çibdad tratan con los arrendadores del barro, paresçió Luis Tristán, procurador desta corte e chançillería e de los dichos olleros e hiso presentaçión para en el dicho pleito en nonbre de los dichos olleros a Juan Ramires, vesino desta çibdad, del qual yo, el dicho reçebtor, resçibí juramento en forma devida de derecho por Dios e por Santa María e señal de la crus e palabras de los euangelios en forma, etc. Testigos que fueron presentes Fernand Pérez Gallego, escribano de la dicha abdiençia real.

(*En el margen*): Ynterrogatorio
Presentó otrosý el ynterrogatorio Sebastián de Málaga.

(*En el margen*): Poder sustituto
E después de lo suso dicho, en la dicha çibdad de Granada, en el dicho día e mes e año suso dichos, ante mí, el dicho escribano, paresçió Antón de Cevallos, procurador de los olleros desta çibdad, e dixo que para presentar los testigos en esta cabsa, en nonbre de los dichos olleros desta çibdad, por virtud del poder que dixo que de ellos tiene, sustituýa e sustituyó en su lugar a Sebastián de Málaga, vesino desta çibdad, ollero, que presente estaua, e para guarda del dicho caso haga todas las diligençias que el dicho Ceuallos le puede faser por virtud del dicho poder, reléuole segund que él es releuado, obligó los bienes en él obligados de los dichos olleros en él obligados (*sic*) de aver por firme todo lo que fisiere de la dicha presentaçión de testigos, e todo lo a ello anexo otorgó sustituçión bastante. Testigos Juan Sanches de Vreta e Alonso de Tamayo e Lorenço de la Fuenllana, vesinos de Granada.

(*En el margen*): Presentaçión III
E después de lo suso dicho, en la dicha çibdad de Granada, en veynte e tres de abril del dicho año, el dicho Sebastián de Málaga, presentó por testigo a Fernando Xarif, tendero de hortalisa en Bib Rambla, juró en forma en presençia del dicho Juan Ximenes, en forma e asymismo presentó a Juan de Madrid, alamín espeçiero, juró en forma. Presentó Garçipreto e asymismo presentó a Garçipreto, juró en forma.

(*En el margen*): Presentaçión I
E después de lo susodicho, en la dicha çibdad de Granada, en el dicho día presentó por testigo a Áluaro de Jahén, vesino desta çibdad, juró en forma devida. Testigos Fernando de Çafra, librero.

//fol. 90v

(*En el margen*): Testigo
E después de lo suso dicho en la dicha çibdad de Granada, en la abdiençia real presentó el dicho Sebastián de Málaga a Juan Focay, del qual yo, el dicho reçebtor, resçibí juramento en forma devida de derecho. Testigos el bachiller Nofre de Lisón, vesino de Granada.

(*En el margen*): Presentaçión testigo.
E después de lo suso dicho, en la dicha çibdad, en el dicho día, el dicho Sebastián de Málaga presentó a Christóual Nuñes, portugués, cantarero que solía ser. Juró en forma. Testigos Christóual de Linyano, vesino de Granada.

(*En el margen*): Presentaçión testigo.
E después de lo suso dicho, en la dicha çibdad de Granada, en dos días de mayo del dicho año, el dicho Sebastián de Málaga presentó por testigo a Diego de Santa Cruz, acarreador de los olleros, juró en forma etc. Testigos Christóual de Linyan e Françisco de Sierra.

(*En el margen*): VIII testigos.
Diego de la Peña, escribano (*rubricado*)

//fol. 91r

Testigos olleros

(*En el margen*): Testigo
E lo que los dichos testigos e cada uno dellos presentados por parte de los dichos olleros en la dicha cabsa e pleito que tratan con el arrendador dellos, seyendo tomados secreta e apartadamente e cada uno sobre sý, e seyendo tomados e esaminados por el tenor del dicho ynterrogatorio presentado por parte de los dichos olleros, dixeron e depusieron lo que sigue:

(*En el margen*): I Testigo
El dicho Áluaro de Jahén, vesino desta çibdad de Granada, testigo jurado e presentado por parte de los dichos olleros en el pleito e cabsa que tratan con el arrendador de la renta de los dichos olleros dixo lo siguiente:

(*En el margen*): I A la primera pregunta dixo que conosçe al dicho Juan Ximenes e a mucha parte de los olleros desta çibdad de vista, habla e conversaçión que con ellos a tenido, al dicho Juan Ximenes de un año a esta parte e a los suso dichos olleros de çinco o seys años a esta parte.
Fue preguntado por las preguntas generales, dixo que ha hedad este testigo de çinquenta e çinco años poco más o menos, e que no es pariente de ninguna de las partes en ninguno de los grados, e que amigo es dellos, e que vença quien tiene justiçia, e que no fue sobornado ni le tocan las otras preguntas generales.

(*En el margen*): II A la segunda pregunta dixo que la verdad es que este testigo tovo la renta de los dichos olleros quatro años, e que en todo este tienpo no registró a los dichos olleros ni oyó desir que les ouiesen registrado, porque este testigo se ygualaua con ellos, e que este testigo no les pidió registrar, e que lo demás que no lo sabe.

//fol. 91v

(*En el margen*): III A la terçera pregunta dixo que la lauor que los dichos olleros hasen es menuda e cresida, e platos e escudillas, e muchas veses sale mucha parte del horno quebrado, e es lauor que se quiebra e por lo suso dicho este testigo cree que no se podría haser buen registro, ni el que lo hisiese dar buena cuenta a cabsa de lo que dicho tiene, e lo demás que lo no sabe.

(*En el margen*): IIII A la quarta pregunta dixo que lo que este testigo ha dicho es público en esta çibdad de Granada e esta es la verdad para el juramento que fiso e firmólo de su nonbre. Áluaro de Jahén (*firmado*)

(*En el margen*): Testigo II
El dicho Christóual Nuñes, portugués, cantarero que ha sido en esta çibdad, testigo jurado e presentado por parte de los dichos olleros en el pleito e cabsa que tratan con el arrendador de los dichos olleros dixo lo siguiente:

(*En el margen*): I A la primera pregunta dixo que conosçe al dicho Juan Ximenes de vista e habla de poco tienpo acá, e que a los dichos olleros e cantareros los conosçe a todos de vista e mucha conversaçión que con ellos ha tenido mientras que tovo el cargo de ser del ofiçio del barro, e que agora no entiende en el ofiçio de ollero, por estar lisiado de una mano que le firió uno de Antequera.
Fue preguntado por las preguntas generales, dixo que es de hedad este testigo de quarenta e çinco años poco más o menos, e que no es pariente de ninguna de las partes en ningund grado, e que amigo es de las partes, e que vença este pleito el que tiene justiçia, e que no fue sobornado ni le tocan las otras preguntas generales.

(*En el margen*): II A la segunda pregunta dixo que este testigo ha estado en esta çibdad en el ofiçio de cantarero desde dies e seys años a esta parte, e que en todo este tienpo nunca ha visto este testigo que ayan registrado su obra de barro los dichos cantareros ni menos este testigo. Verdad es que los arrendadores //fol. 92r muchas veses ge lo pidieron a este testigo que fisiese registro de la lauor de su horno, e gelo requirieron que no deshornase hasta que registrasen todo lo que saliese del horno y que todavía este testigo deshornaua syn registrar, e que le truxeron en pleito algunas veses, e que este testigo desýa que de lo que vendiese este testigo por su juramento deste testigo le pagaría el alcauala de dies uno. E que algunos que se entremetían en medio dauan ocasión a que este testigo e otros se ygualasen con el arrendador. E algunas veses no se ygualaua este testigo e mandaua la justiçia desta çibdad, en espeçial el alcalde Montenegro, que mandó por su sentençia que jurase este testigo lo que auía vendido, e que por aquello que jurase, pagase el alcauala al arrendador. E que por lo que juró pagó lo que devía al arrendador por manera que este testigo ni otros olleros, como dicho tiene, no registrauan, porque comúnmente desýan todos ante el jues los dichos olleros que este ofiçio e obra de barro era como espeçiería, e que se vende poco a poco e que se quiebra mucho, e por esto no se registraua e que por quitarse de todos estos debates sienpre este testigo e los otros, desde el dicho tienpo acá, se ygualauan por hornos por çierta cantidad de maravedís.

(*En el margen*): III A la terçera pregunta dixo que es verdad que aunque se fisiese el dicho registro del dicho barro es ynposible, a lo que este testigo alcança de saber como persona que ha mucho tienpo que ha continuado el ofiçio, los dichos olleros e vendedores del dicho barro poder dar cuenta de la obra que hasen, porque a este testigo e a los otros se les quiebran muchas vasijas, e dan a sus amigos, e se vende por menudo, de manera que este testigo ni los otros sienpre hallauan por dubdoso poder dar la dicha cuenta, e que muchas veses le acaesçió a este testigo querer saber lo que monta la hornada que sacaua y no lo pude saber por lo que dicho tiene e porque ay muchas menudençias, porque después de

quebrado no se puede dar la dicha cuenta ni saber lo que se quiebra segund que en la pregunta lo dise, e esto dixo este testigo como persona que lo ha usado.
//fol. 92v

(*En el margen*): IIII A la quarta pregunta dixo que lo que este testigo ha dicho muy público es entre los olleros desta çibdad e vendedores e otras personas que dello tienen notiçia, e esta es la verdad por el juramento que fiso, e porque dixo que no sabía firmar no firmó este su dicho.

(*En el margen*): III Testigo
El dicho Juan de Madrid, espeçiero, vesino desta çibdad de Granada, testigo jurado e presentado dixo lo siguiente:

(*En el margen*): I A la primera pregunta dixo que conosçe a todos los en ella contenidos, de vista e habla e mucha conversaçión que con todos ellos ha tenido, porque este testigo ha sido e es del ofiçio del barro aunque no lo usa, que por se quitar dellos lo ha dexado de usar. Fue preguntado por las preguntas generales, dixo que ha hedad este testigo de çinquenta años poco más o menos, e que no es pariente de ninguna de las partes en ningund grado, e que amigo es dellas, e que vença quien toviere justiçia, e que no fue sobornado ni le tocan las otras preguntas generales.

(*En el margen*): II A la segunda pregunta dixo que la sabe como en ella se contiene. Preguntado cómo la sabe, dixo que porque este testigo ha sido ollero, e que desde que esta çibdad se ganó nunca ha visto que los dichos olleros, los que tienen hornos ni los vendedores del barro desta dicha çibdad que ayan registrado la dicha lauor de barro <por ser obra menuda>, saluo que los ofiçiales que fasen tinajas e cántaros e otras cosas grandes lo registrauan a los arrendadores, porque son cosas que se pueden por esta manera contar, ni los arrendadores ayan pedido el tal registro que este testigo aya visto, e ni cree este testigo que sy el contrario uuiera e ouiera registrado, los dichos olleros que no pudieran ser menos, sino que este testigo lo supiera.

(*En el margen*): III A la terçera pregunta dixo que la sabe como en ella se contiene, porque este testigo ha sido ofiçial en Toledo e en esta çibdad, e nunca nadie le registró cosa alguna de la dicha lauor a cabsa de ser cosa menuda, //fol. 93r e que en ninguna manera se puede dar buena cuenta porque se quiebra mucho y no se podría dar cuenta qué vasijas son las que se quiebran, ni qué pieças son, e que nunca tal ha visto registrar que cosas menudas se aya de dar cuenta dellas.

(*En el margen*): IIII A la quarta pregunta dixo que lo que este testigo ha dicho muy público es en esta çibdad de Granada. Juan de Madrid (*rubricado*)

(*En el margen*): IIII Testigo
El dicho Garçipreto, acarreador de los olleros, testigo jurado e presentado dixo lo syguiente:

(*En el margen*): I A la primera pregunta dixo que conosçía a todos los qontenidos en la dicha pregunta, de vista, e habla, e trato, e conversaçión que con ellos ha tenido de seys años a esta parte porque les acarrea con su asno a los dichos olleros el dicho barro labrado lleuándolo a las tiendas de los olleros desta çibdad.
Fue preguntado por las preguntas generales, dixo que ha hedad de quarenta e çinco años poco más o menos, e que no es pariente de ninguna de las partes, e que amigo es de las partes, e que vença esta cabsa el que touiere justiçia, e que no fue sobornado, corruto ni atemorisado ni le tocan las otras preguntas generales.

(*En el margen*): II A la segunda pregunta dixo que desde que esta çibdad se ganó nunca ha visto este testigo que los dichos olleros e los que tienen hornos e vendedores del barro desta dicha çibdad ayan registrado el dicho barro e obra dello, sino que se ygualauan con el arrendador, pero que los arrendadores han pedido a los dichos olleros que registrasen a los que no se querían ygualar, pero que nunca, como dicho tiene, los ha visto registrar e que sy ouieran registrado que este testigo lo supiera por estar muy continuo con ellos cargando e descargando la dicha lauor de barro.

(*En el margen*): III A la terçera pregunta dixo que segund lo que este testigo ha visto e continuado con los dichos olleros, que aunque hisiesen el dicho registro es ynposible los dichos olleros e vendedores poder dar cuenta del dicho barro porque este testigo ha visto //fol. 93v que cuando deshornan la dicha lauor del dicho barro salen muchas cosas quebrado e tuerto e quemado, e que es ynposible saber qué cosas son las que asý se quiebran para poder dar cuenta verdadera, ni saber lo que se quiebra, si es de jarros o ollas, o de platos o escudillas, o sy es de ollas grandes o pequeñas, o otras cosas semejantes.

(*En el margen*): IIII A la quarta pregunta dixo que este testigo ha dicho público es en esta çibdad de Granada.

(*En el margen*): V Testigo
El dicho Juan Foçay <ollero>, testigo jurado e presentado en la dicha cabsa por parte de los dichos olleros dixo lo siguiente:

(*En el margen*): I A la primera pregunta dixo que conosçe a los en la dicha pregunta contenidos, de vista e habla e conversaçión que con ellos ha tenido como maestro de haser la dicha lauor de barro.
Fue preguntado por las preguntas generales, dixo que ha hedad este testigo de veynte e ocho años poco más o menos, e que no es pariente de ninguna de las partes, e que amigo es de las partes, e que vença quien touiere justiçia, e que no fue sobornado ni le tocan las otras preguntas generales.

(*En el margen*): II A la segunda pregunta dixo que la sabe como en ella se contiene, e que lo sabe porque este testigo ha más de veynte años que usa del ofiçio, e ha visto arrendadores de la obra del dicho barro, pero que nunca ha visto que los dichos olleros ayan registrado la dicha lauor del dicho barro, ni menos ha visto que los arrendadores ayan dicho que fisiesen registro.

(*En el margen*): III A la terçera pregunta dixo que la sabe como en ella se qontiene, e que lo sabe porque ha visto este testigo que aunque registrasen, segund lo que se quiebra, que era ynposible dar buena cuenta de lo que asý registrasen, porque no sabrían dar cuenta sy era de jarros o escodillas o las otras cosas como en la pregunta se contiene, porque no solamente quebrarse mucho, más avía tuerto e quemado e a veses, a las veses (*sic*) perderse la mitad de la obra que meten en el horno ya que sy no çierra bien por amor del ayre se perdería todo, e que syenpre se ha ygualado //fol. 94r con los arrendadores lo mejor que ha podido y nunca ha tenido pleito.

(*En el margen*): IIII A la quarta pregunta dixo que lo que este testigo ha dicho público es en esta çibdad.

(*En el margen*): VI Testigo
El dicho Juan Ramires, testigo jurado e presentado çerca del dicho caso dixo lo siguiente:

(*En el margen*): I A la primera pregunta dixo que conosçía al dicho Juan Ximenes e algunos de los olleros, e en el tienpo que este testigo touo la renta que a todos los conosçía, e a los que agora conosçe con el dicho Juan Ximenes los conosçía de vista e habla e trato e conversaçión que con ellos ha tenido.

Fue preguntado por las preguntas generales, dixo que es de hedad de quarenta años poco más o menos, e que no es pariente de ninguna de las partes, e que amigo es dellas, e que vença quien toviere justiçia, e que no fue sobornado ni le tocan las otras preguntas generales.

(*En el margen*): II A la segunda pregunta dixo que en el tienpo que este testigo fue arrendador del dicho barro que fueron dos años, nunca pidió a los dichos olleros que le registrasen cosa alguna, porque este testigo se ynformó de los arrendadores de antes, e le dixeron que nunca les avían pedido a los dichos olleros que registrasen ni avían registrado, eçebto que los hornos que cosýan los dichos olleros le venían a haser saber a este testigo cómo avían cocho para que este testigo lo asentase en su libro como arrendador, por quanto los dichos olleros se ygualaron con este testigo por la venta e reventa del dicho barro. Porque asý lo halló este testigo por uso de otros arrendadores e este testigo no se lo quebrantó, e que se ygualaua este testigo por lo que mejor podían por los hornos, e el que no se quería ygualar lo cometía a registrarlo, pero que nunca salió con ello, porque ellos se ygualauan por hornos de la manera que dicho tiene, por venta e reventa.

(*En el margen*): III A la terçera pregunta dixo que asý es la verdad como en la pregunta se contiene, porque este testigo lo supo como arrendador algunas veses en que le diesen //fol. 94v la qüenta e fisiesen el dicho registro e ellos le mostraban ante testigos tantas cosas quebradas que era ynposible de dar dellos buena cuenta e que este testigo tomargela e por eso se ygualava e convenía con ellos lo mejor que podía, e esto sabe desta pregunta.

(*En el margen*): IIIII A la quarta pregunta dixo que asý fue e es público e notorio en esta çibdad entre las personas que dello han tenido e tienen memoria, e esta es la verdad de este testigo por el juramento que fiso. Juan Ruis (*rubricado*)

(*En el margen*): VII Testigo.
El dicho día Diego de Santa Cruz, acarreador del dicho barro labrado, vesino desta çibdad, testigo presentado por parte del dicho Sebastián de Málaga, aviendo jurado segund de suso dixo lo syguiente:

(*En el margen*): I A la primera pregunta dixo que conosçía a todos los contenidos en la dicha pregunta, de vista e habla e trato e conversaçión que con ellos ha tenido e tiene de cada día, porque este testigo los acarrea cada día todo el barro labrado e que al dicho Juan Ximenes lo conosçe por arrendador deste año acá.

Fue preguntado por las preguntas generales, dixo que su hedad deste testigo es quarenta años poco más o menos, e que no es pariente de ninguna de las partes, e que no es enemigo de ninguna de las partes, e que vença quien toviere , e que no fue sobornado ni concurre en él las otras preguntas generales.

(*En el margen*): II A la segunda pregunta dixo que la sabe como en ella se contiene, preguntado cómo lo sabe, dixo que por este testigo ha visto desde quinse años a esta parte, en que los más destos años ha seýdo acarraedor del dicho barro labrado, que nunca los dichos olleros, los que tienen fornos, ni vendedores del barro desta dicha çibdad, no han registrado el dicho barro labrado, ni menos ha visto que los arrendadores les aya pedido que fagan el dicho registro, porque con los dichos olleros tiene que no pudiera ser menos, si no que este testigo lo viera o lo supiera.

//fol. 95r

(*En el margen*): III A la terçera pregunta dixo que la sabe como en ella se contiene, e que la sabe porque este testigo sienpre ha visto que el dicho barro labrado, quando desforna sale mucho quebrado, e que por esto cree este testigo que no podían dar buena cuenta.

(*En el margen*): IIII Para la quarta pregunta dixo que lo que este testigo ha dicho público es en esta çibdad.

(*En el margen*): VIII Testigo.
El dicho Fernando Xarif, tendero de hortalisas e ofiçial que es del ofiçio de cantarero, testigo jurado e presentado por parte de los dichos olleros, en dicho el pleito e cabsa que tienen con el arrendador del barro dixo lo siguiente:

(*En el margen*): I A la primera pregunta dixo que conosçe a todos los contenidos en la dicha pregunta, de vista, fabla e conversaçión que con ellos ha tenido.

Fue preguntado por las preguntas generales, dixo que ha hedad de treynta e çinco años poco más o menos, e que no es pariente de ninguna de las partes en ningund grado, e que ni es amigo ni enemigo de ninguna dellas, e que vença el que toviere justiçia, e que no concurren en las otras nulidades de la ley.

(*En el margen*): II A la segunda pregunta dixo que la sabe como en ella se contiene, preguntado como lo sabe, dixo que porque este testigo ha sido ollero por tiempo e espaçio de más de veinte años, e después que ha visto a arrendadores del barro desta çibdad nunca este testigo registró la obra del dicho ofiçio, ni menos vido registrar a los otros del ofiçio ni a los que tienen fornos, syno que siempre les veýa ygualar lo mejor que podían los dichos olleros, con los dichos arrendadores, ni menos vido que los arrendadores pidiesen registrar, saluo que pedían registro del horno por entero, e de las tiendas que venden de reventa.

(*En el margen*): III A la terçera pregunta dixo que la sabe como en ella //fol. 95v se contiene, e que lo sabe como ofiçial antiguo del ofiçio, e segund lo que dello conosçe aunque se hisiese el dicho registro del dicho barro labrado es ynposible los dichos olleros e vendedores dar cuenta del dicho barro, porque este testigo ha visto e vee de continuo que cuando deshornan sale mucho quebrado, e muchachos que furtan mucho dello, por manera que segund esto sería ynposible dar cuenta verdadera ni saberse lo que se quiebra de qué pieça es.

(*En el margen*): IIII A la quarta pregunta dixo que lo este testigo ha dicho público es en esta çibdad entre las personas que dello tienen notiçia e conosçimiento.

Yo Diego de la Peña, escribano e reçebtor nonbrado doy fee desta prouança e va escripta en estas seys hojas de papel

Diego de la Peña, escribano (*rubricado*)

Derechos del reçebtor

De ocho testigos, del primero viii, e de los otros a iiii XXXVI

Del poder sustitutorio que Çavallos otorgó a uno de los olleros XVIII

De çinco hojas e media de esta prouança LV

Son CIX

Pregón tres reales

En VI de abril de IUDXVII años me la enbió Diego de la Peña, reçebtor ante quién pasó. Pregonó la presentaçión.

//fol. 96r (*blanca*)

//fol. 96v (*blanca*)

//fol. 97r

(*En el margen*): Provança del abto
Lo primero si conosçen al dicho Juan Ximenes Valençiano e sy conosçen a los olleros desta çibdad de Granada.
Que los conosçen.

(*En el margen*): Ynterrogatorio
Yten, sy saben, creen, vieron, oyeron dezir que después acá questa çibdad se ganó de los moros, los dichos olleros, continuamente, en cada un año, se an ygualado con los arrendadores de la renta del barro de les pagar çierta quantía de maravedís por cada horno que hiziesen y que a esta cabsa no han registrado ni tenido nesçesidad de registrar.

<véase el interrogatorio originalmente, porque lo dize todo junto y no por preguntas>

(*En el margen*): II Testigo
Dixo que lo que della sabe es que de diez años a esta parte que este testigo a visto e vee que los ofiçiales de los olleros se an ygualado con los arrendadores que an sido en los años pasados, eçebto este presente año que no se an querido ygualar. E esto que lo sabe porque algunas vezes los dichos olleros se an ygualado ante él como escribano.

(*En el margen*): III Testigo
Dixo que lo que della sabe es que el año pasado de mill y quinientos e dies e seys años, los olleros desta çibdad o la mayor parte dellos se ygualaron por ante este testigo como escribano con Françisco de Baeça, arrendador de la renta de la hagüela, en que entra la renta del barro, cada uno dellos por çierta quantýa de maravedís por cada horno que coziesen, segund más largo se contiene en las ~~yglesyas~~ ygualas que se otorgaron ante este testigo a que se refiere. E que lo demás contenido en la dicha pregunta que lo non sabe, más de quanto es çierto y claro que ya que están ygualados no ay nesçesidad de registrar.

(*En el margen*): IIII Testigo
Dixo que este testigo touo el año de quinientos y diez, e honze, e doze, e treze la dicha renta del barro e todos los dichos quatro años se yguáló con los dichos olleros por çierta quantýa de maravedís, segund hera cada horno, e que a oýdo que ansý lo hazía todos los que antes deste testigo arrendaron la dicha renta e que a esta cabsa no registrauan.

(*En el margen*): V Testigo
Dixo que la sabe como en ella se qontiene, e que la sabe desde ocho años a esta parte porque este testigo tovo la renta de los dichos olleros, se ygualaron con este testigo por hornos de le pagar çierta can[tidad por cad]a horno, asi-//fol. 97v mismo, antes e después ha visto este testigo que <con> todos se an ygualado por hornos y así es público después que esta çibdad se ganó. E que los que no se querían ygualar con este testigo y los otros arrendadores que han sydo, les requerían que registrasen e que no esperauan a registrar, sino que avían por bien de ygualarse por no ponerse en registro por el trabajo que es.

(*En el margen*): VI Testigo
Dixo que desde que esta ~~testigo se ganó~~ çibdad se ganó syenpre a visto aver alguna

diferençia entre los arrendadores de los olleros con los dichos olleros, pero que en fyn, todos los años, los a visto que se an ygualado por çierta quantidad de maravedís por cada horno que hiziesen, e que a esta cabsa de se ygualar nunca este testigo los vido registrar. E que esto que lo sabe de las dichas ygualas, porque lo vido munchas vezes hazer las dichas ygualas de los dichos olleros con los dichos arrendadores, e que los primeros años que la çibdad se ganó, no sabe quántos años fueron, no pagauan alcauala ni avía arrendador, pero que siempre uvo arrendamiento de la ~~renta~~ dicha renta, dize lo que dicho tiene. <El primer testigo se vea originalmente, y el X testigo y el XI testigo>.

~~III pregunta. Yten sy saben que todos los tinajeros y todos los otros christianos viejos que labran el dicho barro en esta çibdad~~

(*En el margen*): III pregunta. Yten sy saben que si alguno no se quería ygualar con los dichos arrendadores, le escrevían toda la dicha lavor que cozían en el tal horno y traýan personas que tasasen el ualor de las vasijas que se cozían en el tal horno, y conforme a la dicha tasaçión pagavan el alcavala. E digan los testigos lo que çerca desto saben.

(*En el margen*): II Testigo
Dixo que la sabe como en ella se contyene, porque antes que este testigo algunas vezes algund ollero que no se quería ygualar le hazían registrar todo el barro que tenía, asý lo cozido que tenía o le avía quedado del año pasado, como lo que en los hornos cozían. E que en lo de la tasaçión solamente lo vido una vez hazer y luego dende a dos o tres días se yguló y no fue menester seguir la tasaçión, e que por esto la sabe.

(*En el margen*): IIII Testigo.
Dixo que çiertas personas que no se querían ygualar por la lauor que hazían, en el tiempo que este testigo tuvo la dicha renta, que la justiçia le daua mandamiento para dos ofiçiales del ofiçio para que el tal horno se tasase su balor, para que del dicho valor este testigo cobrase el alcauala, y esto se hazía antes que se abriese el horno. Y sy alguna vez algunos olleros abrían qualquiera horno de los que cozían sin estar presente el arrendador, pagaua dos alcaualas, conforme a una condiçión fecha para la dicha renta. Y este testigo, c[obraba] las dichas dos alcaualas a çiertos maestros e conforme a la tas[açión] [*roto*] este testigo el alcavala dello.

//fol. 98r

(*En el margen*): V Testigo
Dixo que este testigo no truxo pleyto con nynguno, ni menoscavó la renta porque viniese a efeto de tasarse los hornos y dar sentençia en ello, pero que otros arrendadores vido este testigo que truxeron pleyto con algunos tinajeros e olleros, que les pedían que confesasen lo que cabía cada horno y qué tanto valía, e que algunos de los tinajeros no dezían la verdad, e que el juez mandó tasar los hornos lo que cabían, e por lo que mandó tasar sentençiaron a Suares, tinajero, e a Pedro Ruys y a Jorge Ruys e a otros en favor de Peligrín, que a la sazón tenía la renta de los tinajeros. La qual sentençia dieron los notarios de sus altezas, e le pagaron por secutoria todos los maravedís que montó el alcavala de las arrovas que cabían en los hornos tasadas al presçio que se vendían. E que esto de la sentençia que lo oyó y que fue muy público.

(*En el margen*): VI Testigo
Dixo que lo oyó desir.

(*En el margen*): XI Testigo

Dixo que lo que sabe es que este testigo vido quando alguno no se quería ygualar, que hera rebelde, que vido este testigo que los arrendadores le escreuían su horno pero que no le escreuían por cuenta las vasijas sino el horno entero. E lo demás contenido en la dicha pregunta que no lo sabe, sino que en fin vido este testigo muchos años que luego se ygualavan los dichos olleros.

<de aquí adelante son las partes que responden al juramento de calunya>

(*En el margen*): XII Testigo

Dixo que es verdad que a este confesante nunca le escriuieron horno, e que se ygualava después por quitarse de pleytos. E que oyó desir algunos del ofiçio e a los arrendadores en los años pasados que el que no se ygualava le escreuían el horno. E que lo demás contenido en la pregunta que no lo sabe.

(*En el margen*): XIII Testigo

Dixo que este testigo no vido escrevir al que no se quería ygualar, salvo que el arrendador les dexava hazer dos o tres hornos syn registrar, y que en fin se ygualava con él por la horden del primer horno. Y que sy alguno se escrivía que no se quería ygualar que este confesante no lo a visto.

(*En el margen*): XIIII Testigo

Dixo que nunca vido escrevir la lavor a ninguno ni a este testigo porque sienpre se ygualava.

(*En el margen*): XV Testigo

Dixo que nunca lo a visto porque todos se an ygualado con los arrendadores que an sido sin pleyto y sin rebuelta.

(*En el margen*): XVI Testigo

Dixo que lo no sabe más de quanto a visto este testigo que les re[roto] los hornos.

(*En el margen*): XVII Testigo

Dixo que la no sabe más de quánto que el que no se quería ygualar le escrevían solamente su horno de cada uno, e que nu[nca] a visto este confesante que en ningún año quedase ni[ngu]no por se ygualar.

(*En el margen*): XVIII Testigo

Dixo que contínuo se escrevían los hornos e andavan en pleytos [e] que en fin se an ygualado lo mejor que se ha podido con los //fol. 98v arrendadores, e esto sabe desta pregunta.

(*En el margen*): IIII pregunta.

Yten si saben que todos los tinajeros y todos los otros christianos viejos que labran el dicho barro en esta dicha çibdad del dicho tienpo acá, todos los años que no están ygualados con los dichos arrendadores, registran y an registrado todas las tinajas <y tinajones y cántaros y otras vasijas> que hazen del dicho barro, y digan los testigos lo que çerca desto saben.

(*En el margen*): II Testigo

Dixo que la sabe como en ella se qontiene porque ante este testigo como escrivano que a sido de la renta del barro, algunos años desde seys años a esta parte, ha registrado a los tinajeros las tinajas e vasyjas que hazían, e les quedaua del año pasado al dicho arrendador para dar la cuenta después dello, e que por esto lo sabe.

(*En el margen*): III Testigo

Dixo que algunas vezes, no estando ygualados algunos tinajeros, ha registrado ante este testigo las tinajas e tinajones e cántaros, e las otras vasyjas que tenýan de barro, segund que más largo se declara en los registros que an pasado ante este testigo a que se refiere, los quales dichos registros han hecho seyendo requeridos por parte del dicho arrendador. E que esto es lo que sabe desta pregunta.

(*En el margen*): IIII Testigo

Dixo que él <como> arrendador registró los hornos de las tinajas e tinajones y se tasaron por mandamiento de juez por otros ofiçiales del ofiçio y conforme a la dicha tasaçión pagauan el alcavala y se ygualavan con este testigo.

(*En el margen*): VI Testigo

Dixo que la sabe como en ella se qontiene, e que la sabe porque a muchos años que lo a visto hazer como en la pregunta se qontiene a los tynajeros, e asý mismo lo ha fecho este testigo como persona que en su casa se haze lo del ofiçio.

(*En el margen*): Testigo

Dixo que sabe que puede aver dos años poco más o menos que este testigo se halló en casa de un tinajero christiano viejo e que vido cómo el arrendador de aquel año señaló e registró con escrivano e testigos todas las tinajas e tinajones e otras cosas que en su casa avía pertenesçientes a la renta, e supo este testigo después de fecho este registro que se ygualó este christiano viejo con el arrendador, e que lo supo de él mismo e del mismo tinajero que se ygualó en çierta cantidad.

Dixo que en lo que toca a lo de este testigo e de los otros christianos nuevos, que es verdad que quando venía el arrendador que registraua, pero que en quanto a lo de los christianos viejos que no lo sabe y que se registrava por ho[rnos] pero no por vasijas.

//fol. 99r

(*En el margen*): Las partes

(*En el margen*): XV Testigo

Dixo que la sabe como en ella se contiene porque lo a visto que los que no se querían ygualar les registravan todas las semejantes tinajas e las otras vasijas.

(*En el margen*): XVI Testigo

Dixo que la sabe como en ella se contiene porque lo a visto.

(*En el margen*): XVII Testigo

Dixo que la sabe como en ella se contiene, e que lo sabe porque antaño lo vido registrar e usar de voluntad de los tinajeros.

Aly Yayafe

V pregunta.

Yten si saben que todos los maestros que labran el dicho barro en esta dicha çibdad lo venden por grueso, algunas vezes por hornos enteros a seys y a ocho ducados y más cada horno, y ordynariamente por taricas, que es çierto número de vasijas, que valen ordinariamente a çinco reales, y este año lo an subido los dichos olleros hasta seis reales. Y digan y declaren los testigos lo que çerca desto saben.

(*En el margen*): II Testigo
Dixo que lo que della sabe es que algunas vezes vido este testigo vender enteramente todas las vasijas que en el horno se cozían todas juntas a tantos maravedís el çiento, o la dozena, o como se conçertavan, e que lo demás contenido en la dicha quinta pregunta que lo no sabe.

(*En el margen*): IIII Testigo
Dixo que los dichos olleros muchas vezes venden la lavor que ~~venden~~ hazen a los tenderos o a otras personas para llevar afuera parte por tariqas, que son çient vasijas chicas y grandes, comúnmente a quatro reales y medio, y a çinco, según ay lavor e asimismo venden por menudo en su casa o en las plaças.

(*En el margen*): V Testigo
Dixo que a visto este testigo en el año que tovo la renta, y después a visto, que los que labran el dicho barro lo venden en junto por tariqas e en hornos enteros a los que tienen tiendas públicas de vender las dichas vasijas de barro. E que esto es lo que sabe desta pregunta.

(*En el margen*): VI Testigo
Dixo que es verdad que este testigo a visto vender a los dichos olleros desta çibdad la obra de barro que hacen por taricas, pero que por hornos en junto que este testigo no lo a visto, e que las dichas taricas venden en las ollerías, e por menudo venden en las mismas ollerías, e que no a mirado en el presçio. E que esto sabe desta pregunta.

(*En el margen*): VII Testigo
Dixo que es verdad que este testigo a vsado del ofiçio de ollero mucho tiempo, e a vendido muchos hornos, pero que después de así vendido el dicho horno lo venden después de cocho por taricas, que es çierta cantidad de vasijas, e que a quatro reales lo a vendido este testigo, y a más y a menos, pero que pocas vezes a visto venderlo a çinco reales, pero que comúnmente a visto vender las taricas a quatro reales, e a este presçio de quatro reales lo a visto vender. Y lo demás contenido en esta pregunta que no lo sabe.
Por taricas que es [roto] continuamente y así lo a vendido [roto].

//fol. 99v

(*En el margen*): VIII Testigo
Dixo que sabe que todos los maestros que labran el dicho barro en esta dicha çibdad de Granada ha visto este testigo que los dichos maestros lo han vendido por taricas, a las vezes a quatro reales e medio, e a las vezes a çinco reales quando mucho, e que asý lo a vendido este testigo teniendo el ofiçio de ollero. E en lo que dize en la dicha pregunta de los hornos enteros que se venden a seys e a ocho ducados, que este testigo no lo a visto sino por taricas, como dicho tiene. E lo demás contenido en la pregunta que dize en ella, que lo an subido a seys reales por tarica, que este testigo no lo sabe.

(*En el margen*): IX Testigo
Dixo que es verdad que este testigo a çinco o seys años que entiende en el ofiçio del acarrear el dicho barro, e que a visto que los maestros que labran el dicho barro lo venden en grueso, por cargas, e que este año presente a visto vender un horno que dauan syete ducados por él, e no lo quiso dar porque valían más, e que otros dos hornos porque <este testigo> vido que se querían vender que dauan a syete ducados este año, e nos los quisieron dar, e que las cargas e tariqas todo es uno, e que suele valer la tarica vezes a çinco reales, e vezes a quatro, e vezes a tres, segund es la lauor e que ogaño a visto que se vende la tarica a medio ducado.

<véase el X Testigo>

(*En el margen*): XI Testigo

Dixo que sabe que los dichos olleros han vendido e venden de cada día, segund que este testigo lo a visto, la dicha lauor de barro por taricas, que es çierto número de vasijas; e que este año vale cada tarica a çinco reales, e años a más e a menos. E que lo demás contenido en esta pregunta que lo no sabe.

(*En el margen*): XII Testigo

Dixo que es verdad que este testigo vido vender desde el dicho tyenpo acá a los dichos olleros la obra que hazían por taricas e por carriles, dello a seys reales la tarica, e dello a çinco reales, e otras vezes a quatro reales, e alguno lo a visto vender a çinco reales cada tarica, segund se lo a dicho a este testigo alguno de los dichos olleros. Que lo demás contenydo en la pregunta de venderlo por hornos no lo a visto este confesante.

(*En el margen*): XIII Testigo

Dixo que quando esta çibdad estauan sus altezas, que estén en gloria, vido que vendía este confesante e los cantareros el dicho barro labrado en grueso por hornos; no se acuerda a qué preçio los vendían este confesante, ni menos los otros cantareros, pero que comúnmente se venden por taricas, después que sus altezas no estuvieron en esta çibdad, a çinco e quatro pesantes, e si más vale este año, que este testigo no lo a mirado.

(*En el margen*): XIIII Testigo

Dixo que muchas vezes ha oýdo dezir que los hornos grandes se a vendido dellos ocho ducados, e dellos a syete, e dellos a seys, e dellos a çinco e a quatro cada uno, segund qué es e segund la obra es, e tanbién a tres ducados; e por taricas a çinco pesantes, e dellos venden a çinco reales la tarica en grueso.

(*En el margen*): XV Testigo

Dixo que de los hornos vido este testigo que unos se venden por seys ducados, e otros por çinco, e otros por quatro e medio, e otros por tres, e que tanbién lo venden por taricas, dello a quatro reales, e dello a quatro reales e medio, e que algunas vezes se a vendido a çinco reales.

//fol. 100r

(*En el margen*): XVI Testigo

Dixo que a visto vender por taricas muchas vezes a quatro reales, e a çinco reales, e a quatro y medio en grueso; e la obra que no es muy buena que sale sarnosa va dos taricas por vno. E lo demás contenydo en la pregunta no lo sabe.

(*En el margen*): XVII Testigo

Dixo que por hornos no lo a visto vender, syno por taricas e por caminos, unas vezes por quatro reales e otras por quatro (*sic*) reales por cada taricas e a las vezes como se ygualan.

(*En el margen*): XVIII Testigo

Dixo que este testigo lo a visto vender e lo a vendido por taricas a çinco reales e a menos, e que por hornos no lo a visto vender e otras personas lo cojen por sartas, cada uno como se yguala.

(*En el margen*): VI pregunta.

Yten si saben etc. que los dichos maestros que labran el dicho barro lo venden, como dicho es, por junto a los tenderos desta çibdad y a otras personas que lo llevan a vender a muchas partes deste reyno de Granada y del Andaluzía. Y digan los testigos lo que çerca desto saben.

(*En el margen*): II Testigo

Dixo que a visto muchas vezes lo contenido en la dicha pregunta.

(*En el margen*): V Testigo

Dixo que dize lo que dicho tiene en la quinta pregunta, e dize más, que sabe que lo vende a cargas a forasteros que lo lleuan a reuender por el Reyno de Granada, e que lo sabe porque lo a visto muchas vezes.

(*En el margen*): VI Testigo

Dixo que por taricas que sabe este testigo que los dichos maestros que labran el dicho barro lo venden a los tenderos desta çibdad, e a otras personas que lo llevan a vender a muchas partes deste reyno de Granada e del Andaluzía. E que esto que lo sabe porque lo ha visto.

(*En el margen*): VII Testigo

Dixo que la sabe como en ella se qontiene, y lo sabe porque los dichos maestros que labran el dicho barro los a visto vender lo que asý obran por junto a los tenderos desta çibdad, que están en Bib Rambla e en otras partes, que lo conpran para ganar tornándolo a revender, e que tanbién ha visto cómo muchos forasteros lo conpran de los dichos olleros para lo sacar fuera e lo vender fuera desta çibdad, e que desta manera lo ha vendido este testigo a los dichos regatones desta çibdad e forasteros toda la lauor que ha fecho del dicho barro.

(*En el margen*): IX Testigo

Dixo que la sabe como en ella se contiene, e que lo sabe porque a visto que los dichos maestros que labran el dicho barro lo venden por junto a los tenderos desta çibdad e a otras personas que lo lleuan a vender fuera de la çibdad.

(*En el margen*): X Testigo

Dixo que ya tiene dicho, cómo los dichos regatones, sus vezinos, conpran el dicho barro labrado para lo tornar a revender en sus tiendas e //fol. 100v tanbién ha oýdo desir a los maestros olleros como de más de venderlo a los regatones que venden en Bib Rambla, lo enbían fuera parte, por cargas, a vender; e aún los a oýdo este testigo a los dichos olleros desir que sy este arrendador no se yguala con ellos que lo enbiarán lo más que pudieren fuera parte, pues que no se yguala con ellos.

(*En el margen*): XI Testigo

Dixo que la sabe como en ella se qontiene, e que lo sabe porque este testigo ha visto vender el dicho barro labrado muchas personas dello para los regatones desta çibdad que están en Bib Rambla, e dello para fuera parte, e esto es muy público e notorio.

(*En el margen*): XII Testigo

Dixo que la sabe como en ella se qontiene, e que lo sabe porque lo a visto que los maestros que labran el dicho barro lo han vendido como dicho es, por taricas e carriles a los tenderos desta çibdad e a otras personas para llevar a vender a otras partes, e asý lo a visto este confesante como en la pregunta lo dize.

(*En el margen*): XIII Testigo

Dixo que la sabe como en ella se qontiene por quanto es muy notorio que los dichos maestros del dicho barro, e este confesante con ellos, tienen por costunbre de vender, e asymismo lo venden, por junto e por menudo para lleuar a las alcarías e a otras partes.

(*En el margen*): XIIII Testigo

Dixo que la sabe como en ella se qontiene e que lo sabe porque es notoria la dicha pregunta en esta çibdad syn inventar fecha alguna.

(*En el margen*): XV Testigo

Dixo que la sabe como en ella se qontiene, e que lo sabe porque lo a visto e vee, que se vende para los tenderos de Bib Rambla e para fuera parte, e este testigo asymismo lo ha fecho.

(*En el margen*): XVI Testigo

Dixo que la sabe como en ella se qontiene porque asý lo a visto; e este confesante lo ha echo como ofiçial del ofiçio como en la pregunta se qontiene.

(*En el margen*): XVII Testigo

Dixo que la sabe como en ella se qontiene porque lo ha visto e vee de cada día, e este confesante lo ha vendido e vende de cada día asý a los tenderos desta çibdad como a forasteros para fuera parte.

(*En el margen*): XVIII Testigo

Dixo que la sabe como en ella se qontiene porque se a vendido como en la pregunta lo dize, por taricas e por sartas, e asý para la çibdad como para fuera parte.

(*En el margen*): VII pregunta.

Yten sy saben etc. que muchas personas desta çibdad tienen por ofiçio de conprar en grueso como dicho es el dicho barro de los dichos olleros maestros, espeçialmente muchos christianos nuevos, e tornallos a revender asý en esta çibdad en muchas tiendas que ay en ella donde se vende el dicho barro de reventa como fuera della en luga-//fol. 101r res de este reyno y del Andaluzía. Y digan los testigos lo que çerca desto saben.

(*En el margen*): V Testigo

Dixo que todos los que tienen tiendas públicas en Bib Rambla e en otras partes desta çibdad son regatones, y lo tienen por bivienda de conprar la dicha lavor de los que la hazen, eçebto dos o tres. E en lo demás que ya tiene dicho que otros la sacan fuera de la çibdad.

(*En el margen*): VI Testigo

Dixo que la sabe como en ella se contiene, e que lo sabe porque muchos christianos nuevos, que tienen tiendas en la plaça de Bib Rambla, a visto este testigo que conpran la dicha obra de barro en grueso, e lo tornan a revender en sus tiendas por menudo, e muchos forasteros que trahen trigo e otras cosas conpran de los dichos olleros obra del dicho barro para llevar fuera parte. E quando este testigo tenía el ofiçio así lo hazía, que lo vendía a los dichos tenderos para lo tornar a revender y tanbién para fuera parte y en esto no aya ~~otros~~ contradiçión.

(*En el margen*): VIII Testigo

Dixo que muchos christianos nuevos desta çibdad que venden la dicha obra de barro en Bib Rambla, e en otras partes desta çibdad, tienen por ofiçio de mercar la dicha mercadería de barro por junto y tornarlo a revender en sus tiendas en esta çibdad donde se vende el dicho barro de reventa, como fuera della, según dicho tiene en la sesta pregunta.

(*En el margen*): IX Testigo

Dixo que la sabe como en ella se contiene porque este testigo a visto que muchas personas desta çibdad tienen por ofiçio de conprar en grueso la dicha obra de barro e venderlo en esta çibdad e fuera parte, según lo tiene dicho en la sesta pregunta.

(*En el margen*): X Testigo

Dixo que sabe que muchos vezinos tienen en Bib Rambla que tienen por ofiçio de conprar el dicho barro labrado y tornarlo a revender; e que lo demás que dize lo que dicho tiene en la sesta pregunta.

(*En el margen*): XI Testigo

Dixo que es verdad que este testigo conosçe muchas personas que tienen por ofiçio de conprar e vender por grueso la dicha lavor de barro, espeçialmente algunos que son maestros e tienen tiendas, y otros que lo tienen por ofiçio de lo conprar en las cantarerías y tornarlo a revender; e que en lo demás ya tiene dicho en la sesta pregunta como venden así mismo para fuera parte.

(*En el margen*): XII Testigo

Dixo que la sabe como en ella se contiene, e que lo sabe porque a visto que muchas personas desta çibdad tienen ofiçio de conprar en grueso por sus taricas e carriles la dicha obra de barro espeçial- //fol. 101v mente los dichos christianos nuevos, que lo conpran e lo tornan a revender en las tiendas de Bib Rambla e en otras partes como es muy notorio. E en lo demás, que es verdad que se conpra de los dichos olleros el dicho barro labrado e lo saca por fuerça desta çibdad como lo tiene dicho en la sesta pregunta.

(*En el margen*): XIII Testigo

Dixo que es verdad como en ella se qontiene porque lo a visto e vee vsarse asý de mucho tienpo acá como en la pregunta lo dize.

(*En el margen*): XIIII Testigo

Dixo que la sabe como en ella se qontiene porque lo ha visto e vee cada día, que muchos lo tyenen por ofiçio e lo demás de la dicha pregunta lo a visto e vee como en ella se qontiene.

(*En el margen*): XV Testigo

Dixo que muchos lo tienen por ofiçio de conprar el dicho barro labrado e dello vive; e en lo demás que dize lo que dicho tiene en la sesta pregunta, que es que lo sacan tanbién para fuera parte.

(*En el margen*): XVI Testigo

Dixo que la sabe como en ella se qontiene porque como honbre del ofiçio sabe e conosçe todo lo contenydo en la dicha pregunta.

(*En el margen*): XVII Testigo

Dixo que la verdad es que muchos lo tienen por ofiçio como en la pregunta lo dize, y aún dize más, que muchos olleros solo venden en Bib Rambla, que tienen allí tiendas, sy lo tornan a revender se lo venden ellos, e en el Albayzín así mismo, e que tanbién lo vende para fuera parte como en la dicha sesta pregunta lo ha dicho, e que más se venden para sacar fuera que no lo que se vende en la çibdad.

(*En el margen*): XVIII Testigo

Dixo que dize lo que dicho tiene en la sesta pregunta, e que algunos [lo] tienen por ofiçio, e que algunos de los olleros ponen algund conpañero que lo venden por ellos.

(*En el margen*): VIII Pregunta.

Yten si saben etc. que si no se escrivi<ese> la lavor de los dichos hornos al tyenpo que se deshornan, para que dello oviese cuenta y razón los dichos maestros y los otros que lo conpran para revender, podría hazer muchos fraudes y engaños de manera que casy toda la renta se perdería, y digan los testigos lo que çerca desto saben.

(*En el margen*): II Testigo

Dixo que sabe este testigo que si no registrasen la lauor que cuezen en los hornos que después de deshornados que podrá hazer fraude y hurtar dello al arrendador.

//fol. 102r

(*En el margen*): III Testigo

Dixo que es çierto e claro que si los olleros no están ygualados y no se les registran e escriuen la lauor que hizieren al tyenpo que deshornan en los hornos, para que el arrendador tenga cuenta e razón dello para que pueda cobrar su alcauala, que los <dichos olleros podrían e pueden defraudar el alcavala> al dicho arrendador o mucha parte della, de manera que el dicho arrendador resçibiese mucho daño e que esto a todos es notorio.

(*En el margen*): IIII Testigo

Dixo que si la dicha lauor no se escriuiese o los dichos hornos no se tasasen vernía de daño a la dicha renta en más de la mitad.

(*En el margen*): V Testigo

Dixo que la sabe como en ella se qontiene, e que lo sabe porque a tenido la dicha renta, e es notorio que sy los maestros no se quisiesen ygualar e el arrendador no les escriuiesen las vasijas que cavía cada horno, asý grandes como pequeñas, que le podrían encobrir al arrendador las tres partes del alcauala que deverían e hazérgelo todo cosa de burla; e que lo sabe porque, como dicho tyene, ha sido arrendador e ha visto que ninguno de los dichos maestros del dicho barro averiguan de desir verdad lo que cabe cada horno, sy el arrendador no está presente, e a un escrivano para que gela cuente. Porque este testigo le ha acaeçido con los dichos ofiçiales del dicho barro negar la mitad de lo que cabía el horno, e jurar sobre ello, e después prouarle la maldad e verse por justiçia que avía encubierto más de la mitad, e no esperar sentençia sino averiguarse con este testigo como este testigo lo quería, por conosçer en sí mismos la maldad del juramento que avían fecho.

(*En el margen*): VI Testigo

Dixo que en quanto toca a lo de los tinajeros que asý lo haze este testigo, e a visto que lo hasen los otros tinajeros, que lo escriue como en la pregunta se contiene, al tiempo que se saca de los hornos, e que en lo de los olleros si lo hazen como en la dicha obtava pregunta se qontiene, que este testigo no lo a visto.

(*En el margen*): VIII Testigo

Dixo que syenpre a visto este testigo que no esperan ni an esperado los dichos olleros que se aya de escrevir la lauor de los dichos hornos, porque por quitarse de todo esto syempre se an ygualado los dichos cantareros con los arrendadores que han sido, ora por venta de lo suyo, ora por venta de lo suyo (*sic*) o de la renta que otros venden, e que asý se ha ygualado muchos años, y este testigo lo a hecho asý mismo, ygualándose con los arrendadores, e que siempre se ygualavan por venta de lo que vendían e por la reventa que los otros vendiesen que de él conprasen.

//fol. 102v

(*En el margen*): IX Testigo

Dixo que es verdad que este testigo a visto cómo el dicho arrendador requirió a los dichos ofiçiales del barro que no deshornasen ningún horno hasta que viniese a lo ver e escrevir, o que se ygualase. E que así dixeron que lo harían, e que si al tienpo del dicho deshornar no se escriviese la lavor de los hornos al tienpo que se deshornan, que claro está que avrían fravde, no estando allí el arrendador para lo escrevir, e que si lo estoviese ygualado, escusado sería estar allí el arrendador, ni registrar a ninguno dellos, pero no estando ygualado que si deshornan los dichos hornos sin les escrevir que avría fravde.

(*En el margen*): X Testigo
Dixo que a lo que este testigo puede alcançar es que lo contenido en la pregunta, haziéndose, es provecho del arrendador e valdría más la renta.

(*En el margen*): XI Testigo
Dixo que no lo a visto escrevir al tienpo de deshornar, pero que a este testigo le paresçe que es buena diligençia escrevir quando deshornan para los que son rebeldes; que no se quieren ygualar.

(*En el margen*): XII Testigo
Dixo que es verdad que oyó a algunos maestros del dicho ofiçio e a los arrendadores que dezían que escrevían lo que salía quando deshornavan la dicha lavor de barro, e que lo demás que no lo sabe.

(*En el margen*): XV Testigo
Dixo que quando comiença a salir el humo llaman al arrendador e le hazen saber de aquel horno, e escrívenlo, e vale más que contar, que nunca se a vsado ni vsa.

(*En el margen*): XVI Testigo
Dixo que la forma que tienen segund este confesante lo a visto e usado es que quando quiera deshornar ningund osa deshornar, hasen que llamen al arrendador, e a su consentimiento se abre, pero que no se escrive por menudo sino por horno, e que a este confesante le a acaeçido, quando hera arrendador Áluaro de Jahén, de estar veynte días después de cozido que no daua liçençia para deshornar, porque andauan en pleyto sobre ygualarse.

(*En el margen*): XVII Testigo
Dixo que nunca lo ha visto hazer porque nunca se ha contado la lauor, saluo solamente escreuir los hornos, e en viendo que sale el humo lo viene a escrevir los arrendadores por hornos.

(*En el margen*): XVIII Testigo
Dixo que no se a vsado lo contenido en la dicha pregunta saluo que los hornos, quando los han de deshornar, llaman al arrendador e escrive el horno, e no deshornan hasta que vienen e da liçençia, e que no lo abren sin su liçençia e que hartas vezes se está el horno diez días por abrir, pero que la lauor no la a visto este confesante escrevir sino solamente los hornos.

//fol. 103r

(*En el margen*): IX Pregunta.
Yten, si saben etc. que ordinariamente en esta dicha çibdad se hazen, cuezen y venden quatroçientos y hasta quatroçientos y çinquenta hornos, los quales, uno con otro, valen ocho ducados y ay en ellos muchos hornos que valen más de a veynte ducados de primera venta y mucha más cantidad, en más del terçio más, de reventa. Y digan los testigos lo que çerca desto saben.

(*En el margen*): II Testigo
Dixo que muchas vezes ha oýdo desir este testigo a Áluaro de Jahén, e a Juan de Córdoua, e a otros arrendadores que an sydo de la renta del barro desta dicha çibdad, que se cozían hasta quatroçientos hornos, veynte más, veynte menos, en cada un año en esta çibdad. E que lo demás contenido en la nouena pregunta que lo no sabe.

(*En el margen*): IIII Testigo
Dixo que no sabe los hornos que se pueden hazer, porque este testigo no se acuerda de los que en su tyenpo se hizieron, pero que cree ~~por~~ que ~~fue arrendador~~ serán más de trezientos

hornos por año; e que lo cree porque fue arrendador, y los años que ay demanda de la lauor y años que no, sobre ello ay casos se pueden hazer trezientos y çinquenta. E que en el valor vnos ay grandes e otros pequeños, que no podría este testigo tasar qué valdría cada uno porque ay hornos de mucho valor e otros de poco.

(*En el margen*): V Testigo

Dixo que en el año que este testigo tuvo la renta se cozieron ~~hornos de las tinajas~~ más de quatroçientos e veynte hornos de lauor menudos, estos y los hornos de las tinajas, e que syenpre antes e después oyó desir este testigo a los arrendadores e a los ofiçiales del dicho barro que no ay diferençia un año con otro en la lauor menuda que hazen los moriscos, de veynte hornos más o veynte menos, e que si los dexan de cozer quando ay de menos lo tienen hecho en lauor por cozer para el año que entra, porque acaesçe algunos años estoruarles las aguas quando cargan mucho y las umidades. E que sabe este testigo que los hornos mayores, en que se cuezen la lauor menuda ay horno que vale de vedriado a doze ducados e algo más, e algo menos, como la sanidad saca la lauor, e los más de los pequeños valen a más de dos mill maravedís, porque este testigo en el año que touo la renta del dicho barro, después de ygualada, los maestros se ynformó dellos, e muchos dellos le dezían qué lauor vedriada que ponían en la capilla de los hornos e en la lauor tosca que ponían en lo baxo del horno, donde andaua la candela, que valía lo [que dicho es] en espeçial el horno grande de la casa de [Matrán], ollero //fol. 103v la qual se vendía continuamente por más de quatro mill maravedís. Porque una vez que lo vido deshornar en el año que este testigo tovo la renta, vido qué lauor de vedriado verde que cabía en la capilla se vendió por quatro mill e quinientos maravedís, e que esto lo supo de los mismos maestros que estauan en la casa. E en lo de las reventas, que sabe este testigo que venden los regatones por más del quarto que les cuesta de los ofiçiales, y esto conosçidamente, porque sabe del presçio que lo conpra e de lo que venden, porque conpran un cántaro grande, los del agua, por quatro maravedís e por algo menos, e lo venden por seys notoriamente a todos los del pueblo, e así mismo en todas las otras vasijas notoriamente ganan el terçio, y en cosas ay que más. Y en lo de los hornos de los tinajeros que no ay horno que no reçibe más de ochoçientas arrovas de tinajas e algo más syn la lauor menuda que meten en medio.

(*En el margen*): VII Testigo

Dixo que muchos hornos ay en esta çibdad, pero que no a mirado qué tantos son los que se pueden hazer e cozer; e que lo demás contenido en esta pregunta no lo sabe.

<véase el VIII testigo>

(*En el margen*): IX Testigo

Dixo que en esto del vender de los hornos, que unos años hazen muchos, e otros años pocos; e que en esto no sabría determinar quántos hornos se cuezen. E que comúnmente vale cada horno a syete ducados e a ocho, e que los hornos que es de cántaros vale a quatro ducados e a tres, pero los hornos prinçipales valen a syete e a ocho e a diez ducados.

(*En el margen*): XI Testigo

Dixo que sabe que ay muchos hornos, e que unos años cuezen muchos hornos e otros años pocos, e que no sabe determinar esta pregunta más de saber que cuezen en esta çibdad muchos hornos. E sienpre a visto este testigo que quando viene el arrendador escrive su horno cada ollero; e que lo demás qontenido en la pregunta que lo non sabe.

(*En el margen*): XII Testigo

Dixo que lo que este confesante haze cada año podría declarar, pero que los hornos que se cuezen en cada año este ~~cuezen~~ confesante no lo sabe declarar.

Yten si saben etc. que de todo lo suso dicho sea pública boz y fama en esta dicha çibdad.

//fol. 104r

Provança fecha por parte de los olleros [desta çibdad]

contra Juan Ximenes Valençiano

(*En el margen*): I Pregunta.

Primeramente sean preguntados si conosçen a los dichos olleros e si conosçen al dicho Juan Ximenes.

Que los conosçen.

(*En el margen*): II Pregunta.

Yten si saben, creen, vieren, oyeron desir que, después acá que esta çibdad se ganó, que los dichos olleros y los que tienen hornos e vendedores del barro desta çibdad no an registrado el dicho barro, ni los arrendadores que han sido les an pedido que hagan registro, e si lo contrario fuera no pudiera ser sino que los testigos lo supieran.

(*En el margen*): Áluaro de Jahén. I Testigo.

Dixo que la verdad es que este testigo tovo la renta de los dichos olleros quatro años, e que en todo este tienpo no registró a los dichos olleros ni oyó desir que les oviesen registrado, porque este testigo se ygualava con ellos, e que este testigo no les pidió registro e que lo demás que no lo sabe.

(*En el margen*): II Testigo. Christóual Núñez.

Dixo que este testigo a estado en esta çibdad en el ofiçio de cantarero desde diez y seis años a esta parte, e que en todo este tienpo nunca a visto este testigo que ayan registrado su obra de barro los dichos cantareros, ny menos este testigo. Verdad es que los arrendadores muchas vezes se lo pidieron a este testigo que hiziese ~~lavor~~ registro de la lavor de su horno, e se lo requirieron que no deshornase hasta que registrase todo lo que salía del horno. E que todavía este testigo deshornava sin registrar, e que le truxieron en pleyto algunas vezes, e que este testigo dezía que de lo que vendiese este testigo, por su juramento deste testigo, le pagarían el alcavala de diez vno, e que algunos que se entremetían en medio davan ocasión a que este testigo e otros se ygualasen con el arrendador. Y algua~~zi~~nas vezes no se ygualava este testigo y mandava la justiçia desta çibdad, espeçialmente el alcalde Montenegro, que mandó por sentençia que jurase este testigo lo que avía vendido, e que por aquello que jurase pagase el alcavala al arrendador, e que por lo que juró pagó lo que devía al arrendador. Y por manera que este testigo y otros olleros, como dicho tiene, no registravan, porque comúnmente dezían todos delante del juez los dichos olleros, que este ofiçio de labra de barro hera como espeçiería, e que se vende poco a poco e que se quiebra mucho, e por eso no se registrava e por quitarse //fol. 104v todos estos debates sienpre este testigo e los otros del dicho tienpo acá se ygualan por hornos por çierta cantidad de maravedís.

(*En el margen*): III Testigo

Dixo que la sabe como en ella se contiene, e que lo sabe porque este testigo a sydo ollero, e que desde que esta çibdad se ganó, nunca a visto que los dichos olleros, los que tienen hornos ni los vendedores del barro desta dicha çibdad, que ayan registrado la dicha lavor de barro por ser obra menuda, saluo los ofiçiales que hazen tinajas y cántaros y otras cosas grandes lo registran a los arrendadores, porque son cosas que se pueden prestamente contar; ni los arrendadores ayan pedido el tal registro, que este testigo aya visto, e que cree este testigo que si el contrario oviera o ovieran registrado los dichos olleros, que no pudieran ser menos, sino que este testigo lo supiera.

(*En el margen*): IIII Testigo
Dixo que desde que esta çibdad se ganó, nunca a visto este testigo que los dichos olleros e los que tienen hornos e vendedores del barro desta dicha çibdad, ayan registrado el dicho barro e obra dello, sino que se ygualan con el arrendador. Pero que los arrendadores an pedido a los dichos olleros que registrasen a los que no se querían ygualar, pero que nunca, como dicho tiene, les a visto registrar, e que si oviera registrado que este testigo lo supiera por estar muy contínuo con ellos, cargando e descargando la dicha lavor del barro.

(*En el margen*): V Testigo
Dixo que la sabe como en ella se contiene, e que lo sabe porque este testigo ha más de veynte años que ~~a visto el ofiçio~~ usa el ofiçio e a visto arrendadores de la obra del dicho barro, pero que nunca a visto que los dichos olleros ayan registrado la dicha lavor del dicho barro, ni menos a visto que los arrendadores ayan dicho que hiziesen registro.

(*En el margen*): VI Testigo
Dixo que en el tienpo que este testigo fue arrendador del dicho barro, que fueron dos años, nunca pidió a los dichos olleros que le registrasen cosa alguna, porque este testigo se ynformó de los arrendadores de antes, e que le dixeron que nunca les avían pedido a los dichos olleros que registrasen ni avían registrado, eçebto que los horneros que cozían los dichos olleros les venían a hazer saber a este testigo como avían cocho para que este testigo lo asentase en su libro como arrendador, por quanto los dichos olleros se ygualaron con este testigo por la venta e reventa del dicho barro, porque así lo halló este testigo por vso de otros arrendadores e este testigo no gelo quebrantó, e que se ygualava este testigo por lo que mejor podía por los hornos, e el que no se quería ygualar le cometía a registrarlo, pero que nunca salió con ello porque ellos se ygualavan por hornos, de la manera que dicho tiene, por venta e reventa.

(*En el margen*): VII Testigo
Dixo que la sabe como en ella se contiene, e que lo sabe porque este testigo no a visto de quinze años a esta parte, en que los más de estos años a sido arren- //fol. 105r dador del dicho barro labrado, que nunca los dichos olleros, los que tienen hornos ni vendedores del barro desta çibdad, no ha registrado el dicho barro labrado; ni menos a visto que los arrendadores les ayan pedido que hagan el dicho registro, porque si tal registro oviera fecho, que este testigo que según la conversaçión que con los dichos olleros tiene, que no pudiera ser menos, sino que este testigo lo viera o lo supiera.

(*En el margen*): VIII Testigo
Dixo que la sabe como en ella se contiene, e que lo sabe porque este testigo a sydo ollero por tienpo e espaçio de más de veynte años, e después, que a visto arrendadores del barro desta çibdad, nunca este testigo registró la obra del dicho ofiçio, ni menos vido registrar a los otros del ofiçio, ni a los que tienen hornos, si no que sienpre les veýa ygualarse lo mejor que podían los dichos olleros con los dichos arrendadores; ni menos vido que los arrendadores pidiesen registro, saluo que pedían registro del horno por entero e de las tiendas que venden reventa.

Aly Yayafe

(*En el margen*): III Pregunta.

Yten si saben que aunque se haga el dicho registro del dicho barro, es ynposible los dichos olleros e vendedores dar cuenta del dicho barro, porque se quiebra mucho dello, e después de quebrado no se puede dar la dicha cuenta, ni saber qué se quiebra, si es de jarros o ollas o de platos o de escudillas o si es de ollas grandes o pequeñas y otras cosas semejantes.

(*En el margen*): I Testigo

Dixo que la lavor que los dichos olleros hazen es menuda e cresçida, e platos e escudillas, y muchas vezes sale mucha parte del horno quebrado, e es lavor que se quiebra. E por lo suso dicho, este testigo cree que no se podía hazer buen registro, ni el que lo hiziese dar buena cuenta a cabsa de lo que dicho tiene e ~~de~~ lo demás que no lo sabe.

(*En el margen*): II Testigo

Dixo que es verdad que aunque se hiziese el dicho registro del dicho barro es ynposible, a lo que este testigo alcança de saber como ~~presente~~ persona que ha mucho tienpo que ha continuado el ofiçio, los dichos olleros e vendedores del dicho barro poder dar cuenta de la obra que hazen, porque a este testigo e a los otros se les quiebra muchas vasijas, e dan a sus amigos, e se vende por menudo, de manera que este testigo, ni los otros, sienpre hallan por dubdoso poder dar la dicha cuenta. E que muchas vezes le acaesçió a este testigo querer saber lo que monta la hornada que sacava, y no lo poder saber por lo que dicho tiene, e porque hay muchas menudençias, porque después de quebrado no se puede dar la dicha cuenta ni saber lo que se quiebra, según que en la pregunta la dize, e esto dixo este testigo como persona que lo a usado.

//fol. 105v

(*En el margen*): III Testigo

Dixo que la sabe como en ella se contiene porque este testigo a seýdo ofiçial en Toledo e en esta çibdad, y nunca nadie le registró cosa alguna de la dicha lavor a cabsa de ser cosa menuda. E que en ninguna manera se puede dar buena cuenta porque se quiebra mucho e no se podría dar cuenta qué vasijas son las que se quiebran, ni qué pieças son, e que nunca tal a visto registrar que cosas menudas se aya de dar cuenta dellas.

(*En el margen*): IIII Testigo

Dixo que según lo que este testigo a visto y continuado con los dichos olleros, que aunque haga el dicho registro, es ynposible los dichos olleros e vendedores poder dar cuenta del dicho barro. Porque este testigo a visto que quando deshornan la dicha lavor del dicho barro salen muchas cosas quebrado e tuerto e quemado, e que es ynposible saber qué cosas son ~~que~~ las que así se quiebran para poder dar cuenta verdadera, ni saber lo que se quiebra, si es de jarros o ollas o de platos o escudillas o si es de ollas grandes o pequeñas o otras semejantes.

(*En el margen*): V Testigo

Dixo que la sabe como en ella se contiene, e que lo sabe porque a visto este testigo que aunque registrasen según lo que se quiebra era ynposible dar buena cuenta de lo que así registrase, porque no sabrían dar cuenta si era de jarros o escudillas, o las otras cosas como en la pregunta se contiene, porque no solamente quiébranse mucho, más aún tuerto e quemado, e aún a las vezes perderse la mitad de la obra que meten en el horno, e aún si no çierran bien, por amor del ayre, se perdería todo, e que sienpre se an ygualado lo mejor que ha podido e nunca ha tenido ~~tienpo~~ pleyto.

(*En el margen*): VI Testigo

Dixo que así es la verdad, como en la pregunta se contiene, porque este testigo les a preguntado como arrendador algunas vezes que le den la cuenta e hiziesen el dicho registro, e ellos le mostravan a este testigo tantas cosas quebradas que hera ynposible dar ellos buena cuenta, ni este testigo tomárgela, e por esto se ygualavan y convenýa con ellos, e que esto sabe desta pregunta.

(*En el margen*): VII Testigo

Dixo que la sabe como en ella se contiene, e que la sabe porque este testigo sienpre a visto que el dicho barro labrado quando deshornan sale mucho quebrado, e que por esto cree este testigo que no podrían dar buena cuenta.

(*En el margen*): VIII Testigo

Dixo que la sabe como en ella se contiene, e que lo sabe como ofiçial antiguo del dicho ofiçio, e según lo que dello conosçe, aunque se hiziese el dicho registro del dicho barro labrado es ynposible los dichos olleros e vendedores dar cuenta del dicho barro. Porque este testigo a visto e vee de continuo que quando deshornan sale mucho quebrado, e muchachos que hurtan mucho dello, por manera que según esto sería ynposible dar cuenta verdadera ni saberse lo que se quiebra e de qué pieça es.

Yten si saben que todo lo suso dicho sea público [*roto*] boz e fama. El liçençiado de Baeça.

//fol. 106r

Conçerté esta relaçión con e[l ori]ginal. Va çierta y verdadera aunque los [roto] que puesto que van sacados no los conçerté porque se dio escritura originalmente verse a originalmente. Así mesmo los registros que hizo el arrendador a los olleros y maravedís no dixo con que se arrienda la renta de la hagüela, que está todo en el pleito que vino por apelaçión. El liçençiado Vázquez. (*firmado*)

Conçerté esta relaçión que está bien conçertada para lo sustansial, y así lo juro. El dotor de la Corte.

Juro por Dios que conçerté esta relaçión <con el original> con las preguntas que devía y que está bien. El liçençiado de Baeça (*firmado*).

Índice

ORTIZ, Diego, testigo, vecino de Llerena: 7r

ORTÚN, Rodrigo, testigo: 24r

OVIEDO, Diego de, procurador, testigo: 2v, 46r

PALMA, Gonzalo de, recaudador de la renta de la hagüela, arrendador del barro: 23r, 27r

PELEGRÍN, Fernando de, poseedor de la renta de los tinajeros: 74v, 98r

PEÑA, Diego de la, escribano en la Real Chancillería, receptor: 68v, 69r, 71r, 72r, 77v, 84v, 85r, 85v, 90r, 90v, 95v

PEÑAFIEL, Francisco de, ollero, tendero en Bib Rambla: 49r, 59v, 61v

PÉREZ GALLEGO, Fernando, escribano en la Real Chancillería: 1r, 5v, 7r, 24r, 34r, 41r, 42r, 64r, 70r, 87r, 90r

PORTILLO, Juan de, escribano: 59v

QUIXADA, Gonzalo, escribano real y del número: 4r, 49v, 51r, 53r, 54r, 54v, 55r, 55v, 59v, 60r

RAMÍREZ, Juan, arrendador de la renta del barro: 88v, 90r, 94r

RIBERA, Francisco de, ollero, testigo: 44v, 46v, 47r, 48r, 48v, 59v, 60v

RÚA, Rodrigo de la: 24r

RUBISQUÍ, Cristóbal, ollero: 46r

RUIZ ESCUDERO, Jorge, testigo: 66r, 69v, 74v, 75v, 76r, 98r

RUIZ, Alonso, tinajero, apreciador: 40v

RUIZ, Juan: 94v

RUIZ, Pedro: 74v, 98r

SALMERÓN, Bachiller: 24r

SÁNCHEZ DE URETA, Juan, testigo: 90r

SÁNCHEZ GUERRERO, Alonso, testigo, vecino de Llerena: 7r

SÁNCHEZ, Martín, escribano mayor de rentas: 49v

SANTA CRUZ, Diego de, testigo, acarreador de los olleros: 88v, 90v, 94v

SANTILLANA: 85r

SE [roto], Francisco de: 85r

SEGURA, Alonso de, escribano: 4r

SERRANO, Lucas, testigo: 49r

SEVILLA, Diego de, testigo: 44v, 45r, 45v, 46r

SIERRA, Francisco de, testigo: 90v

SILES, Nicolás de, testigo: 69v, 81r

SORIA, Fernando de, escribano real y del número, testigo: 56r, 63v, 66r, 69r, 72r

SORIA, Francisco de, escribano público: 73r

SORIA, Gonzalo de, testigo: 55r

SOTO, Francisco, ollero, testigo: 4r, 46r, 51r, 51v, 57r, 58r, 58v, 59r, 59v

SUÁREZ, tinajero: 74v, 98r

TABERNAXÍ, Alonso, ollero, testigo: 4r, 51v, 59v

TALAVERA, Fernando de, intérprete: 52v, 59v, 60r

TAMAYO, Alonso de, testigo: 90r

TOLEDO, Fernando de, arrendador de la renta del barro, apreciador y tasador, testigo: 31r, 36r, 40v, 66r, 69r, 74r

TOLEDO, Pedro de, procurador, testigo: 2v, 51v

TORRE, de la, escribano: 9r, 18r, 38r, 57r, 59r

TRISTÁN, Luis, procurador de los olleros, escribano público: *passim*

UMONO, testigo: 82v

VALENCIA, Martín de, ollero: 45v

Bibliografía

BIBLIOGRAFÍA

ÁLVAREZ DE CIENFUEGOS, I., «La hacienda de los nasries granadinos», *MEAH*, 8,1959, pp.99-124.

ÁLVAREZ DE MORALEZ, C. y JIMÉNEZ ALARCÓN, M., «Pleitos de agua en Granada en tiempos de Carlos V. Colección de escrituras romanceadas», en Rubiera Mata, Mª.J. *Carlos V. Los moriscos y el islam*, Universidad de Alicante: Sociedad Estatal para la conmemoración de los centenarios de Felipe II y Carlos V, 2004, pp. 59-90.

ARIZTONDO AKARREGUI, S. y MARTÍN LÓPEZ, E., «Repartimiento y señalamiento de pleitos: el problema de las dependencias en la Real Chancillería de Granada. Series documentales" en *La Administración de Justicia en la Historia de España, Cuadernos de Archivos de Castilla-La Mancha* (Guadalajara, 1999), pp. 373-394.

ARTOLA, M., *La Hacienda del Antiguo Régimen,* Madrid: Alianza Universidad, Textos, 1982.

BUSTAMANTE-ÁLVAREZ, M., y SÁNCHEZ LÓPEZ, E., *El Campus de Cartuja (Granada, España). Guía oficial del complejo alfarero hispanorromano*, Granada: Universidad de Granada, 2020.

BIBERSTEIN KAZIMIRSKI, A., *Dictionnaire arabe-français* contenant toutes les racines de la langue *árabe*, Tome 2, Beyrouth, Librairie du Liban, 1960.

BUSTO ZAPICO, M., GARCÍA PORRAS, A., «Ceramic Production and Social Change in the South east of the Iberian Peninsula between the Islamic and Christian Periods: The Case of Granada». en *J Histor Archaeol* (2021). [].

CÁRDENAS GARRIDO, A. M., «Informe de la intervención arqueológica preventiva mediante sondeo en la calle Minas número 5. (Granada). Expte. 5914», *Anuario Arqueológico de Andalucía/2004.1*, Sevilla: Junta de Andalucía, 2009, pp. 1329-1337.

DE LA OBRA SIERRA, J. M., *Catálogo de protocolos notariales: Granada 1505-1515*, Tesis doctoral, Universidad de Granada, 1986. [].

ESPINAR MORENO, M., QUESADA GÓMEZ, JUAN J., «Documentos para el estudio de los alfares y las producciones cerámicas de la Granada nazarí y morisca», *Estudis Castellonencs*, 6 (Castellón, 1994-1995), pp.467-483.

GALÁN SÁNCHEZ, Á., «Hacienda y fiscalidad en el Reino de Granada: Algunas razones para su estudio», *Chronica Nova,* 31 (Granada, 2005), pp. 11-22.

—, «Herejes consentidos: La justificación de una fiscalidad diferencial en el Reino de Granada», *Historia. Instituciones. Documentos*, 33 (Sevilla, 2006), pp. 273-209.

—, «Poder y fiscalidad en el Reino de Granada tras la conquista: algunas reflexiones», *Studia Historica,* 30 (Salamanca, 2012), pp. 67-98.

—, «Granada y Castilla. Las rentas del rey y los arrendadores de la Corona», *Actas XLI Semana de Estudios Medievales. Estados y mercados financieros en el occidente cristiano (siglos XIII-XVI)* (Estella, 2014), pp. 309-350.

GALÁN SÁNCHEZ, Á. y PEINADO SANTAELLA, R. G., «Los moriscos granadinos y la justicia penal: un testimonio de 1511», *Os reinos ibéricos na Idade Média: Livro de Homenagem ao professor doutor Humberto Carlos Baquero Moreno.* Coord Luis Adao da Fonseca, Luis Carlos Amaral, María Fernanda Ferreira Santos; Humberto Baquero Moreno. Vol. I, 2003, pp. 185-197

—, «De la madina musulmana al concejo mudéjar. Fiscalidad regia y fiscalidad concejil en la ciudad de Granada tras la conquista castellana» *Fiscalidad de Estado y fiscalidad municipal en los reinos hispánicos medievales*. Denis Menjot y Manuel Sánchez Martínez (ed.), (Madrid: Collection de la Casa de Velázquez, 2006) pp. 197-236.

—, *Una sociedad mixta. Del emirato nazarí al reino de Granada*, Granada: Universidad de Granada, 2022.

GARCÍA GRANADOS, J. A., «Vivienda y vida cotidiana en Granada (s. XVI). Entre la tradición y la ruptura», en Salvatierra, V., y Galera, P., (Eds.), *De la Edad Media al siglo XVI*, 2000, Jaén: Universidad de Jaén, pp. 97-134.

GARCÍA PORRAS, A., DUCKWORTH, C., WELHAM, K., GOVANTES-EDWARDS,D. J., PITMAN, D., ALONSO, M., RÍOS, J.M., M. C. JIMÉNEZ, M. C., MONTANARI, E, MOORE , B., «La producción cerámica en Granada entre la época medieval y moderna. Los talleres del Secano de la Alhambra», en Coll Conesa, J. y Salinas Pleguezuelo, E. (eds.), *Tecnología de los vidrios en el oeste Mediterráneo: tradiciones islámicas y cristianas*, Madrid: Ministerio de Cultura, 2021, pp. 221-254.

GARRIDO LÓPEZ, J., «Artesanía al final de la Edad Media en Granada: una aproximación», *Arqueología y Territorio*, 17, 2020, pp. 173-188.

GARRIDO LÓPEZ, J., «Ni la ley del quaderno manda que se registre, ni nunca se registró. Control fiscal y resistencia artesanal de los olleros granadinos a inicios del siglo XVI», *Revista Latinoamericana de Trabajo y Trabajadores*, 6 (https://doi.org/10.48038/revlatt.n6.75, 2023), pp. 13-36.

GARRIGA ACOSTA, C. A., «Observaciones sobre el estudio de las chancillerías y audiencias castellanas (siglos XVI-XVII)», *Hispania. Entre derechos propios y derechos nacionales*, tomo II (Milán: Giuffrè Editore, 1990), pp. 757-803.

—, *La Audiencia y las Chancillerías Castellanas (1371-1525)*, Madrid: Centro de Estudios Políticos y Constitucionales, 1994.

GARZÓN CARDENETE, J. L., *Cerámica de Fajalauza*, Granada, 2001.

GÓMEZ GONZÁLEZ, I., *La Justicia, el gobierno y sus hacedores. La Real Chancillería de Granada en el Antiguo Régimen*, Granada: Comares Historia, 2003.

GONZÁLEZ ALONSO, B., «La Justicia», *Enciclopedia de Historia de España. Vol. 2. Instituciones Políticas. Imperio*, M. ARTOLA, dir., Madrid: Alianza, 1988, pp. 343-420.

GONZÁLEZ ARCE, J. D., «La adaptación de la fiscalidad aduanera a los intereses repobladores, comerciales y políticos: Andalucía, 1241-1550», *Hispania*, LXXVIII, 258 (Madrid: CSIC, 2018), pp. 39-67.

GONZÁLEZ GILARRANZ, M.ª M., «La administración de justicia ordinaria en la Edad moderna en la Corona de Castilla: Procedimiento y tipos documentales», en *La investigación y las fuentes documentales de los archivos. I y II Jornadas sobre investigación en Archivos,* vol. 1 (Guadalajara: ANABAD, 1996), pp. 485-499.

HERAS SANTOS, J.L., «La organización de la justicia real ordinaria en la Corona de Castilla durante la Edad Moderna», *Estudis*, 22, (Valencia, 1996), pp. 105-139.

JIMÉNEZ PUERTAS, M., «Fiscalidad y moneda en al-Andalus: aportaciones al conocimiento de la evolución del sistema tributario nazarí (siglos XIII-XV)», *Cuadernos de la Alhambra*, 45, 2010, pp. 122-143.

KAGAN, R. L., *Pleitos y pleiteantes en Castilla, 1500-1700*, Salamanca: Junta de Castilla y León, 1991.

Leyes del cuaderno nuevo de las rentas de las alcabalas y franquezas, dadas por los reyes Fernando V e Isabel I de Castilla en la Vega de Granada, Burgos: Fadrique Biel de Basilea, 1491.

LORENZO CADARSO, P. L., «Los tribunales castellanos en los siglos XVI y XVII: Un acercamiento diplomático», *Revista General de Información y Documentación*, vol. 8, n.º 1, Madrid: Universidad Complutense, 1998.

—, *La documentación judicial en la época de los Austrias. Estudio archivístico y técnico*, Cáceres: Universidad de Extremadura, 1999.

LUNA DÍAZ, J.A., «Notas para el estudio de los precios y salarios en Granada (1492-1502)» *Chronica Nova*, 12 (Granada, 1981), pp. 103-126.

MALPICA CUELLO, A., DE LUQUE MARTÍNEZ, F., ÁLVAREZ GARCÍA, J. J., «Excavación de apoyo a la restauración en la Escuela Técnica Superior de Arquitectura, antiguo palacio del Almirante de Aragón», *Anuario Arqueológico de Andalucía/2002*, T. III.1, Sevilla, 2005, pp. 422-427.

MARTÍN LÓPEZ, E., ARIZTONDO AKARREGUI, S. y TORRALBA AGUILAR, M., «La documentación judicial como fuente para la Historia: Análisis documental de los pleitos declarativos del fondo de Chancillería del Archivo de la Real Chancillería de Granada», *Actas de las III Jornadas sobre Historia de Estepa "Patrimonio Histórico"*, (Estepa: Ayuntamiento de Estepa, 1999), pp. 83-104.

MARTÍNEZ RUIZ, E., *Propios y subastas municipales en Granada. 1553-1593*, Granada: Universidad de Granada, 1988.

MORENO TRUJILLO, M. A., «La actuación del escribano público en la primera instancia: Los cuadernos mixtos de Baza (1535) y Santa Fe (1542-1549)», *Los escribanos públicos y la actividad judicial. III Jornadas del Notariado en Andalucía*, P. J. ARROYAL ESPIGARES, P. y P. OSTOS-SALCEDO, coords., (Málaga: ENCASA Ediciones y publicaciones, 2014), pp. 81-98.

MORENO TRUJILLO, M. A., DE LA OBRA SIERRA, J. M. Y OSORIO PÉREZ, M. J., *Los libros de Rentas Municipales de la Ciudad de Granada en el siglo XVI*. Granada: Colección Monumenta Regni Granatensis Historica/Diplomata, 2015.

MOXÓ Y ORTIZ DE VILLAJOS, S. de, «Los cuadernos de alcabalas. Orígenes de la legislación tributaria castellana», *Anuario de Historia del Derecho Español*, 39 (Madrid, 1969), pp. 317-450.

MOYA MORALES, J. (ed.), QUESADA DORADOR, E. (ed.) y TORRES IBÁÑEZ, D. (coord.), *Real Chancillería de Granada. V Centenario. 1505-2005*, Granada: Junta de Andalucía, 2006.

Ordenanzas de la Real Audiencia y Chancillería de Granada. Edición facsímil de la impresa en el año 1601, Granada: Lex Nova/Diputación Provincial, 1997.

ORIHUELA UZAL, A. y GARCÍA PULIDO, L., «El suministro de agua en la Granada islámica», *Ars mechanicae. Ingeniería medieval en España*, Madrid: Ministerio de Fomento, 2008, pp.143-149.

ORTEGA CERA, Á., «Rentas mayores y menores de la ciudad de Granada (1495-1504)», *Chronica Nova*, 31 (Granada, 2005), pp. 237-303.

PÉREZ DE LA CANAL, M. Á., «La justicia de la Corte de Castilla durante los siglos XIII al XV», *Historia. Instituciones. Documentos*, 2 (Sevilla, 1975), pp. 383-482.

RODRÍGUEZ AGUILERA, A., «Estudio de las producciones postcalifales de la Casa de los Tiros (Granada). Siglos XI-XII», *Arqueologia Medieval*, 6, 1999, pp. 101-122.

—, *Granada arqueológica*, Granada: Caja de Ahorros de Granada, 2001.

—, «La cerámica morisca de Granada (siglo XVI)», *Actas del IIIth Congress AIECM3 on Medieval and Modern Period Mediterranean Ceramics*. Granada, 2021 (en prensa).

RODRÍGUEZ AGUILERA, A., y DE LA REVILLA NEGRO, L., «La cerámica cristiana de los siglos XVI-XVII de la ciudad de Granada», *Transferencies i comerç de cerámica a l'Europa mediterrània (segles XIV-XVII)*, Palma: Institut d'estudis Balearics, 1997, pp. 147-168.

RODRÍGUEZ AGUILERA, A. y BORDES GARCÍA, S., «Precedentes de la cerámica granadina moderna: alfareros, centros productores y cerámica», *Cerámica Granadina, siglos XVI-XX*, Granada: Caja de Ahorros de Granada, 2001, pp. 55-116.

RODRÍGUEZ AGUILERA, A., GARCÍA-CONSUEGRA FLORES, J. M., MORCILLO MATILLAS, J., RODRÍGUEZ AGUILERA, J., *Cerámica común granadina del Seiscientos, a partir de las cerámicas procedentes de la excavación arqueológica de la calle Candiota números 6, 8 y 10. Granada*, Granada: Gespad al-Andalus SL, 2011.

RUIZ MONTES, P., PEINADO ESPINOSA, V., AYERBE LÓPEZ, J. L., GÓMEZ TIMÓN, P., GARCÍA-CONSUEGRA FLORES, J. M.,MORCILLO MATILLAS, J., RODRÍGUEZ AGUILERA, J., GÓMEZ FERNÁNDEZ, A., JIMÉNEZ DE CISNEROS MORENO, LÓPEZ HERNÁNDEZ, R., MARCON, C., MORENO ALCAIDE, M. y SERRANO ARNÁEZ, B., «Producción de cerámica en el *ager iliberritanus* hacia fines de la República: el asentamiento productivo de Parque Nueva Granada», en *Hornos, talleres y focos de producción alfarera en Hispania: I Congreso Internacional de SECAH, Ex Officina Hispana*, 2013, pp. 307-316.

RUIZ RODRÍGUEZ, A., *La Real Chancillería de Granada en el siglo XVI*. Granada: Diputación Provincial de Granada, 1987.

RUIZ TORRES, S., PADIAL PÉREZ, J., BANQUERI FORNS-SAMSÓ, J., «Intervención arqueológica en la muralla nazarí del Albaycín, Granada», *Anuario Arqueológico de Andalucía/1997*, vol. III, Sevilla, 2001, pp. 279-28.

SÁNCHEZ-ARCILLA BERNAL, J., *Historia del Derecho. I. Instituciones políticas y administrativas*, Madrid: Dykinson, 1995.

SECO DE LUCENA, L., *La Granada nazarí del siglo XV*, Granada: Patronato de la Alhambra, 1975.

SOTOMAYOR, M., SOLA, A., CHOCLÁN, C., *Los más antiguos vestigios de la Granada ibero-romana y árabe*, Granada: Ayuntamiento de Granada, 1984.

TAPIA ESPINOSA, A., «Actividad arqueológica preventiva en un solar de la calle Honda del Realejo número 13, 15 y 17, Granada», *Anuario Arqueológico de Andalucía/2004.1. Granada*, Córdoba: Junta de Andalucía, 2009, pp. 1284-1293.

TORRES IBÁÑEZ, D., «Bases metodológicas para la reorganización del Archivo de la Real Chancillería de Granada. La Serie Registro del Sello», en *La Administración de Justicia en la Historia de España, Cuadernos de Archivos de Castilla-La Mancha* (Guadalajara, 1999), pp. 395-410

—, «Justicia y gobierno en el Antiguo Régimen. El fondo de la Real Audiencia y Chancillería de Granada», *Actas de las I Jornadas de Archivos Históricos en Granada*, Granada: Junta de Andalucía. Consejería de Cultura, 1999.

—, «Los fondos documentales del Archivo de la Real Chancillería de Granada. Nuevas aportaciones a la luz de la reorganización de sus fondos», *Actas de las III jornadas sobre Historia de Estepa "Patrimonio Histórico"*, (Estepa: Ayuntamiento de Estepa, 1999), pp. 51-82.

—, «Escribanos y fedatarios judiciales», *El Notariado en Jaén. 75 años de Archivos Históricos Provinciales*, Sevilla: Junta de Andalucía. Consejería de Cultura y Archivo Histórico Provincial de Jaén, 2007, pp. 116-119.

VILLANUEVA RICO, M. C., *Habices de las mezquitas de la ciudad de Granada y sus alquerías*, Madrid: Instituto Hispano-árabe de Cultura, 1961.

VILLANUEVA RICO, M .C., *Casas, mezquitas y tiendas de los habices de las iglesias de Granada*, Madrid: Instituto Hispano-árabe de Cultura, 1966.

FACSÍMIL DIGITAL

http://www.juntadeandalucia.es/cultura/archivos_html//sites/default/contenidos/archivos/chan cilleria/documentos/ARCHGR_859_6.pdf